北岳·中国文学年选
（丛书主编：续小强　王朝军）

《名作欣赏》杂志鼎力推荐
权威遴选　深度点评
中国最好年选

金浪 ◎ 主编

2019年文化观察选粹

Cases in Cultural Observation

山西出版传媒集团
北岳文艺出版社
·太原·

图书在版编目(CIP)数据

2019年文化观察选粹 / 金浪主编. —太原 : 北岳文艺出版社, 2020.1
(2019·北岳·中国文学年选 / 续小强, 王朝军主编)
ISBN 978-7-5378-6093-2

Ⅰ. ①2… Ⅱ. ①金… Ⅲ. ①文化研究-中国-文集
Ⅳ. ①G12-53

中国版本图书馆CIP数据核字(2019)第299380号

书名: 2019年文化观察选粹 主编: 金浪	策　　划: 王朝军 项目统筹: 赵　婷 高海霞	责任编辑: 王朝军 书籍设计: 张永文 印装监制: 郭　勇

出版发行　山西出版传媒集团 · 北岳文艺出版社
地　　址　山西省太原市并州南路57号
邮　　编　030012
电　　话　0351-5628696(发行部)
　　　　　0351-5628688(总编室)
传　　真　0351-5628680
网　　址　http://www.bywy.com
E-mail　bywycbs@163.com
经 销 商　新华书店
印刷装订　山西人民印刷有限责任公司

开　　本　787mm×1092mm　1/16
字　　数　242千字
印　　张　15.25
版　　次　2020年1月第1版
印　　次　2020年1月山西第1次印刷
书　　号　ISBN 978-7-5378-6093-2
定　　价　48.00元

序—2019:在梦想的重负下

/金浪

在键盘上敲击这篇序言的时候，书稿已交由出版社排印了，但担心遗漏了什么的焦虑却未有丝毫缓解。自从2016年接手文化观察选粹的编辑工作以来，年初时的满怀期待与年末时为焦虑困扰，已然构成了我生活中周而复始的常态。而2019年，这种期待与焦虑都变得更为强烈了。2019年同时作为“五四”运动一百周年与新中国成立七十周年，注定了有着非同寻常的意义。由此回望，一方面我们不得不惊叹新中国在过去的七十年里取得的辉煌成就。如果说国富民强自鸦片战争以来便是中国人念兹在兹的梦想的话，那么，2019年可以说是离这一梦想最近的时刻了。从今年越来越多的民众自发观看国庆阅兵仪式的热情高涨中，便不难体察到这种接近圆梦时刻的欢欣与自豪。但另一方面，这一圆梦之路又注定了充满崎岖与坎坷。自去年起，中美贸易战的烽烟四起与谈判胶着便成了新常态，而6月以来香港的持续动荡更是掀开了盛世繁华下波诡云谲的一角。相较于政治经济领域的风云变幻，文化领域能否担负起这一梦想呢?

2019年开年的第一个文化热点事件乃是由一篇题为《一个出身寒门的状元之死》的网文引爆的。这篇由“咪蒙”旗下微信公众号发布的文章，延续了“咪蒙系”一贯的网文营销策略。文章讲述一个出身寒门的学子逆袭成为高考状元但随后又悲凉死去的故事，通过对社会负情绪的准确操控赚足了眼泪。文章在1月

29日晚间推送后迅速在微信朋友圈里获得了刷屏效果，但该文的走红也引发了部分媒体人的警觉与质疑，随着更多证据的曝光，不仅该文被证实为纯属虚构而遭到删除，也引发了公众对“咪蒙系”的口诛笔伐。随后，“咪蒙”微信公众号注销，微博也宣布永久关停，从而标志着曾经风光无限的“咪蒙系”的倒塌。尽管“咪蒙系”早就被人批评为“毒鸡汤”的贩卖者，但这次事件却使得流量时代的写作伦理问题终于浮出水面：如何处理写作与现实的关系，如何更有社会责任感地写作，已然成为非虚构写作不得不深思的问题。

春节期间最为火爆的电影非《流浪地球》莫属。这部由刘慈欣小说改编的科幻电影，接过了前两年由刘慈欣与郝景芳获雨果奖的接力棒，将“科幻热”引入了电影领域，甚至被推崇为“中国电影科幻元年”的开启之作。《流浪地球》上映后共斩获46.55亿票房，在被《哪吒之魔童降世》赶超之前，曾一度仅次于《战狼2》跻身华语电影史上票房亚军的位置。而就在前两天的金鸡百花电影节上，亦传出《流浪地球》荣获最佳故事片奖的消息。《流浪地球》的成功，除了制作上的精良外，也与影片中体现的文化自觉有关，其中最被津津乐道的便是带着地球一起离开的情节设置。这一情节设置不仅被认为体现了中国人独特的世界观、思维模式与行为逻辑，也成为对人类命运共同体的最佳诠释。另外，值得一提的是8月暑期档上映的另一部号称大制作的科幻电影《上海堡垒》。其将资金用于明星片酬导致的粗制滥造，正可谓与《流浪地球》的鲜明对照。

3月1日，电视剧《都挺好》在浙江卫视与江苏卫视双台开播，同时也在爱奇艺、优酷、腾讯等各大播放平台推出，由于吸引了不同年龄段观众的关注，该剧也一跃而成为上半年第一款“爆款”电视剧。虽然家庭伦理题材的电视剧并不罕见，但该剧却能推陈出新，一改过去流行的婆媳斗争或者婚外情的模式，转而将父亲与子女间的亲情关系作为剧情开展的主线：因强势妻子的去世而获得解放的父亲舒大强对三位子女提出了各种变本加厉的要求，从而引发了他与子女以及子女们之间的矛盾升级。发生在“祸害”父亲与各种“极端”人格的子女们之间的这一出出狗血剧，不断撩拨着观众的神经，强烈共鸣者有之，质疑其真实性者亦有之，而由此引发的关于重男轻女、啃老、妈宝男、原生家庭等问题的热议，更暗中折射出当代中国人在家庭伦理问题上的焦虑。

6月27日,《长安十二时辰》在优酷视频开播,迅速成为席卷今夏最火爆的网剧。这部改编自马伯庸同名小说的古装悬疑剧,讲述的是唐朝上元节前夕长安城陷入危局,死囚张小敬临危受命,与靖安司司丞李必携手在十二时辰内拯救长安的故事。虽然以破案为主线的紧凑剧情使之颇受好评,甚至被赞为"良心之作",但剧情并非该剧的最大亮点,探案过程中对长安风物人情以及深蕴其间的各种穿越特质的视觉呈现,同样让不少观众津津乐道。正因为如此,尽管有论者批评该剧结局存在烂尾毛病,甚至指出"这是一部因为终点暧昧而引发的视角混乱剪辑混乱价值观混乱的剧",但其实又都无伤于观众的观剧热情。事实上,微信朋友圈里流传的各种相关网文与其说是剧评,不如说是在"借鸡下蛋"谈历史,谈宗教,谈美学,谈技术哲学,甚至由此透视当下中产阶级的日常焦虑。而正是这一千个观众眼中的一千个长安,共同营造了这出罕见的观剧奇观。

与往年白热化竞争的状况不同,今年的暑期档一开始显得有些死气沉沉,直到7月26日动画片《哪吒之魔童降世》的上映,这一局面才被打破。影片上映后票房稳步攀升,不仅连续打破了国产动画片首日、单日、首周、单周的票房记录,不出意料地超过《西游记之大圣归来》成为国产动画片票房第一名,而且还出人意料地超过了《流浪地球》,取得了2019年国产电影票房第一、华语电影史上票房第二的惊人成绩。虽然取材自古老的封神演义故事,但电影却完全颠倒了故事人设,不仅打造了史上最丑哪吒形象和史上最帅敖丙形象,还暗中改写了1979年动画片《哪吒闹海》的抗争主题。如果说在旧版本中抗争针对的是恶势力与封建父权,那么,这部影片则将哪吒塑造为了自己决定自己命运的个人英雄。"我命由我不由天",这句燃爆全场的呼告,不仅深蕴着这部影片大获成功的秘密,同时也将之打造成了折射社会想象力症候的绝佳样本。

今年国庆档为《我和我的祖国》《中国机长》和《攀登者》三部"主旋律"电影占据,截至10月7日,三部电影累计票房总和达到50亿,较去年国庆档19.08亿的票房增长了160%,因此又被称为史上最强国庆档。其中《我和我的祖国》以22.1亿票房夺得桂冠,而《中国机长》和《攀登者》则分别以19.6亿和8.18亿的高票房紧随其后。虽然三部影片在制作上并非尽善尽美，譬如《我和我的祖国》中的七段故事便存在着明显的良莠不齐，甚至还引发了不小争议，但这些瑕疵却未能影响观众的观影热情。“主旋律”影片能够在市场上取得如此大的成功，这在过去几乎是难以想象的事情。近年来，从《战狼2》(2017)、《红海行动》(2018)和《流浪地球》(2019)等主流商业片开始，确实出现了既弘扬爱国主义“主旋律”，又能获得市场高票房认可的现象，而《我和我的祖国》等三部影片也正可视作对这一方向的推进。

在由上述六个专题所提供的对于文化热点事件的观察中，新的国家想象与社会伦理困境之间的反差可以说是2019年文化领域的显著特点。作为中国崛起在文化领域的反映，《流浪地球》《我和我的祖国》等电影中已然出现了突破西方叙事话语以及重新定义个人与国家之关系的探索努力，不过，在关于写作的社会责任、家庭伦理想象、以自我为核心的历史与现实认知等方面，文化领域又不断暴露出处于急遽转型期的中国社会正在遭遇的难题与危机。当然，需要说明的是，以六个专题来透视2019年的文化状况乃是挂一漏万的做法。譬如“五四”运动百年纪念绝对是2019年不容错过的重要文化事件，不仅有众多学者发表了纪念文章，也有不少刊物推出了纪念专辑或专栏。此外，10月底上映的电影《少年的你》引发的有关校园暴力与“融梗”等话题的讨论，也不乏值得关注的价值，但出于可读性以及篇幅考虑，权衡再三也只能忍痛割爱了。

最后，借着这篇序言的机会，我要对本书中收录文章以及忍痛割爱而未能收入文章的作者们表达感谢。四年来的编选工作，已让我结识了不少从事文化批评的朋友，他们中有些已是文化观察选粹的常客，几乎每年都能见到他们犀利睿智的大作，而有些虽然还是文化批评的新生力量，却也往往出手不凡，令人惊叹。尽管观点不一，文风各异，但他们身上体现出来的对现实问题的深切关怀与敏锐洞察，却同样地让人心生敬意。此外，本书最应感谢的仍然是北岳文艺出版社的王朝军先生，是他的信任和宽容让本人得以连续四年担任编选工作。另外，本书在编选过程中受到来自重庆大学中央高校基本科研业务费专项(项目号：2018CDXYGYY0050)的资助，特此鸣谢。当然，需要感谢的还有我的三位研究生黄梅、叶佳敏和倪瀚蔚，她们不仅参与了选文环节的反复讨论，也承担了文章录入的烦琐工作。衷心希望她们在此过程中能有所收获。

2019年11月25日

目 录

《都挺好》：事关中产焦虑的家庭想象

看《长安十二时辰》时，我们在看什么？

“咪蒙系”的倒塌：
流量时代的写作伦理

2019年1月29日晚间，咪蒙旗下公众号推送的《一个出身寒门的状元之死》在朋友圈内迅速刷屏，也引发了媒体人的质疑。随后该文被曝因涉嫌造假被封禁60天，由此引发了众多网民的口诛笔伐，“含咪率”一词（关注咪蒙公众号的好友比例）也在此次反咪蒙浪潮中蹿红网络。2月21日，咪蒙微信公众号进行了注销，微博也永久关停，宣告了“咪蒙系”的彻底倒塌。

“焦虑贩卖”与市场需求的关系成了评论聚焦的热点。李飞从受众需要出发，指出“焦虑贩卖”是原子化主体和自媒体合谋的产物，它满足了个体在激烈竞争中调节自我与社会关系的需求。木匠和林深则提醒苦难消费实际上腐蚀了年轻人对于苦难来源的思考力和反抗力。而佘宗明更进一步批评这种背离了真实依据的情绪煽动只会在读者心中生成“罪恶模型”。

借助于咪蒙事件，前些年一直在酝酿发酵中的自媒体写作伦理问题也在不同层面得到了讨论和展开。雷磊从自身经验出发，强调受众的理性化、行业的净化和“真实感”的叙述才是自媒体良性发展的方式。郭松民则旨在强调写作的社会意义，指出了重建共同体社会的重要性。

此外，前两年发表的两篇文章因为对本专题的预言式批评也被选录进来。其中许苗苗着重从传播学角度指出了咪蒙系的“毒鸡汤”文乃受制于对流量的追求，而王行坤则将线上焦虑带入线下的生产空间，指出互惠、良性的竞争也许才是避免“焦虑贩卖”的根本方法。

《寒门状元之死》：为了10万+，你们要“杀死”多少“高中同学”？

/佘宗明

飙车过后易翻车，刷屏过后必反转，如今已跟“著名哲学家”王境泽的“真香定律”一起，成为舆论场中的规律式存在了。最新的爆款文《一个出身寒门的状元之死》，就验证了这一点。

这是一次全套的精神大保健

寒门、省会高中、笑柄、状元、刚正、不合群、病逝……这篇出自咪蒙实习生创办的“才华有限青年”公号的文章，无疑是一篇“如何解锁10万+”的示范文，光是这番“出身寒门的状元”人设，就深谙什么是社会痛点与痒点，深知怎么制造“悬念+冲突性+信息阶梯”——

你们不是爱为“底层逆袭”和“寒门难出贵子”唏嘘吗？你们不是喜欢看阶层差距和都市青年的精神荒漠吗？你们不是爱听理想情怀，又容易被悲剧打动吗？那好，我给你一次性上全套“精神大保健”，哪里不舒服点哪里，保证老少咸宜，五环内外人群都适用。

你觉得光是写农村娃还不足以激起你的共鸣？Well，我就来了经典的“双主角”戏剧结构，一正一反来点烘托：男主角就是“寒门状元”，生活轨迹是“出身贫寒—倔强生长—打破逆境—更大的困境—坚守初心—因病早逝”，女主角就是“我”，在“寒门状元”的感染下，也经历了心迹的起伏，从精神空虚的都市白领，到记忆倒带后悄然被感化，于是打算重新来过。

该制造的角色对立制造了，该煽的情煽了……大概是嫌这戏剧性得有些不真实，文章还精心设置了微妙关联——“寒门状元”不是新闻特稿人物，而是我的高中同学周有择；嫁接了很多现实场景——在北京白领集中地国贸的居酒屋里露着乳沟跟投资人聊天，“酒局接饭局，老师连前辈”的生活状态，投行大佬说话三句一个VC、五句一个PE，保健品忽悠人加盟赚大钱……这下你的代入感是不被盘得相当圆润，一点都不“干干巴巴，麻麻赖赖”?

都说“我有故事你有酒吗?”，这文章留下的也是一个问句：我有故事，还是那么用力编出的故事，你有泪腺吗？如果有，你好意思不掉下眼泪以表感动?

若以传播量看，文章相当于给咪蒙的新媒体标题内容制作技巧培训班打了广告；若就信息密集度看，如果我是传播系老师，我的案例库大概也不会错过这篇，毕竟这篇集齐了太多传播要素。

翻车只是编故事的舆论代价

我差一万点就要被这故事击中了。我也出身农村，初中时一周生活费5块钱，奋力考进还不赖的大学，上大学后勤工俭学、写稿挣生活费，虽然跟学霸体质无缘，但大抵也能从文中的“寒门状元”身上看到几分自己的影子。但多年看网帖的“临床经验”告诉我，如果有代入感就“自干转（转发）”，那很可能就是把自己的脑子变成爆款收割机的零部件，P2P和权健们看到这样的脑瓜应该挺开心，喜逢“韭菜”嘛。

在网上，这篇刷屏文章已经被质疑箭头射成了筛子。有人调侃其“超现实”——“人生太短，容不下咪蒙实习生安排的戏了”：

> 毕业两年的财务，就得让大领导跪着求你做假账——给一大笔奖金也不行的那种假账；
>
> 毕业两年，就能骗完投资人，套现走人；
>
> 毕业两年，就能露个乳沟，迷得投资界大佬胡说八道，这是在海天会所里面谈的生意?

毕业两年，就能混到电商巨头的P7……

有人抠住细节不放：“主人公2013年高考，说高中时就读过《灵魂摆渡》，可这2014年才上线”，并顺着作者说的当年高考人数顺藤摸瓜，最后查无此高中……

与这些考据癖不同，我是对所有煽动性文字都保持本能警惕，而以我的经验，“全村供着上高中”也是知音体看多了后的浮夸想象，跟我所感知的农村隔了好多条街。如果这样都还能算“非虚构”写作，那我也可以不必脸红地说，我高中作文里的那些自己“听了居里夫人（爱因斯坦、牛顿、陈景润）的故事后洗心革面”的情节，都是真的，跟骗分数一毛钱关系都没。

《一个出身寒门的状元之死》，背后的真相大概率是一篇靠虚构的“一个出身寒门的状元之死”博10万+的故事。说到这，写了多年评论没出几个10万+的我在眼红之余，也只能感慨一声：都是节操限制了我的想象力，跟收割10万+的能力。

贩卖焦虑的“毒鸡汤”本质上就是“毒”

这年头，各色新媒体培训班总结出了各种标题党技巧、金句制作指南和通往爆款之路。但最关键的技巧，无非是贩卖焦虑。如果说，10万+是各路自媒体豪杰头部论剑、决战KPI之巅的武功，那贩卖焦虑就是其中最讨巧的姿势。

焦虑情绪现在已成了大众快消品，现实中，我们可能都是被“焦虑之鞭”抽打的陀螺，想不团团转都难：没找到工作的人为已经失业焦虑，有工作的人为可能失败焦虑，单身汪为被催婚焦虑，有娃的为育儿焦虑……我们的焦虑对自己是实感，对有些人来说则是生意。

他们不是把商业模式建立在抚慰我们焦虑情绪的基础上，而是极力夸大焦虑，无论是在几线城市的生活图鉴，无论生活处在怎样的状态，都能被他们用“焦虑连着焦虑”给概括。那些困在现实生活的人们，对此大多没什么免疫力，基本上是“一打一个准”。很多人在拖着疲累的身躯摁下“共鸣”按钮时，才不会看到那张“泛焦虑”的网后面还有几个大字：快到我碗里来。

这篇文章也是这样：渲染阶层差距，感慨都市青年的“行尸走肉”般生活，营造正直常失意、逆袭也无用的悲情……这些主题哪个拎出来都是严肃社会议题。可将其杂糅到一篇“毒鸡汤”文里，却并不容易自洽。所以，尽管作者行文手法很巧妙——明明要煽情却扮节制状，还来了句“谈理想三种人：傻×、骗子、去世的他”的提要以迎合公众“最怕老板不谈待遇谈理想”的反鸡汤情结，却仍改变不了，这不过是又一次贩卖焦虑生意的演练和一场“骗易感人群眼泪和点赞”的智商认证仪式。

有意思的是，在我朋友圈里，有些人转这篇时，还写了按语：“现实张牙舞爪，总有人认真而高贵地活着。”“生活需要感动，是剧本也有其价值。”照这逻辑，那些在街头对老头老奶喊“爸妈”把他们说得一把鼻涕一把泪，最后将“药”卖给他们的人也挺有价值的——他们也很认真，也是给了他人以感动。

这类“毒鸡汤”，本质上就是给人“喂毒”。看起来是说出了社会痛点，问题是，这些“毒鸡汤”党并不会给出解毒秘方，它不止会让人缴纳智商税，更会在人心里定制出无数个“罪恶模型”：那些衣冠楚楚的投资人是“罪恶”的，那种按部就班的生活是精神空虚的……最终，大家都需要“杀死”现在的自己，来一场精神苦旅。

这可不就是毒吗？

我留意到，这些文章都喜欢搬出“身边人”，不是“我的朋友”就是“我的高中同学”。这篇刷屏文在网上也被扒出，是咪蒙笔下的月薪5万的实习生所写，之前她在该公号上还产出了《摔狗事件：这次我支持人肉，也支持以恶制恶》这类三观崩坏的文章，看来也是同出一脉。只是我不知道，他们为了强行制造10万+，到底让多少“我的朋友”变成了loser，又“杀死”了多少“我的高中同学”？

既然他们割弃不了“用贩卖焦虑骗10万+”的爱好，我只想求他们：就放过你们的“朋友”和“高中同学”吧！

选自“新京报”微信公众号2019年1月30日

咪蒙系的坏不在造假，而在于把年轻人赶上孤岛

/木匠　林深

1月29日晚，公众号“才华有限青年”一篇题为《一个寒门状元之死》（下称《寒门》）文章刷屏。《寒门》讲述了作者一位出身寒门的同学的故事。他高考时是当地理科状元，大学期间打工攒钱供妹妹读书，但因胃癌去世。在作者眼中，出身寒门的主角活得不易却不与社会的染缸同流合污，而相比之下，其他出身中产的同学（包括作者自己）却在浮躁的社会中攀比、妥协，失去初心。

尽管文章中有大量现实生活中的地名、公司名称以及作者关于隐私等问题的恳切声明，但随后被网友质疑造假。今日，网络上各种抨击《寒门》的文章屠版，该文也因为违规在微信上被删，而文章掀起的波澜还在汹涌，公众的讨伐指向了该号背后的知名博主——咪蒙。

在《寒门》中的真真假假的背后，我们分明可以看到咪蒙系的鸡汤话语在不断进化，而以《寒门》为代表的以他者苦难为素材的新式“残酷鸡汤”，正在以更隐蔽的方式瓦解年轻人的理性思考。

谁杀了寒门贵子

无论是早先《一块屏幕》就能改变寒门子弟的悲苦命运，还是《啥是佩奇》试图用大众文化工业符号弥合城乡和代际矛盾，抑或是《寒门》用

寒门状元之死来完成中产的德性进化，其本质都是通过想象底层生活，以安置意识到占有危机的中产的精神焦虑——无论是出于自我救赎还是自我厌恶。

泪腺崩坏之后，不禁要思考这个问题：寒门状元到底是被生活重负压垮因病离世，还是被自我感动的笔调谋杀？

圣化寒门状元来声讨中产的迎合做作，用寒门状元的坚守印证“我”的堕落，这样充满自责羞愧与自我厌恶的悼念文，一出来就誓要夺走读者泪水。从社会新闻随手摘取的人物事例：全村众筹寒门状元上学，坚守信念不为金钱做假账，被富二代威胁不帮助作弊就挨打，为妹妹筹学费进传销组织，用力生活透支生命过早离世等等，再加入一些鲜活的真实细节：山寨羽绒服被同学调侃、不愿变通的“好学生”形象，使得文章真假难辨。

当然，对寒门状元的家庭、生活样貌以及求学、交往、就业过程中的种种细节还可以编造更多：茅草屋、土坯房；跋山涉水的求学路、布满裂痕的教室；口齿不清说着方言的乡村教师，父亲沟壑纵横的额头、母亲浑浊的双眼；城市求学时，教室丢东西后总被怀疑是小偷，脖颈上常有的淤泥被同学耻笑，信息课上傻愣着看城市同学熟练地操作计算机……

《寒门》作者并无心描摹寒门状元的悲惨处境，而是提炼出他的“圣人特质”来达成“我”的历练，却无形中说出了事实真相：难以凭借教育完成阶层跃迁的寒门状元与同样难以实现阶层跃迁，甚至面临阶层下沉的“我”共享着相似的无力和焦虑——他需要靠着努力和坚守才能小心生活，而“我”需要靠着出卖色相才能苟延残喘。然而不一样的是，正如虚构的“寒门状元”的姓名，周有择，他今生穷途末路，只好寄托来世；而“我”另有他途，仍可腾挪闪躲。

这不正是这篇文章的毒性所在吗？

“我”一边卖力挤着乳沟讨好中年的商业大佬，一边想要挣脱现有生活的束缚。只能借助寒门贵子“周有择”之死完成身为都市白领“我”的精神蜕变。金钱会腐蚀理想，那从未沾染铜钱俗气的寒门精英不正是中产心心向往的“理想”代理人？通过意淫社会底层的遭遇，提供中产俯视底层的关切窗口，又讥讽中产生活的荒诞虚假，安抚在迷途中尚未堕落的底层青年。杨乐多巧妙编织一张焦虑之网等待中产和底层同时进入陷阱。找到各阶层痛点，精准下手，并不是为了增进阶层对话，消弭阶层差异，而是通过渲染阶层差距，制造爆款文章，完成流量变现。

咪蒙系，谁讲节操谁就输了

《寒门》是一篇咪蒙系的作品。首发该文的公众号“才华有限青年”，是霍尔果斯爆炸糖影视传媒有限公司所有，其公司法定代表人为马凌，即公众号“咪蒙”创始人。据称，《寒门》的疑似作者、“才华有限青年”创始人杨乐多为咪蒙的大弟子，正是咪蒙文章中曾提到的“月薪5万实习生”。咪蒙系，早就经历过“洗稿”“造假”“低俗”“伪女权”“价值观奇葩”等争议。她旗下的公众号出产这样的文章，人们并不意外。

咪蒙，微信公众号中的绝对红人，总是以一副怼天怼地的姿态出现，但如她所说，“我不是一个反抗世界的人”。她宣称“鸡汤是刚需”，并盛产鸡汤。与其他鸡汤生产者一样，她相信秩序，也相信个人努力：“与其抱怨规则，不如把自己变得强大，适应规则，甚至去改变规则。”而“才华有限青年”作为咪蒙商业矩阵的一部分，继承其志，将95后年轻群体精准定位为目标用户，在《寒门》这篇文章当中，为他们熬制了一锅“残酷底层”的重口味鸡汤。

咪蒙系的鸡汤之所以比别人卖得更好，正是在于咪蒙们敢于抛下底线，任由内容彻底地去迎合市场。对于“什么样的文章阅读量高?”这个问题，咪蒙曾经的回答是“热点、金钱、性、暴力”；她不惜频繁地砸下几十万投入到用户调研中，以保证在不断变化的用户需求中优游。最终，她得以熟稔地拿捏读者的痛点，灵活自如地穿梭于七情六欲之间，时而推荐黄文，时而教你做饭，时而帮你发声，精心饲养信众们对秩序社会顶端的向往。

《寒门》的“打假斗士们”怒斥“咪蒙”系“新闻造假”，“不负责任”，但咪蒙们不怕被骂，因为他们深谙一个道理，如咪蒙所说：有争议不是坏事，自己被骂后广告非常多。对于一个追求流量变现，而将底线搁置一旁的商人来说，社会责任从来都不是她最关心的事情。

当流量巨大的咪蒙系随着市场在鸡汤写作技术上更上一层楼，她的危害也变得更大更隐秘。当咪蒙们把开始那些自己都难以理解的苦难当作鸡汤的食材，我们相信咪蒙们也发现了这样一个事实：在经济下行的当下，年轻人在日常中体验着难有起色的工作生活，爬上金字塔的成功学想象随之渐渐失效，年轻人从“越焦虑，越努力”变成“越努力，越焦虑”。

所以在这个时刻，咪蒙系鸡汤别出心裁。在《寒门》中，作者鼓励焦虑的年轻人们要么从更惨的人身上吸一口氧，要么从堕落的中产身上找一点精神优越感。但是，是什么迫使一个聪明的寒门出身的男孩非做传销不可？是什么迫使一个拥有理想的中产女孩天天穿着低胸的衣服强颜欢笑？对于这些问题的根源咪蒙们没有答案，也试图阻止年轻人们寻找答案，却鼓励他们将矛头指向那些同样苦痛的队友，这不是在把每个人都逼上孤岛吗？

面对青年焦虑，我们该如何发问？

杨乐多清楚地知道，底层苦难已经成为中产进退失据时的绝佳止痛剂。如果说抖音、快手“乡土味”视频充当着中产饭后茶余的快乐源泉和面临压迫时的宣泄出口，那么咪蒙式文章正在挖掘乡土社会的人情味，以求打开/维系“致富梦”破碎的、试图逃离利益计算的都市白领，以及被竞争冲垮了社交网络的当代大学生的这块市场。

杨乐多费尽心力刻写了同样认可秩序化现实下、不同阶级背景的“周有择”和“我”，然而吊诡的是，出身底层的“周有择”若真有其人其事，他的“高尚”很大概率上只是“我”的想象。比如另一种故事的版本可能是：周有择从来无力对抗现实逻辑，他被迫接受学校灌输的价值理念，由于难以承担任何“脱轨”的风险，他不能帮富二代做小抄，否则被校方查到求学之路难以维系，他不能做假账冒风险赚快钱，否则会面临严重的刑事追责彻底断送未来，然而面临诸多不确定的“周有择”最终为了筹集妹妹的学费进入传销组织。

更令人迷惑的是，杨乐多唏嘘完“周有择”的无奈，又强行美化其对信念的坚守，试图遮盖城乡和阶层矛盾对“周有择”之死的重要推动。将底层家庭困境进行粗暴拼接后，又拔高了寒门贵子的人格特质，并通过“我”的自我拷问，不断声讨自己的世俗和懦弱，希望承继“周有择”的遗志资助其妹上学，试图用一种“行善”的方式，逃脱资本主义的精神洗劫。

所以，文章其实要表达的是：如果在教育资源极度匮乏和家境极度糟糕的情况下，都能诞生出一个不为金钱所惑的寒门精英，那么农村青年和都市白领又有什么理由抱怨自己上升通道被封堵？如果在不断遭受排挤和隔离的城市边缘人都可以坚守心中信念，那么都市白领又有什么资格抱怨中产世界的好无情、好六亲不认？

杨乐多敏锐察觉到经济下行进程中底层和都市白领对当前生活的诸多不满，却又无力给出方案，只能卖力堆砌两个阶层的生活遭遇，以“用力生活”虚晃一枪，却不幸暴露了自己的精神分裂：她一方面看穿都市白领对“增长”“致富”的幻灭，试图从底层中提炼“圣人特质”，以向他们供给精神饵料，欺骗他们继续上路；另一方面，又迎合都市白领的保守特质，告诫他们不要轻易追逐真诚，否则是自寻死路。

所以说，《寒门》这种残酷鸡汤的危险之处在于它遮蔽了年轻人对于“苦难来源”的真正思考，并且消解了人们自身所遭遇的不公的反抗力量。这一代年轻人的焦虑，来自无处不在的金钱化、秩序化、个体化，以及那种“成功学”式的幻觉。咪蒙那套“你必须牛×”的秩序化话语在面对危机的时候开始显得无力，所以聪明的她的徒孙们不得不转向苦难消费甚至神迹（如之前咪蒙弟子一地金啊制造的雄安锦鲤女孩）。而这一切，依然是鸡汤，依然是在为那个制造焦虑的秩序添砖加瓦。

文章的最后，我们希望提供一种不一样的提问方式。回到《寒门》里的那些细节：如果说，一个寒门子弟必须用命赚取妹妹的学费，我们就应该质问我们的社会教育福利体系怎么了；如果说，一个家境贫寒的高中生因为“只有一件羽绒服”而遭遇到了同学们的“精神霸凌”，我们应该批判是怎样的成人世界教会了一群孩子嫌贫爱富；如果说，一个状元到社会上只能够通过传销赚到糊口的钱，那么我们应该思考，劳动力市场的自由配置为何失效，又是什么在制造就业危机……

选自“土逗公社”微信公众号2019年1月30日

咪蒙为什么能够野蛮生长？

/郭松民

01

“咪蒙账号已自动注销”，这个消息仿佛引爆了一枚深水炸弹，令社交媒体一片哗然。

咪蒙曾是高踞金字塔尖的自媒体人，2017年她在接受媒体专访时表示，公众号已经为她带来了8位数的年收入。而这背后，则是1400万订阅其公众号的粉丝，以及单篇1470万的最高阅读量。

说来惭愧，在咪蒙处于鼎盛的时候，我从来没有读过她炮制的那些流传甚广的鸡汤文，甚至根本不知道有这个人。待到咪蒙开始退出自媒体江湖的时候，我才产生了兴趣，搜索并阅读了不少她的公众号文章，包括那篇成为压倒骆驼最后一根稻草的“状元之死”。

火车不是推的，牛皮不是吹的。咪蒙确有过人之处。

02

咪蒙的最大特点，在于能够准确把握住社会心理，并用一种相当无耻的手法，不加掩饰地利用，令读者不由自主地产生共鸣，进而产生自怜自怨、自我感伤的情绪，由此将咪蒙视为知音，形成难以割舍的依恋。

这种容易产生自怜及感伤情绪的社会基础，在于原有的“单位制”社会/共同体社会解体之后，每个人基本上是一种原子化的存在，“原子”与“原子”之间又存在着激烈竞争，这是产生焦虑、无助和不安全心理最适宜的土壤。

咪蒙毫不犹豫地利用了这一点。且看“状元之死”当中的一段文字：

> 我再小一点的时候常常做梦，梦里我们所有人的人生其实都是一口井。越到井底越幽暗恐怖，我们的前半生就是在拼命从井底往外爬。那时候我只能看到有的人爬得快，有的人爬得慢；有的人勤奋些，有的人怠惰些。

“状元之死”是伪文，但这段文字传递的情绪是真实的。

不能不说，这是对很多青年生存状态的准确描摹，那些北漂、路人甲等等，读到这一段文字时不可能不潸然泪下。而他们在将这篇文章分享到朋友圈和微信群时，就会收获更多的共鸣与感伤，于是很快进入米兰·昆德拉定义的“Kitsch”状态(大意是“自媚”，即讨好自己、迎合自己)——

> 1.自我感动及感伤；
>
> 2.难以拒绝的自我感动和感伤；
>
> 3.与别人一道分享的自我感动与感伤；
>
> 4.因为意识到与别人一道，感伤变得越发加倍；
>
> 5.滔滔不绝的汹涌感伤最终上升到了崇高的地步，体验感伤也就是体验崇高；
>
> 6.这种崇高是虚假的，其中附加含义大过实际含义；
>
> 7.当赋予感伤崇高的意义之后，容不得别人不被感动与感伤。谁要是不加入这个感伤的洪流，就是居心叵测。
>
> 8.这是最主要的，Kitsch是一种自我愚弄。

Kitsch心理，解释了咪蒙为何能够风靡一时，“感动”无数人。

03

咪蒙的过人之处我们说过了，那么，咪蒙的可恶之处在哪里呢？

媒体称咪蒙贩卖焦虑，这是有道理的。咪蒙把绝望的情绪、沮丧的情绪传递给粉丝，还要向他们收费，天下还有比这更可恶的事情吗？

当然，更准确的说法是咪蒙放大了焦虑，散播了失败主义情绪、绝望情绪，助长了跳船心理。

她看到了问题，但不提供任何积极的解决方案，不提供任何建设性的意见，而是把“抛弃、放弃”作为一个不言自明的解决方案暗示给读者——这正是鼎盛时期的南方系媒体操纵社会情绪的主要手法。

在一定意义上说，南方系借助咪蒙系的各公众号平台，在自媒体时代借尸还魂。

在“状元之死”中，周有择是“我们班”唯一有操守的人，不肯帮助同学作弊、不肯加入传销、不肯做假账，但他却早早地死了，更可悲的是，他的死没有唤醒任何人。

有人做了一个表格，发现“死”是咪蒙文章中最高频的字。

沮丧、绝望、自我怜悯，这就是咪蒙鸡汤的主要配料。

04

除了散播绝望情绪和失败主义情绪，咪蒙鸡汤文的另一个特点是不可救药的媚外情绪，带有典型殖民地半殖民地文化的特征。

在“状元之死”中，毕业前作者听了校长的演讲，由此度过了“最燃”的一天。

校长讲了这样一段话——

> 我从不奢求学校走出去的学生出现在福布斯排行榜上，但希望你们出现在诺贝尔奖的名单上，出现在普利策的名单上，出现在拉科斯医学奖上，出现在联合国慈善奖上，甚至出现在人类突出贡献奖的名单上。

很奇怪，这居然是一位中国的中学校长的演讲。

他不要求学生成为雷锋、钱学森、屠呦呦，不要求他们有一天能够用自己所学报效祖国，而是希望他们有一天去西方领一个奖。

把获得西方的加持、摩顶视为人生的最高目标，这正是洋奴的主要心理特征。

05

咪蒙的野蛮生长，是令人恐惧的。

老鼠为什么能够长得像大象一样庞大？因为它生活在一个没有天敌的环境中。

剧作家汪海林发了这样一条微博——

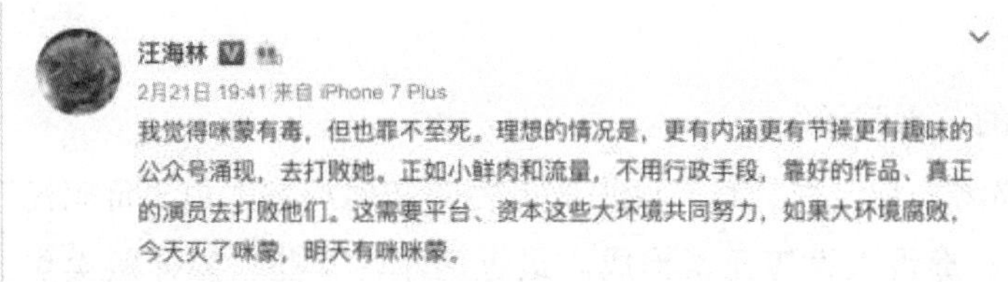

我赞同他的看法。希望有关方面能够尽快营造出这种“理想的情况”，令“更有内涵更有节操更有趣味的公众号”大量涌现，并且允许他们畅所欲言，馨香祷祝！

当然，最根本的、釜底抽薪的办法，还是要重建共同体社会。

在致力于建设人类命运共同体的同时，也要建设好中华民族命运共同体，使幼有所育、学有所教、劳有所得、病有所医、老有所养、住有所居、弱有所扶，人人为我，我为人人——在这样的环境中，咪蒙贩卖焦虑的“毒鸡汤”，将不会再有市场。

选自“高度一万五千米”微信公众号2019年2月22日

“毒鸡汤”：一种时代的话语符号修辞

/李飞

不倒的“毒鸡汤”

“毒鸡汤”是一种具有高度扩散能力的文化形态，由“毒鸡汤”、毒舌、毒舌语录、毒舌人设等元素构成。最近两年，一些自媒体贩卖焦虑，制造“毒鸡汤”，“毒害”年轻人，因其负面影响而被关停。但单纯关停某家自媒体，不过是少了一家“毒鸡汤”供应商。事实上，“毒鸡汤”不仅仅是自媒体的焦虑商品，其制造和传播有着广大网友的参与和推动，很多相关的段子、语录是匿名传播的。因此，这个问题的关键不妨换一种问法：数字资本主义时代，为什么如此依赖“毒鸡汤”?

“毒鸡汤”的起源难以考证，但是“毒鸡汤”的流行和微时代的到来基本是同步的。“毒鸡汤”刚开始和毒舌人设有关，某些综艺节目的主持人或嘉宾，被打造为毒舌女王，进而出现了毒舌语录，同时，“毒鸡汤”也和这些毒舌语录相差无几，它们的面貌都是“反励志”“反说教”。大概从2013年开始，“毒鸡汤”的受众价值被发现，媒体开始迎合“毒鸡汤”趋势。在2013年的央视春晚中，蔡明在小品《想跳就跳》中的毒舌形象引起关注。之后几年的节目，她延续了毒舌人设，只不过小品结尾必然要从毒舌回归到正能量。同时，在选秀节目、相亲节目、求职节目中，毒舌人设也越来越多地出现。到了2017年的《吐槽大会》，毒舌已经变成挥之不去的元素。

一些专门贩卖焦虑的自媒体也火了起来。但是，此时的“毒鸡汤”依然是文化合谋的产物，而不仅仅是自媒体向受众贩卖的“精神传销品”。2017年左右，社交媒体上，王尔德、张爱玲等经典作家，被网友们从“毒舌”视角重新发现。

“毒鸡汤”的意义系统

不妨看一下“经典”“毒鸡汤”的表达方式。王尔德的“毒舌”语录最为典型的一句是：我年轻时以为金钱是全世界最重要的东西，等到老了才知道，原来真的是这样。而张爱玲的“毒舌”语录流传最广的大概是这句：你年轻吗？不要紧，过两年就老了。对于更多的“毒鸡汤”以及自媒体的爆款文，事实上，都可以用一个“毒鸡汤”段子来表示：我刚毕业，终于下定决心要在北京买房。我开始规划生活，购买理财产品，关注成功学大师，跟老板、同事搞好关系，经过五年的不懈奋斗，终于攒了十万块钱，加上我爸给的五百万，在北京买了房。从这个角度看，某些自媒体的爆款文章并没有独特之处，只不过用更为感性的方式演绎“毒鸡汤”。而“毒鸡汤”最为根本的特征，就是强调甚至夸大社会结构的不平等，社会分化的残酷性。也就是说，“毒鸡汤”要呈现的是所谓比“现实”更“真”的世界。

“毒鸡汤”的流行与后意识形态的主体状况有关。根据齐泽克的说法，在后意识形态/晚期资本主义的世界里，一般的意识形态批评已经失去了其批判力，因为主体是自反性的主体。也就是说，主体会运用所学的社科知识，反思自己的处境。比如说，当我们指出，某种现象背后掩盖的是压迫性的社会事实，主体对此并不吃惊，因为他们始终知道这一点。后意识形态时代，主体会和意识形态，尤其是权力话语编织的价值体系，保持一种反讽性的距离，他们认为，“花里胡哨”的话语修辞背后，是赤裸裸的资源分配和占有问题。

在此意义上，“毒鸡汤”戳破了某种权力话语和资本话语共同构筑的神话。社会财富一直增长，科技进展突飞猛进。社会不断地告诉我们，只要好好努力，就能取得不俗的社会成就。“毒鸡汤”则提供了另一个面向，社会的结构分化似乎变得越来越严重，社会的阶层流动变得越来越困难，以住房为核心的城市居家生活成本越来越高。如果说那些励志话语总归是这样一句话：好好努力，你会成功的；那么，“毒鸡汤”的应对话语就是这样：好好努力，你依然是个屌丝。对个体来说，需要警惕的是，这种负面的表达容易让社会滋长颓废的情绪。

那么，为什么对神话的戳破需要以“毒鸡汤”的形式出现？

“毒鸡汤”的认同政治

齐泽克将认同分为两种：想象性认同、符号性认同。简单地说，想象性认同是对某种形象的认同，我们以为这种形象显得可爱，这种形象代表着我们“想成为怎样的人”。符号性认同则是对某个位置的认同，别人从那个位置观察我们，我们也从那个位置审视自己，以便我们显得可爱。比如，某个女孩子有着对某种极端的女性特质的认同，她认同的形象是脆弱、温柔的形象，于是，她也如此表现；但是，在符号性认同层面，她认同的是父权/男权的位置，正是在这个位置的审视下，她的极端女性气质才显得可爱。

在数字资本主义崛起的当下，想象性认同伴随着孤独经济的崛起，似乎具有了不可撼动的地位。大众文化方面，想象性认同的崛起体现在各个方面。全球偶像初音未来，这个扎着马尾、永远十六岁的“世界第一公主殿下”首先是一个声音合成软件，其后又被设计出漫画形象以及人设。就是这样一个虚拟偶像，她的歌曲几度登上各种流行榜单的榜首，她在东京、香港、上海、新加坡、洛杉矶的演唱会场场爆满，现场粉丝异常热情。前两年爆红的社交软件抖音，满屏都是可爱的形象，少男少女、猫猫狗狗以及小孩子，这些短视频有什么叙事要素、视觉/听觉奇观吗？没有。只要“我们一起学猫叫，一起喵喵喵”就能获得快乐。甚至，名字里也包含着变化。从“建国”“国庆”，到今天的“紫萱”“梓涵”，从“国家”位置发出的符号性认同，被从个体出发的想象性认同所取代。这种变化已经被意识到。一方面，权力话语越来越借用二次元的逻辑来争取青年的认同；另一方面，资本也不断地通过“人设”将想象性认同纳入消费逻辑。

但是，想象性认同错过了一些东西。它可以建构虚假经验，但没有办法传达主体有关社会困境的真实体验。而权力话语传递的和谐，被后意识形态主体体验为“虚假意识”。“毒鸡汤”，恰恰就是在这时候填补认同需求。主体需要一种阐释困境的方式，以调整自我和社会的关系。因此，一家自媒体可以倒掉，但是“毒鸡汤”或许还会顽固地生存下去。不可否认的是，这么做就是在“解构”，不过是所谓后现代主义的继续。

与此同时，意识形态并没有失效。正如齐泽克所说，意识形态的作用，并不是让主体不相信其“内容”，而是让主体服从其“形式”。形式上的服从会自动产生信仰。循着齐泽克的思路，再回到“毒鸡汤”的典型表达模式：好好努力吧，经过努力你会发现，你依然是个屌丝。“……，依然/但是/不过……”这样一种拜物教思维，暴露了主体的隐秘的认同位置。这是两个极度认可“秩序”的视角，不妨称为之秩序拜物教。“……，依然/但是/不过……”是一种普遍的秩序拜物教：“出手打熊孩子是不对的，（但是）我想说打得好”；“这个社会，金钱、权力、关系决定一切，但是这就是事实啊……”我们可以看到，即使自反性主体具备了刺穿“虚假意识”的知识和能力，主体依然屈服于拜物教式的话语和思维方式，而形式则述行式地产生了对“秩序”的信仰。也就是说，“毒鸡汤”刺破神话，并不是为了批判神话，而是为了认同神话背后的由权力和资本主宰的社会秩序。最终，“毒鸡汤”的完整逻辑是这样：你可以很努力，但你依然是个屌丝，那你何不认可屌丝位置？这在一定程度上容易导致人们安于现状，失去奋斗的动力，进而使社会结构更加固化。因此，我们不仅要认识到“毒鸡汤”是一种时代变异的话语符号修辞，还需要理性而清醒地面对“毒鸡汤”，不因为“毒鸡汤”而阻碍了思维和前进的动力。

选自《社会科学报》2019年3月28日

用真实打动世界

——非虚构写作的“力量”与“内核”

/雷磊

从调查记者到非虚构自媒体人

最开始我在《南方周末》做调查记者，从《南方周末》辞职之后还在优酷做过制片人，在《GQ》做过长报道，直到2016年我选择从公司出来自己进行创业。促使我离开传统媒体、进入新媒体创业的核心原因是我当时在GQ的工作状态。大家都知道《GQ》是一本时尚杂志，当时我的工作很舒适，收入状态也非常稳定，但是我才27岁，我还是希望能够出去搏一搏。

我当时有一种说不清道不明的职业危机，或许我是写得比较好的人之一，但不是前三名，我在非虚构写作的成绩很难再前进。那不如结合自己的所长，重新去开辟一个新的领域，做一些新的尝试。我仍然是站在我现有的写作基础上，在我最熟悉的内容领域，又能够打通和其他行业的壁垒，从而发现一个新的领域。这就是我选择非虚构这个内容领域作为自己创业核心的动因。

我一毕业就去到《南方周末》做记者，作为一个调查记者怀抱着理想主义的情怀，有着年轻人对天下的抱负，觉得世界会因为自己变得更加美好一点点。在最初的记者生涯中，我的人生核心命题就是这个世界会好吗？这个世界会因为我的存在而变得好一点点吗？后来在舆论监督一线工作一段时间之后我会有一点点沮丧，无论作为个人还是作为一个机构，你所能产生的影响是非常有限的。

在《南方周末》工作了三四年之后，我开始思索，如果这个世界很难变好，那么作为个人来说，我能不能在自己的职业生涯当中做出一些突破和创造，对这个社会产生一定的价值？我能不能有除了写作者之外其他的角色以获得新的生命体验？以前在媒体工作，我要从公共层面、公共利益出发，但现在创业做自媒体，我只思考一个问题，就是我自己能不能过好这一生，能否揪着自己的头发把自己的能力再提升一点。

用更现代的视角去打量日常生活

非虚构写作是一种基于事实素材的写作，所有的表达都不能超出原有的事实素材，这不仅要求你的整个故事是真实的，同时故事里所使用的所有素材和细节都要是真实的。因此非虚构与虚构的本质区别是非常分明的。可能你的整个内容框架是真实的，但是改变了一些细节，那么它仍然是超出了非虚构的界限，已经进入了虚构的领域。

（1）如何判断故事的真实性

我们拥有核心是媒体人的编辑团队，工作方式与在媒体中并无区别。在完成一篇稿子的过程中，我们会与故事当事人进行沟通、询问细节、补足故事信息的缺陷。对故事的真伪进行判断，就是对故事里面的5W要素进行判断。同时还要运用媒体人的经验，对所得到的信息点进行交叉验证，以判断故事的真伪。之前也会有很多聪明的作者，把自己所闻当作是自己的亲身经历来写，我们遇到过很多这样的情况，文章写得也很好，但是最后如果发现他无法证明自己和故事主人公的关系还是会放弃这样的稿子。

另外，核查的误区和盲点在于，有一部分是没有办法核实的。比如个人口述史，个人的回忆、内心活动没法核查，唯一可以判断真假的就是具体时间中的信息点。

非虚构自媒体追求真实并不是像传统媒体一样为公共利益负责，我们追求真实是为了使我们的文本更具有真实性、真实感。而真实感是非虚构文学区别于其他文学样式最核心的一种阅读体验。

（2）好故事的三个标准

第一是真实性。故事是真实的、经得起验证的，这是最基本的要求。

第二是故事性。散文、个人口述史、纪实文章、学术论文、学术调查等都是非虚构的内容，我们通常只选择故事性比较强的内容。好故事一定体现了较为复杂的价值且在叙事之中是有变化的。一个好人，在一系列的事情之后变成了一个坏人，或者说是一个坏人变成了一个好人，我们知道这个人物的价值是变化的。比如说林冲，他想做一个好人，他不想做一个反贼，最后逼得他不得不做了反贼，这就是好的人物，好的故事。第三是线条清晰、语言简洁。我们很少用那种结构比较复杂的文体去展现故事，通常按照时间逻辑或者说是事理发生的逻辑去写就行了，要尽量少一些插叙、倒叙这种炫技式的东西，少用成语，少用形容词、连词、介词，同时要多用标点符号，多用短的句子和段落。

我认为的好故事一定是刷新了我们现实生活经验的故事，体现了当下社会的某一种价值。比如我们现在再去讲一个忠君爱国的故事是没有人看的，像自己的原生家庭、自我的形成、作为女孩子如何保护自己这些话题才是大家真正关心的，是现代的话题。我们希望从每个故事当中都能体现出不同的意义，用一种更现代的视角去打量我们的日常生活。

如何防范非虚构的滥用

自媒体虚构“我有一个朋友”这类文章的现象其实存在很久了，这类文章大部分都是信息的拼贴、嫁接。框架上的漏洞在于把所谓的信息的枢纽变成了自己，无法核验真实性，因此会藏有猫腻。

出现这种情况与当下内容创业的形式有关，社交媒体为基础的内容传播领域中大传播量的文章都是非虚构的，因此没有办法生产真实故事的机构为了获得流量就要尽量使自己的虚构文章呈现一种类非虚构的内容形式，借助非虚构的形式在这样的社交关系中传播自己的内容，但本质上不是真实的。归根结底，类非虚构内容出现的核心原因在于新媒体的竞争越来越激烈，自媒体为了有良好的传播基础而进行了伪造。

如何防范这种滥用呢？我认为，首先，读者对概念要有更清晰的认识，具备基本的信息辨别能力，就能实现阅读市场的自净。其次，新媒体要加强行业自律，守住内容的界限和底线。另外，很多新媒体一旦犯错就会被立即封号，我认为这样的管理方式太刚性了。其实整个行业还是有自净能力的，媒体行业越浑浊整个社会就会越清明。不应该过多地寄希望于监管，还是要有更宽松的环境，让行业从业者以及读者逐步理清逻辑，在良性的互动关系下去提升自己的阅读能力，同时内容创业者能够提升内容的品质才是健康发展的良性之路。

非虚构文学是大众化的文学

非虚构文学是大众化的文学，这句话有两层含义：在经济发展、教育水平提高的当下，每个人都有表达自己的意愿；同时有越来越多的人愿意去看非虚构的内容，就像现在大部分综艺都是真人秀综艺一样。非虚构故事意味着经验和教训，意味着我们能在别人的故事里看见自己的人生，为自己的人生选择提供参考，这是非虚构文学最区别于其他文学门类的一点。

非虚构文学未来一定会走向大众化，但是当前的局限在于，并不是每个人都能够把非虚构故事写好。因此我们倡导第一人称叙事，这样你掌握着全部的资料，视角也更自由，表达的难度也会大大下降。作为一个普通人，囿于自我人生价值认识以及表达能力的有限，可能无法写出一个好故事，但是我认为，不同人的故事有不同的意义可以去挖掘。

非虚拟故事是每个人最有可能写好的故事，但是要写好一定会经历一个自我提升的过程，对自己故事的不断挖掘和再认识的过程。这个过程可能是痛苦的，每个人的成长，或者说对自我的理解都是要经历一个苦难的过程的。非虚拟写作我们常说，七分采三分写，要把更多的精力放在如何抓取故事、认知故事上，写只是当中的最后一步而已。对于初学者来说，要多去做思维训练并廾始练习笔头，模仿一些优秀的作品，这是开始从事非虚构写作时最重要的一种学习方法。至于写作技巧，这里分享一个我之前讲座的内容《雷磊谈特稿：叩击一点，回声四面》供大家参考学习。

真实感——非虚构内容的未来去路

真实故事计划在商业化方面一直处在一个探索的过程之中，我们的主要思路是将非虚构的内容与各个门类的内容行业进行联接，然后在这种联接之中寻找可以存在的商业基础。比如说我们第一届非虚构写作大赛一等奖的作品《试错》，这样一本书就是真实故事计划和出版行业结合所产生的一个产品。你会看到在一个好内容的基础上，我们可以衍生出书籍出版物、电视剧等文本类型的文化产品，这也是非虚构这门生意在现在体现为实物的两种具体形式。我们的核心就是能够不停地发掘出这样的作品，去运营它使其变得更加有商业价值，能够作为一种文化产品呈现到大家眼前。

我一直认为非虚构内容真正具有商业性的地方只有三个字——真实感。如何提供一种区别于当下其他文学门类的阅读体验是非虚构的核心。因此我们会在真实感的基础上做一系列内容的开发和思考，比如随着真实故事计划的品牌和内容方面的积累，我们可能会逐渐去做一些综艺性的节目，将真实故事计划中打动人心的内容呈现为一档电视节目。所以在这样的基础上，如果我们能够把握住真实感的根本的话，其商业化的路径还是很多的，这也是这样一个内容品牌最核心的价值所在。

选自“全媒派”微信公众号2019年6月13日

安心做“好卢瑟”

/王行坤

世有温拿，然后有卢瑟。卢瑟常有，而温拿不常有。于是，卢瑟总是心心念念想要成为温拿，而温拿写给卢瑟的话就成了金科玉律，让那些想成为温拿或者认为自己正在成为温拿的卢瑟们百读不厌，每篇文章都能达到10万+甚至100万+点击量。

对，我们说的就是咪蒙现象。

“毒鸡汤”女王真的可以让我们认清现实?

咪蒙因为“‘毒鸡汤’女王”而出名。所谓“毒鸡汤”，就是与正能量鸡汤截然相反的负能量鸡汤，例如：“对今天解决不了的事情，也不要着急，因为明天也可能还是解决不了；当你觉得自己又丑又穷，一无是处时，别绝望，因为至少你的判断还是对的；年轻人嘛，现在没钱算什么，以后没钱的日子还多着呢。”

我们在成长的过程中无疑会遇到很多困难，有时候“鸡汤”的确能起到慰藉效果，并且帮助我们渡过难关，但随着我们日渐成熟，尤其是从大学校园进入工作场所（所谓的“社会”）之后，现实便会将“鸡汤”的治愈效果击得粉碎，我们也不得不接受自己的幼稚可笑。

这时“毒鸡汤”恰恰可以成为我们的解毒剂。是的，我以前真是太幼稚了，慰藉和善意真是太不堪一击，我要坚强甚至坚硬起来。更为重要的，“鸡汤”是弱者和卢瑟的自我安慰、自我欺骗，强者和温拿应该直面现实，勇往直前。

咪蒙的“毒鸡汤”正是写给那些自以为认清现实并决意成为强者和温拿的，弱者和卢瑟的（当然，读者群不排斥某些像咪蒙那样创业成功的温拿或者天生温拿，但这些毕竟是少数），如她早期的两篇文章《致贱人：我凭什么要帮你?》和《致low逼：不是我太高调，而是你玻璃心》，不正是以温拿的视角将读者代入的吗？阅读并认同这种文章的人肯定都不会认为自己是“被致”对象，而是觉得这些文章道出了自己的心声，从而在心理和话语上让自己归属温拿阵营。我们今天要讨论的《职场不相信眼泪，要哭回家哭》（以下简称“《职场》”）也是如此。

但这些“毒鸡汤”真的能让我们认清现实，从而成为温拿并走向人生巅峰吗？在“职场”中，咪蒙在原则上承认“大家人格上是平等的”，但现实是老板比员工更平等，因为他们的时间更宝贵，所以员工懂得职场生存法则就意味着他们必须让自己变得时刻可供驱使，从而最大程度地节省老板的时间，比如代取外卖。只有做到这一点，员工尤其是实习生才能在职场生存下去，并且最后成为温拿。

在工作场所，不要觉得委屈，不要抱怨，更不要哭泣，因为“没有一种工作是不委屈的”，因为“职场是残酷的”，这里“不看苦劳，只看功劳”——“弱者才喜欢用苦劳说话，强者只会用业绩说话。”咪蒙的逻辑是，真正的强者只会用事实即业绩说话，那怎样才能出业绩呢？那就是当“好卢瑟”：“把所有的委屈咽回去，变成我们的斗志”，不管老板对你怎样颐指气使或蹂躏剥削，你都不能“把自己想得太重要”，只要“杀不死”你的，你就得彻底屈从，然后发挥你的主观能动性，从而最终变得更加强大，不可替代。

这不由让我们想起恩格斯化用但丁的一句话：进门者请放弃一切自治！当然恩格斯所说的门是工厂大门，而咪蒙的门则是她新媒体公司的大门。进了门的实习生或者正式员工不能“把自己想得太重要”，因为“这里最重要的就是效率”，你的自尊和自主完全无关紧要。这就是“工厂专制主义”或者“劳动场所专制主义”：你在劳动场所之外可以享受所谓的自由民主，但到了劳动场所内，老板就是君主，对你拥有支配权，你只能乖乖听话，

"要哭回家哭"。

难怪很多领导在看了这篇文章之后，立即组织下属认真学习，似乎在告诉他们，看，想成为温拿，就得当这样的"好卢瑟"。

在某种程度上，当咪蒙说职场是残酷的，她说出了真相。职场的确不是什么"温馨有爱的大家庭"。但咪蒙的"毒鸡汤"依然是"鸡汤"，因为她认为只要忍辱负重并且足够机灵，卢瑟最终会变成像他那样的强者，丝毫没有质疑这种现实背后的冷酷逻辑，而只是强化了这种逻辑。任何以强化现实逻辑的方式赋予读者以意义的内容都是"鸡汤"：你们卢瑟受委屈不过是残酷现实（是的，现实是残酷的，职场更残酷！）对你的考验，只有接受足够多的考验，你才可能成为温拿。这也可以解释这篇文字的留言为何都是"满满正能量"（当然，负能量的帖子可能被删掉了），其中最有意思的留言是："虽然是没经历过职场的家庭主妇，但是觉得，真心有道理，看完满满正能量。"

《职场》结尾咪蒙还引用了尼采的一句话："那些杀不死我们的，终将让我们更强大。"尼采所谓的强者不过是古代的血缘贵族，那在他眼里现代的强者应该是什么样的人呢？

在阿多诺看来，尼采所赞扬的强者或者主人在今天无非就是"有进取心的人"或"工业骑士"。在当下，就是咪蒙这样的网络红人。

但我们可以成为咪蒙那样的温拿吗？只要稍微接触一点社会科学的都知道，当下社会向上的空间越来越小，温拿和卢瑟之间的鸿沟越来越大。作为"毒鸡汤"女王的咪蒙让我们认识到职场的残酷，但作为温拿的咪蒙则告诉我们，只要做"好卢瑟"，就能成为像她一样的温拿。

人工智能时代的廉价劳动力

一般来说，新媒体或者以非物质劳动（即劳动对象和劳动产品以知识、信息、符码、情感等为主导的劳动形式）占据主导的工作场所都倾向于"扁平化管理"，如谷歌等高端互联网公司，因为更加强调协作和员工的自主性，管理者和被管理者之间的关系更为扁平，被管理可以被赋予更多的权力。也就是说，在这种工作场所，民主会相对多些，专制会相对少些。但为何我们丝毫感受不到咪蒙团队中的"扁平感"呢？

其原因就在于当下大量的过剩人口。随着人工智能的发展，生产的自动化程度越来越高，很多白领和技术性岗位都有被机器替代的可能，比如处理法律文件的低端法务人员，或者写一般性新闻稿的记者。另外，因为大学的扩招，大学生的就业状况越来越不乐观，充分就业越来越不可能。既然无法在现实中解决这个问题，那么从观念上将失业或者啃老正当化，就成了唯一选择，于是有关部门提出了“慢就业”这个概念。另一方面，在所谓市场经济中，资本为了取得对于劳动的绝对优势，从而对劳动力进行规训，必须在劳动者内部制造竞争，即必须维持一定数量失业和半失业人口（即马克思所说的“产业后备军”），从而让劳动现役军接受更低的工资、更恶劣的工作环境。正如马克思所深刻指出的：工人阶级中就业部分的过度劳动，扩大了它的后备军的队伍，而后者通过竞争加在就业工人身上的压力，又反过来迫使就业工人不得不从事过度劳动和听从资本的摆布。

所以咪蒙说，你可以想滚就滚，“只要你的银行卡余额高于2000万”。但你的余额高于2000万吗？没有。所以你不能想滚就滚。再者，你滚了能不能找到工作岗位都是问题，而我每天都有大把的求职简历，所以你要乖乖听从资本的摆布。

新媒体或者非物质劳动行业的实习生毕竟还是少数，更多的是那些来自职业学院、在工厂中实习的学生们。所谓实习不过是做与取外卖差不多的最低级的工作，如打包、分拣或者送快递，或者是流水线上的毫无技术含量的劳动。学校与工厂“无缝对接”，为工厂输送最廉价的劳动力，而学生为了毕业证，完全成了待宰羔羊。

那么正式员工会不会好一点呢？我们或许都听过2016年年中的那首《感觉身体被掏空》。这首歌写的正是大城市中的白领阶层，歌词讲的是一个拒绝加班的故事。但是歌曲形式的戏谑性消解了其严肃内核，这不能不说是一种遗憾，广大听众也只是一笑置之（虽然可能是苦笑）。歌词唱道：“我累得像只狗，不要加班，不要加班。”但接下来又辩解似的赶紧唱道：“我才不累，不累。”因为嫌累的人在咪蒙们的眼中是不合格、没能力的员工，即便累得像条狗，也必须强打精神，继续加班。不然就有长期躺在沙发上，即失业的危险——因为“想做的人多的是”。人们对于加班的态度是两难的（ambivalent）：这种高强度的加班当然会降低人的幸福感；但另一方面，加班意味着有事可做，有钱可挣，因此加班似乎又是心甘情愿的，如近期58同城的996制度背后的员工自愿加班：早9点到晚9点，一周工作6天，且没有任何的补贴。在中国58同城绝非个案，很多互联网公司都有类似规则，如阿里巴巴、华为、腾讯等。

这些互联网公司与咪蒙的新媒体公司一样，都没有什么扁平性，反而对员工极尽剥削之能。我们不禁要问：为什么谷歌等知名互联网公司能做到扁平化管理，而国内的互联网公司却不能？

答案其实很简单，因为在某种程度上，谷歌或“脸书”等互联网公司拥有超级垄断利润，老板们可以恩赐员工们更舒适自由的工作环境，更民主随性的工作氛围，从而更好地调动员工的工作积极性。但中国的劳动力实在是太充裕了，这些处于下游的互联网或新媒体公司没有压力或动力去发展扁平的管理方式，因为起码目前以无限挤压的方式去剥削劳动力就够了。

当然，互联网或新媒体等非物质劳动的生产空间对员工的要求与一般意义上的工厂还是有所不同，后者只想在工厂内最大程度地剥削工人，离开工厂，剥削即告停止；而前者的价值增殖主要来自非物质要素，这就要求员工的头脑和心灵时刻处于工作状态，哪怕离开工作场所，员工也还要劳动（如处理邮件、自我提高等）。正如《感觉身体被掏空》所唱的：“谁需要睡觉，多么浪费时间啊；谁想要吃饭PPT是维他命；怎么样老板，这下你满意了吧？”老板不仅要占有员工在工作场所内的时间——新媒体的非物质劳动其实早已蔓延到工作空间之外并渗透进日常生活，工作与生活的界限日益模糊，其结果就是老板必然要占据员工的所有时间，让员工随时处于待机，即保持随时被驱的状态，只有这样才能真正节省老板的时间。这不是夸张，恰恰是非物质劳动者所面对的生活—工作状况，也是咪蒙没有道出的真相。

当然，咪蒙还没有想到要剥削那个实习生的非物质劳动——毕竟只是没有工作经验的实习生，但她却坚信自己有权随意支使实习生。我们可以想象，如果这个实习生通过考核，那么让她加班多久都是理所应当的，因为“这里不看苦劳，只看功劳”。我们知道，新媒体公司若想通过撰稿或者策划得到“功劳”，加班甚至通宵是多么的家常便饭、自然而然。无限加班的逻辑在咪蒙这里也就自然正当了，因为她只看“功劳”，更何况，你还可以“学到真本事”。

可不可以不做温拿？

我们看到，咪蒙之所以这样有恃无恐地随意支使自己的实习生，是因为她明白职场或者说市场社会的逻辑：在就业状况越来越恶劣的当下，你不能想滚就滚；为了最大程度节省我的时间，你的时间只能任我驱使；无论我让你做什么，你都应该无条件服从。这就是她的“职场生存法则”，即做“好卢瑟”。

但我们也说过，这种“好卢瑟”成功的概率越老越低，他们大多不是成为温拿，而是成为没有任何保障和福利的不稳定劳工，相互竞争和敌视，就这样被温拿的“分而治之”策略所驯化。更可怕的是，这是一个全球现象。据社会学者的研究，全球将近四分之一的劳动力属于不稳定阶级。这些劳动力工作时间长，报酬却很低，时刻准备夺取正式劳工的工作。

另一方面，随着福利国家的解体和大刀阔斧的私有化改革，个人无法再依赖国家和公共部门，于是无论中西，自我关注和自我负责的话语就占据主导，个人的命运完成成为私人事务。如果你贫穷，那是因为你不够努力；如果你失业，那是因为你不够优秀；如果你不幸患病，那你只能自求多福。国家完全退出，市场社会中的卢瑟们所能相信和依赖的唯有个人的努力、奋斗和拼搏，并且完全接受人与人之间相互敌对的竞争关系。

正如人类学家格雷伯（David Graeber）所指出的，从20世纪70年代始，技术的进步不再想要去实现另类未来（如所有人的富足、更多的闲暇与自由），而是用来强化劳动规训和社会管控。这里有必要提及凯恩斯在1930年所发表的一个演讲《我们后代在经济上的可能前景》。在这篇演讲中凯恩斯预言100年后（即2030年），人类的劳动时间每周只需10—15小时，并且严肃探讨了如何面对闲暇的问题。当时很多经济学家都在探讨闲暇问题，这在今天（2016年底）看来不免显得非常荒谬，因为在全世界范围内，人们的劳动时间都维持在最低每周40小时，在（准）血汗工厂，可以达到每周70—80小时。事实上，在20世纪80年代之前，劳动时间的确呈下降趋势，后来的新自由主义私有化改变了这种趋势，结果就是格雷伯所指出的严酷现实。

这种规训和管控也正是在国家退出和大规模私有化的情况下出现的。这就让劳动者的组织变得非常艰难，尤其是在接受过高等教育的群体中，因为他们将卢瑟与温拿、弱者与强者的对立内化了。我们之前说过，咪蒙的拥趸就是那些将自己视为（将来的）温拿与强者的群体，即“好卢瑟”。

如果说“好卢瑟”成为温拿的概率微乎其微，那么我们可不可以不做温拿，也不做“好卢瑟”？我们能否想出一种拒绝的逻辑？

起码那位实习生用行动拒绝了咪蒙的逻辑。我们应该拒绝毫无意义的工作和资本的摆布。但个人的拒绝毕竟是无力的。若要真正改变，我们需要的不是竞争，而是团结、友爱和平等主义。我们不应想着成为温拿，并安于做“好卢瑟”，而应追求更多的闲暇，更少的工作，更自由全面的发展，当然还有体面的工资。

而这一切都已内在于社会的发展之中，我们所要做的，不过是激发社会中已有的潜能。

据盖洛普民意调查组织于2013年对142个国家的23万名全职和兼职员工进行的调查，仅有13%的员工对工作充满热情与干劲，约63%的人对工作“并不投入”；另有24%的员工则“消极怠工”，对工作相当厌恶。换言之，90%的人为了报酬不得不忍受工作中的沮丧与挫败。如果在人工智能时代，大部分工作可以用机器来完成，那我们岂不是要更加努力，去竞争少得可怜的工作？

但我们也可以换种思路，这里涉及全民基本收入（Universal Basic Income）。这种制度的根本在于让收入与工作彻底脱钩，而且对收入所得者不设任何门槛，因此是无条件的收入。这些收入可以确保人们的体面生活。我们不应将基本收入视为照顾弱者的、劫富济贫的再分配政策，而应视为每个人应得的权利。这样我们便可以平分很少的工作，或者去从事工作范畴之外的活动，从而去发现自己更大的潜能。

但有人要说，这种制度不是养懒汉吗？据研究表明，人有了足够的收入就缺乏工作动力的前提并不能成立，相反，没有了经济条件的强制，人们反而能发现并从事自己所擅长的活动。另外，这种质疑背后的预设是，人只是为了酬劳才工作，这也是站不住脚的。人们为了获利而劳动的“经济人”预设恰恰形成于资本主义初级阶段，在亚当·斯密那里有着最为完整的表述：

每一个人的利益，在于能过着尽可能做到的安逸生活。如果对于某种非常吃力的义务，无论他履行与否，其报酬完全一样，那他的利益至少是通俗意义上的利益，就是全然不履行义务。

人类学研究表明，劳动通常所依靠的激励并不是获利，而是互惠、良性的竞争、对工作的享受以及社会认可。也就是说，基本收入可以激发人的潜能，并增进社会财富。当然我们不能只从金钱的角度来看待财富，未来社会的最大财富恰恰是人的闲暇与自由发展。

回到“职场”，基本收入可以彻底实现劳动力的去商品化，让工作不再成为一种强制（我们都是被强制进入雇佣关系），而是主动选择，从而扭转劳动对资本的弱势关系。如此一来，罢工也更容易组织，因为工人也没有了后顾之忧。另外，也可以将不稳定和失业的状态变成主动意义上的灵活性，而不是被资本驱使的灵活性。也就是说，当所有实习生都拥有基本收入（没必要2000万）时，他们可以“想滚就滚”，那时咪蒙们就不可能如此嚣张，因为她们规训劳工的武器被缴械了。

当然，无条件的全民基本收入现在只是处于论证和小规模实验阶段，其彻底实现需要所有不想当温拿也不愿做卢瑟的人的团结协作。那样的社会没有竞争，也没有驱使，没有温拿与卢瑟，强者与弱者，有的只是互惠与团结，自由与全面发展的个人。

那是一个真正的美丽新世界。

本文删减版原载于“澎湃新闻”微信公众号2016年11月30日，
全文选自“保马”微信公众号2016年12月10日

“毒鸡汤”：速朽媒体中的时代景观
——以“咪蒙”为例

/许苗苗

对互联网文章挑战并扭转传统流行文体的现象，如今人们已见怪不怪，连一贯以安抚和激励为主的励志文章都不再是暖心的滋养，而极尽刻薄奚落，成为辛辣酸爽的“毒鸡汤”。“毒鸡汤”以文字写就，却通篇俚俗口语，骂别人不善、怒自己不争，攻击范围囊括每个普通人生活中不尽如人意的方方面面。它虽然粗鄙，却很流行，特别是在互联网新媒体上获得了惊人的点击和传播。表达不满是人类基本的情绪反应，所谓“为不善乎显明之中者，人得而诛之”。而“毒鸡汤”则使个人的口诛笔伐变成集体情绪的喷薄出口，以扑面而来的粗鄙短句造就宣泄的快感，从而赢得众多拥趸。“毒鸡汤”的盛行并非偶然，它不仅满足了部分人的社会心理需求，也获得了数据调查和媒介开发的支持。下文即以咪蒙为例，剖析当今自媒体上流行的“毒鸡汤”现象。

题材选择：迎合热点与自我否定

微信公众号咪蒙（mimeng7）于2015年底开设，仅一年有余就已获得多篇阅读破百万，广告报价数十万的身价，是微指数榜单上影响力前十的大号。虽然人气斐然，却也骂声不断，有人说它格调低下、功利媚俗，有人说它立场摇摆、唯利是图。咪蒙是公号名称，也是个人网络ID和品牌形象，媒体、主笔、广告平台三位一体，使这一公号带有深深的个人印记。主笔咪蒙是草根创业者、都市白领、妻子和母亲，其文章题材也主要是职场、两性和亲子关系。她的文章多以过来人、亲历者的叙述角度给读者现身说法，然而，事实并非如此，呈现在公众面前，看似个性化、私人化的自媒体咪蒙，其实是精心策划和大数据选择的结果。

一项量化统计表明：微信公号话题中，获得点赞、阅读、转发最多的是“情感励志、搞笑娱乐、文化教育”三类，咪蒙的选题则无一例外全部处于这三大领域之内。在其分类目录中，共有励志、职场、情感、爱情故事、亲子、社会话题、生活方式、征集、娱乐、吐槽、逗比等11个类别，其中“励志、职场、情感、爱情故事、亲子”均可纳入传播效果首位的“情感励志”类。其余“逗比、吐槽、征集和娱乐”可纳入“搞笑娱乐”类，“亲子、职场、生活”等则多涉及“文化教育”题材。这种高度吻合并非偶然，而是基于阅览、点赞数据和粉丝增量等市场反馈进行选择的结果。

为提升公号热度，咪蒙不惮于否定自己，选题方向经历过大幅度转换。其创刊时的主要话题围绕两性关系和娱乐评论展开，首月推送的16篇文章中，共有娱乐评论7篇，情感两性话题7篇，职场励志类仅2篇。而进入2016年之后，娱乐评论减少，励志文章明显增多；到2017年6月发布的总目录中，直接标注“励志”的文章已居首位，且有“职场”与之相关；情感类则被细分为情感、爱情、亲子、社会关系等。两大类文章数量超过总数的80%，相关的励志和情感元素还散见于时事评论栏目中。对于这种转变，咪蒙称：“我以前也非常鄙视鸡汤，但是（很多时候）都需要干一碗鸡汤，给自己打点鸡血……”可见，咪蒙的选题并非单纯来自生活，而是实时调整，不惧推翻重来，积极迎合热点的结果。

热门媒体需要大量案例，仅靠个人经历显然不够，咪蒙曾在《如何成为下一个咪蒙》《你以为毕业了就不用学习了吗？屁咧》中分享写作经验：从积累素材、分类整理，到把握时机、巧借外力，每一步都有精心策划。普通人利用看手机打发无聊时间，而咪蒙却把每一个有用的句子复制粘贴、反复背诵乃至烂熟于心。2016年8月，豆瓣网友bamboo称，咪蒙《口红很贵吗？你为什么不能自己买?》涉嫌抄袭她的帖子《口红我自己买，你给我爱情就好》。经热心网友对比，两篇文章思路和句式高度相似，虽算不上抄袭，却有高度借鉴的“洗稿”之嫌。咪蒙通过刻苦学习和对热点的敏感消化了网民故事，当有用稿需求时，这些故事就反刍一般变成自己的素材。当然，与最优传播效果类型的数据吻合只是流行的基础，要想获得网民点赞和转发成为热点，还需有特色的内容支撑。

脏话：瞬间崩溃与情绪出口

网络将在媒体上发声的权力传递给大众，由于网民教育背景的异质化，网络语言呈现混淆书面语和口语的特色。借助新语体的网文依然可以“兴观群怨”，其中的“怨”即以批评、讽刺的方式针砭时弊。一时间人人皆可用大众化的口语在网上行怨刺、鸣不平，在虚拟公共场域发泄不满，有的人平静说理，有的人则破口大骂。

“键盘侠”和“喷子”是网络脏话最极端的使用者，他们以谩骂群体的形态出现，虽然数量巨大，但由于毫无内容，不会造成太大的影响。与之相比，“毒鸡汤”中暴力语言的影响力和传播力则更大。简单地说，没有人会跟踪转发喷子的言论，却很可能订阅并主动传播“毒鸡汤”。因为它的话题紧贴日常，具备故事情节和可读性，虽然夹杂粗口，但语气多半是怒其不争的抱怨，甚至有几分亲切感。《致贱人：我凭什么要帮你?!》《致low逼：不是我太高调，而是你玻璃心》……咪蒙最红的文字几乎都在骂人。这里看不到教育的规训，只剩下焦躁的骂街。作为文学硕士和媒体主笔，咪蒙无疑掌握以书面语批评的能力，也不会不知道脏字可能引起反感。但即便冒着被删帖、触众怒的危险，她依然选择骂街文体。越骂骂咧咧，越人气高涨，她为公众提供了一个宣泄负面情绪的出口。

咪蒙常在文中自称“老子”“老娘”，也不时用丑、穷、矬自我形容。《老娘化不化妆，关你屁事》，用来批评他人不守社交礼仪的越界行为；而“傻逼”“懵逼”等自黑则常用于反省，以失败的经历进行自我批评。通过自诩和自嘲，咪蒙从正反两面反复说明一个道理：所谓成功就是“一掷千金”“光明正大地让前任后悔”，因此，普通的月光族没资格考虑什么远大理想和悲悯情怀，而应当努力学习职场社交“干货”，通过顺从、遵守、掌握甚至操纵社会潜规则的方式获得现实利益。从取消抗争性方面说，她在煲鸡汤；从反崇高方面说，则充满毒素。在《我爱这个功利的世界》《不能上升到金钱的爱都不是真爱》之类文章里，咪蒙宣扬着赤裸裸的拜金和对赢者通吃的赞同：世界是功利的，所以你穷你自找、你丑你活该，只有不断自我激励，不再懒惰懦弱，才有机会做成功者——转而将别人踩在脚下。

通过羞辱和自嘲，“毒鸡汤”为自私自利、不与人为善找到了理由。类似“我不想帮你，我拒绝你，都是你的错。滚你妈的”之类谩骂第二人称“你”的文章在咪蒙公号比比皆是。但如果转换位置，将自己代入咪蒙，跟着她的节奏阅读，却能产生强烈的情感认同，将心头积怨发泄出来。的确，她那些辱骂对象都有可恨之处，面对“渣男、贱人和LOW逼”，苦苦维持体面的白领们则往往束手无策，自认倒霉。咪蒙不忍，她站出来大骂这些“不识趣、不看脸色、不为他人着想的傻逼”，《谁不是一边当老板，一边当孙子》，《谁不是一边热爱生活，一边又不想活了》，既然每个人都活得不容易，《我凭什么要帮你?》。当蛮不讲理的直男癌、道德绑架的熊孩子爸妈、索取无度的所谓朋友公开透支善良之时，咪蒙的谩骂就已不再是个体情绪，而上升成一类人宣泄的共同出口。

必须意识到，默默订阅、点赞这些文章的，并不是张牙舞爪的网络暴民，而多半是谨慎体面的白领。他们平时理性克制，即便在匿名的网络上也不会肆无忌惮地“狂喷”。然而，咪蒙的脏话却很对他们的路数，因为骂得有缘由、有条理，所以能把他们从对社交礼仪的顾忌中解放出来。心理学家将通过谈话将个体症状与内部隐秘冲突联系起来疏解压力的方法称为“扫烟囱”疗法，读咪蒙文章，跟着她恶狠狠地骂人，就是清扫自身垃圾情绪的过程。

平台：需求契合与广告开发

“毒鸡汤”提供了一个瞬间崩溃的虚拟场域，一个集体泄愤的媒介出口，而这种崩溃和泄愤，必须是隐蔽的、私密的。网络媒体那么多，“毒鸡汤”却只能走红于微信公号。这是由于手机自身的媒介特性。

微信公号源自手机，手机不仅是智能互联网终端，更是隐藏秘密的地点。有了手机，人们躲在屏幕背后窥视众生百态。它是私人物品，亲密无间的夫妻也不分享，因此，手机比一般机械设备更有亲近感和私密性。正是这种不为人知的密切联系，使人们心安理得地在手机上浏览咪蒙。人们对着手机咬牙痛哭、恶毒咒骂，咀嚼负面情绪，放下手机，仍以温柔、礼让、好沟通的模样示人——只有手机知道所有的秘密。

公号阅读以手机屏幕为入口，订户来自微信界面，可以想象，习惯于手机阅读的人群与图书、报刊读者有不同的偏好。咪蒙是“在出租车上、病床上、酒店大堂、机场候机厅写过文章的公号狗”，她十分清楚文章风格对媒体平台的依赖，通过文章样式、广告设计和粉丝互动等，充分开发手机媒体的可能性。虽然是创作者，咪蒙始终坚持着读者的眼光，在对待媒介的认真和熟练程度方面，没有其他哪个公号比她做得更好。

手机本身屏幕窄小并呈长方形，一般文章常用默认换行的方法谋求最大宽度和较短的长度，保证每屏尽量多的信息量。而咪蒙公号中的每一篇文章两侧都有较宽的边距，配上不小的字号，显得十分逼仄。这样带着压迫感的界面，特别适合她时而咬牙上进、时而愤愤不平的文字，加重了不服输的斗志和奋发上进的决心。广告是公号商业价值的来源，在对广告位的开发上，咪蒙也积极探索，可谓做到了极致：普通公号把广告附在文后，很容易被忽略，而咪蒙则大胆在标题前加广告，以冠名“每日金句”的形式对有限的首页视觉资源进行最大化利用。同时，在栏目设置上，她通过主题发布、精选回复的“征集”栏目调动粉丝积极性，并不时以回复文后留言的方式与粉丝互动。既加强了情感联系，保证粉丝的忠诚度，又利用网络公共资源充实公号的内容。

咪蒙的成功并非偶然，她迎合传播热点、利用媒体优势，将“毒鸡汤”文体打造成公众心理的安抚剂。相对于稳定的印刷文明中有限的媒体类型，互联网最大的贡献在于制造出一大批新鲜又速朽的媒体。门户网站、博客、微博、微信公号，每一个都曾创造过辉煌，却又难免沦为被新技术淘汰的老界面。在数据就是理由，点击就是态度的时代，“十万+”隐含着关注，却不代表认同。聪明、努力、风靡一时的大号咪蒙缺乏超越媒体形式的东西——稳定的价值观。因此，虽然是最成功的微信公众号之一，它的生命力却注定难以持久。

互联网大浪淘沙，各式各样的奇人、丑人都有机会被翻卷到潮头浪尖，无数新媒体明星速生速朽，却并非毫无意义。一度霸屏的咪蒙在提供爆文教材、创业案例和多样话题的同时，以独特的行文和精心的平台运作，反映出公众的心理需求，并为我们这个庞杂的时代提供了一道独特的媒介景观。

选自《探索与争鸣》2017年第7期

《流浪地球》：
中国科幻电影元年的开启

2019年2月5日，由郭帆执导、根据刘慈欣小说改编的电影《流浪地球》上映，在春节档影片中拔得头筹，累计票房突破46亿。继2015年和2016年《三体》《北京折叠》两部小说接连斩获雨果奖引发“科幻热”之后，这部影片再度引发了关于中国科幻的热议，被誉为开启了中国科幻电影元年的标志性作品。

电影改编是否忠实于原著成为科幻迷热议的焦点。宋金波便指出影片将叙事视角与情感拉回到了国族荣辱层面，背离了原著致力于探讨人类命运共同体的叙事尺度。苏心则反对电影改编阉割了原著的观点，认为电影保留了刘慈欣科幻创作的希望内核。而身为科幻作家与研究者的飞氘同样从正面肯定了刘慈欣科幻作品对生存的焦虑、对进化的执着以及对科学的崇拜，都构成了对近现代中国核心命题在星际尺度上的再表达。

由此引发的关于影片所蕴含的中国经验及其与中国崛起之现实的关系也便成为评论界的另一个热议话题。杨宸指出，影片对中国舍生取义的牺牲精神的继承契合了时代对大叙事的渴望，而张慧瑜则高度肯定了影片在解决人类命运共同体问题上提供的中国经验。与这类观点不同的是，罗小茗批评了影片中自我牺牲背后的价值匮乏，并认为影片与其说开创了中国科幻电影元年，不如说是当代中国社会想象力的标本。

《流浪地球》：中国电影“科幻元年”是如何开启的？

/杨宸

第一部中国科幻奇观电影

导演宁浩在《流浪地球》里客串了一个地下城居民。当地下城因木星引力崩溃时，镜头给了他一两秒的惊慌时间。

不过，宁浩对于《流浪地球》的意义显然比他的龙套角色重要得多——正是他把刘慈欣这部中篇小说的电影版权给了导演郭帆，而在《流浪地球》上映的同时，他的科幻喜剧《疯狂的外星人》也登陆了院线。

事实上，早在2014年，宁浩就已宣布将把刘慈欣的《乡村教师》搬上大银幕。也是那一年，《三体》继续在社会各圈子掀起风暴，市场“热钱”认准了刘慈欣，与大刘有关的科幻电影项目仿若雨后春笋。投资商与媒体双料协作，名之曰“中国科幻电影元年”。于是大家盼望着，盼望着，终于，《三体》电影黄了，《乡村教师》“疯”了。元年这漫长的一炮憋了四五年，愣是没打出来。

直到2019年，贺岁档第一天过去，《疯狂的外星人》和《流浪地球》喜提票房榜前两位，后者在豆瓣上的评分更是达到了难得的8.2（截至发稿前）。其实，在点映阶段，《流浪地球》就已经赢得了观众的一致好评，大家再次搬出了“科幻元年”，以《流浪地球》为这个已然沦为笑柄的期待赋予了全新的意义。

这样看来，《流浪地球》和《疯狂的外星人》在这个时间点同时登场，其实颇具意味。一方面，“科幻元年”无疑是个商业噱头。中国此前难道没有科幻电影吗？如果20世纪80年代末90年代初的《霹雳贝贝》《大气层消失》已经太遥远，那么2008年的《长江七号》或许还能被观众忆及。然而，此前的这些中国科幻电影，所走的可以说都是《疯狂的外星人》式的路子——宁浩这部电影借用了刘慈欣在《乡村教师》中实践的一种创作方式，即把最宏大、最疯狂的宇宙想象与最普通、最现实的日常生活相结合，把关系宇宙存亡的星际战争与乡村教师的日常授课相结合。但是，它太过于或不得不侧重日常层面，以致所有离奇疯狂的想象完全被吸纳进了我们的日常之中。固然，它会造成某种轻微的现实“形变”，带来的奇妙后果，或是以《长江七号》《疯狂的外星人》为代表的笑料全家桶，把外星人降临变成了“耍猴”，或是以《大气层消失》《疯狂的兔子》为代表的少儿惊悚，透过漫长的时光焦距而拥有了cult片的属性。但在这一过程中，那个被关联起来的宏大想象、那种对既存世界的拟换，却被“遗忘”了。于是，“科幻元年”又代表了一种真实存在的巨大期望的投射：什么时候中国科幻电影能不再卖萌或做鬼脸，而是真正地“秀肌肉”呢？

加拿大理论家达科·苏恩文在《科幻小说变形记》中将科幻小说指认为一种“认知陌生化”的文学类型，它要求认知性的出场以区别于奇幻小说的神秘性陌生化（如不可科学认知的魔法世界）。因此，科幻小说的核心其实是“由认知逻辑所确证的虚构的‘新奇性’（novelty）”。这种新奇性可大可小，小到一个科幻设备，如VR眼镜，大到一整个可替换现实空间的科幻世界，如《三体》中由黑暗森林法则编织的宇宙。而这种科幻小说自带的新奇性，在转换为科幻电影时，自然地产生了两种电影类型：一种成本不高，以科幻点子（tips）为核心支撑来展现某种轻微的“惊奇”或“惊悚”，典型的如外国电影的《那个男人来自地球》《彗星来的那一夜》；另一种成本巨大，以建造庞大的具有拟换性的科幻世界，生产能带来巨量震惊体验的“奇观”为己任，《阿凡达》《星际穿越》都是其中翘楚。

可以说，此前《疯狂的外星人》式的中国科幻电影，一直是在第一种科幻类型中打转。甚至，科幻要素在这些电影中并非核心，只是调味的佐料。在这条道路上的裹足深陷，无疑造成了这一电影类型生产的内卷化，

《疯狂的外星人》口碑的败坏便是显见的后果。而不敢或不能逃逸出既定的轨道，既是将庞大的市场需求拱手让人，也是对自身实力的怀疑。要知道，一方面，在消费社会的普泛化红包式小额刺激中，“奇观”已然成为电影观众攫取高峰体验的观影刚需；另一方面，真正能带动一个国家电影工业完成质的飞跃的恰恰是对“奇观”的生产，尤其是对特别强调认知新奇性的科幻奇观的生产。因此，科幻奇观电影不仅是消费社会市场需求的产物，也是国家电影工业实力的发展与炫示的必然要求。这就像世博会一样，得“秀”。

在此角度上，《流浪地球》的“科幻元年”意义才被凸显出来。由三千张概念设计图、一万件道具以及无数搭建实景支撑起来的，是脱离了五毛山寨抠图特效、可以直接对标好莱坞一线工业水准的“流浪地球”奇观，是屹立于冰雪大地上的庞大转向发动机，是被冰封的地标，是木星那只填满整个地球天际的“大红眼”。这不是中国第一部科幻电影，但它无疑是中国第一部科幻奇观电影。而经由这场“奇观”磨砺而出的制作队伍，也为中国此后的科幻电影工业发展提供了富有经验的后备军。因此，说它具有某种元年/开创性质，《流浪地球》应是当之无愧的。

当然，对巨大惯性的纠偏势必造成某种矫枉过正。脱离日常逻辑而拥抱一个庞大的科幻世界，可能会忽视基本的情节与人物逻辑，也难以避免地会产生一些剧情与设定硬伤。这也是《流浪地球》在上映后被诟病的地方。但不妨以稍微宽容的心态来看待这跨得过大的第一步。正如刘慈欣和导演郭帆告诉我们的，真正合理逃离太阳系的方法其实还是建造飞船，而科学地说，将地球推离太阳系也是不可能做到的。但之所以选择“流浪地球”，恰恰因为这一行动具有无与伦比的科幻美感。这明显地标识出了这部电影的“奇观”性质——它脱离了中国科幻电影的既定轨道，而未来的道路，既弥漫着不确定的错误与偏差，也闪耀着钻石般的希望。

因此，《疯狂的外星人》与《流浪地球》的同时登场，暗示着中国科幻电影，乃至中国电影正在发生的转变。《流浪地球》这巨大的一步，或许扯了蛋，但好歹，我们也从“猴”到“人”了。

从“征途是星辰大海”到“带着地球去流浪”

在湖南卫视《歌手》节目上，刘欢演唱了他为《流浪地球》创作的电影主题曲《带着地球去流浪》。这首歌把曹操的《观沧海》和地球流浪宇宙的科幻场景结合起来，隐隐有一种刘慈欣式反差美学的意味。而它也确实敏锐地捕捉到了中国科幻电影新航程的精神气质：那是背负着时间的绵延与空间的凝合的悲壮出发。

优秀的科幻作品往往能准确地切中时代的脉搏，反映时代的精神气质与症结焦虑，二者根本上关联着世界的全球化进程。以美国20世纪四五十年代的科幻黄金时代为例，阿西莫夫的《基地》系列便是这样的作品。阿西莫夫笔下的谢顿博士，有点像《三国演义》中的诸葛亮，多智近妖。死诸葛能吓退活司马，而谢顿博士死了几百年，作为变量出现的独裁者骡仍逃不出谢顿计划的手掌心。这就是黄金时代美国科幻的气质，它相信它能看见一切，它相信它能掌控一切，它的视线里没有不可知的索拉里斯星，它的征途是星辰大海，它是驰骋宇宙的星船伞兵，睥睨疆土，气吞万里如虎。这一气质背后是美国在二战及冷战结构中所占据的优势位置，以及新的全球化进程中酝酿出的技术乐观主义。

刘慈欣的小说创作取法黄金时代科幻甚多。比如，他认为科幻小说往往把人类当成一个整体来叙述，这种“人类整体观”便是在黄金时代经由坎贝尔的科幻理念，阿西莫夫、海因莱茵等人的创作才被“生产”出来的。换言之，这一时期“征途是星辰大海”的科幻气质，正与这种在全球化的二战—冷战危机之中并经由技术乐观主义背书而诞生的“人类”相辅相成。

然而，这个被“生产”出来的人类又是在不断崩解的。因为它还必须面对全球化的多样性问题，以及随之而来的“谁”在新的全球化结构中占据优势和“谁”来代表人类的问题。因此，在一种后现代的全球化语境中，对宏大“人类”的回返便不仅是以共同体的重建来超越原子式个人的问题，还涉及谁来为这个新共同体代言的问题。

而这便是中国科幻元年出发的地方。这一次，拯救世界的确实是中国人，但又不只是中国人。影片结尾，世界各地对发动机的抢救，各国救援队对主角求救呼声的响应，都显示着对一种新的人类共同体的渴求。尽管这种渴求被电影以中学女生演讲的方式展现得如此中二（仿佛看到了动画片《数码宝贝》），但在人类末日这一悲壮设定下，这一表现方式仍然传递出了它试图给出的信息：对那个新的共同体的呼唤——那是“家”啊。

本尼迪克特·安德森曾将民族（nation）视为一个由叙述、制度、同时性等召唤出来的想象的共同体。这一说法用在现实中毛病甚多，但放在末日科幻作品里倒是恰如其分。正是因为面临着共同的末日，那个穿越了空洞的、同质的时间而同时地向前行进着的社会学有机体，才真正地被召唤为了一个全新的共同体。这正是科幻回应不断原子化、不断崩解的世界的方式，它召唤着共同体的归来。

但是，这不独是《流浪地球》的独特性质。在《2012》等灾难科幻电影中，我们同样能看到类似的表达。那么，《流浪地球》作为“中国科幻”的特点何在呢？是外国制作团队无法理解的“为什么要带着地球一起逃”以及由此引申出的中国人对家园故土的依恋吗？

前面说过，原著之所以选择“带着地球去流浪”是因为这一设定具有独特的科幻美感，这是这一作品的核心新奇性，如果把它更换为乘飞船逃走，则其新奇性全无。而为了减少这一科幻设定带来的逻辑上的不合理，原著中专门讨论了要推走地球而不是乘飞船逃走的理由，这个理由被阐述得科学、合理、功利，具有比乘飞船逃走更强的优越性。同时，地球派和飞船派的斗争也构成了整部小说的重要线索。而在电影中，选择推走地球的动机并未得到阐明。“流浪地球”计划作为一个既成事实，其与中国人故土情结之间的关联并没有在电影中呈现出来。

然而，这并不妨碍这一科幻设定所具有迥异于其他末日科幻的厚重感。恰恰是“带着地球去流浪”这一设定本身赋予了末日所召唤出的共同体以具有积淀性的时空向度。这不仅表现在人类必须承受“流浪地球”计划2500年的时间重量，更巧妙地展现在电影对“家”的诠释之中。

和许多末日科幻一样，《流浪地球》选择了从一个家庭切入来展现人类命运。但不同的是，它不是如《后天》一样简单地展现父子和解，也并非如《2012》中一样强调原配家庭的重要性（继父必须死），而是以一种父辈的不断牺牲来呈现“家”所包蕴的时间性——那不仅是一个空间，一个地点，那是必须背负的如地球一般沉重而光荣的历史。那是记忆的始源，也是希望的所在。

这种时间的厚重感，对于当今原子态而非历史的全球化世界显然至关重要，这便是中国科幻试图提供给世界的东西。或许，将它简单理解为对“家”的情感，也无妨。不过，对“家”的情感不独是中国的，而是世界共通的，大家都知道。但这种情感由谁说出来，以什么方式说出来，这很重要。

“战狼”撞木星：在科幻时差中叙述中国

吴京之于《流浪地球》，不啻冷锋之于在非中国人民。

在《流浪地球》拍摄困难之际，吴京毅然加入电影团队，不仅不收取酬劳，还带资入组。导演郭帆在电影点映时曾多次感谢吴京。可以说，没有吴京，可能也就没有现在的《流浪地球》。

不过，另一方面，吴京的入组，也给这部电影带来了别样的文化意味。吴京此前自导自演的《战狼2》破天荒地在中国内地拿下了56.8亿的票房。这部电影以强烈的个人英雄主义、爱国主义甚至是民族主义的进击姿态，席卷了中国三四线城市和广大乡镇地区，其所渲染和召唤出的“虽远必诛”式民族主义情绪，使得主角冷锋的扮演者吴京自然成为民众或倾心或嘲弄的对象。再加上时不时在公开采访中蹦出来的“直男癌”言论，他便当之无愧地成为又一位能以一己之力撕裂舆论场的标志性人物。因此，吴京加入这部以“中国人拯救世界”为结局的电影，不得不令人冒出疑问：这，难道是《战狼3》?

看完电影，这样的疑虑可以打消了。如前所述，电影很好地处理了最终拯救世界的方式，加之近年来中国航天事业的快速发展，影片并未出现土味科幻电影中可能存在的那种“中国人拯救世界”的尴尬违和感（当然，这种中国人拯救世界的违和感本身是由西方电影所培养和制造出来的）。而在整部电影中，吴京扮演的航天员刘培强也不再是如冷锋那样激起观众的两极评判，作为一个军人/父亲，刘培强很好地完成了自己的任务，为自己/人类的后代留下了文明的“火种”。

显然，从《战狼2》到《流浪地球》，从冷锋到刘培强，透过吴京，我们似乎能够窥见近年来中国电影在叙述“中国”方式上的转变。

《战狼2》尽管散发着浓浓的民族主义气息，但它的内核根本上是好莱坞式的。无论是冷锋的片头登场亮相，还是整个超人类极限的情节与危机设置，甚至是反派的安排（该影片中反派由《复仇者联盟》中反派“叉骨”的演员饰演），都在提示着这是一部不折不扣的超级英雄电影。只不过它披上了一层中华民族的外衣，并迎合了民族主义的叙事。它所唤起的热情，不仅是一种民族自豪感与爱国情绪，也是一种被超级英雄所激发和增幅的当家做主、拯救世界的爽感。因此，对于冷锋对中非人民的“拯救”，你很难分清其中所蕴含的究竟是军人保卫人民的爱国主义精神，还是美式主角守护世界的个人英雄主义情怀。在此意义上，《战狼2》所呈现的中国形象某种程度上是与作为世界秩序缔造者、维护者的美国相混同而面目不清的。

与冷锋不同，《流浪地球》中的刘培强执行的不是“拯救”，而是“牺牲”。为了能顺利点燃木星，把地球送出太阳系，刘培强启动空间站撞向木星，选择了牺牲自己成全地球人民。且不提这一举动在结果上是否合理（空间站保存的大量人类受精卵及文明成果就此毁灭），刘培强的“牺牲”至少可以看作某种中国传统的舍生取义精神在当代的回响。而这种回响显然具有更深刻的现代意义。

熟悉刘慈欣作品的读者或许立刻会想到《全频带阻塞干扰》。在这篇小说中，俄罗斯宇航员米沙为取得国土保卫战的胜利，驾驶飞船撞入太阳，制造了全频带阻塞干扰，以自己的生命换取了战争的转机。而在刘慈欣近年发表的小说《黄金原野》中，也有类似的情节。为了唤起地球人类对太空的关注和对航天事业的重新发展，爱丽丝选择牺牲生命，让自己随“黄金原野”号漂流于宇宙。这两篇小说，前者是带有浓厚苏联风的革命英雄主义小说，后者则具有典型的“征途是星辰大海”式的黄金时代科幻痕迹。正如刘慈欣对科幻黄金时代的钦慕所暗示的，这两篇小说意味着中国科幻的主流直到今天仍然还停留在强调技术乐观主义和为事业/大义牺牲的科幻黄金时代。这正是中国与外国，尤其是美国之间存在的科幻时差。刘培强的自我牺牲，既是对大刘式情节的再现，也是这一科幻时差的直观呈现。

然而，这种科幻时差带来的迟滞，并非中国科幻的劣势。相反，它可能构成一针失去了宏大叙事而无所凭依的后现代之解毒剂。

想想吧，刘培强这种自我牺牲放在消费生活的庸常生活中几乎是无法想象的，甚至在一种后革命的语境中，这是会被嘲笑和解构的（或被咒之为历史虚无主义）。所以，当陈凯歌翻拍《赵氏孤儿》时，他完全从当代人的情感出发，将程婴的舍生取义呈现为一场“误会”。但《赵氏孤儿》的惨败证明了，这个时代并非抛弃了大义，相反，对大义/大叙事的渴望仍在，只是在社会曾经的大叙事、在那个作为整体的“人类”崩解之后，它再难找到能使其再度复活的恰当形式。

而大刘的牺牲叙述以及《流浪地球》对这一叙述的致敬则表明，科幻为这种力量的复归提供了可能——恰恰是在全人类的存亡面前，中国传统的舍生取义、牺牲自我的革命英雄主义，乃至彰显个人姿态的个人英雄主义都获得了全新的含义。那已然被嘲弄的“崇高”似乎重又赢回了它曾经的地位，舍生取义被庸常所磨损的价值在关乎人类生死存亡的烈焰淬炼中终于再度在人们眼中呈现出往昔的光彩。

儿子眼中的泪花，映现出的不是战狼的“拯救”，而是父辈的“牺牲”。

那个刘培强奔向的“中国”，不是作为“世界英雄”的“中国”，而是背负着历史遗产的“中国”。

这才是打开“中国”的恰当方式。这正是中国科幻元年开启的方式。

选自“新京报书评周刊”微信公众号2019年2月7日

《流浪地球》虽好，但“降维打击”了原著的价值观

/宋金波

人类大概都有点好大喜功的本能，寄望各种千秋万代的事业之肇端，都开始于自己短暂的人生。即便不过是个吃瓜龙套，也似与有荣焉。“万里长城今犹在，不见当年秦始皇”，可若把这肇端的泡沫戳破，终归是不讨喜。

言归正传。上映没几天，《流浪地球》这部电影已经收获了太多点赞。好处已经不需要多说。对于更在意视觉效果的观众，《流浪地球》的进步足以让他们忽视其余一切问题。

好像对无肉不欢的食客，只要桌上有了肉，就是好饭局。你说菜式单一，说有地沟油，他只要一句“这样的条件，有肉已经不容易了啊，以前你在这桌上见过肉吗？别人家的肉毕竟是别人家的……”，一句顶一万句。

如果仅仅考虑视觉效果，在国产科幻电影内纵向比，我给《流浪地球》“优”。其实比起很多大路货的欧美科幻片，《流浪地球》的画面体验已经胜出不止一筹了。但如果用配得上“开元之作”的标准来衡量，一部好电影，就不能只看“颜值”了。遗憾的是，“颜值”之外，《流浪地球》的得分恐怕不高。

首先是剧本对原著的背离。电影是再创作，剧本当然不必被原著束缚得太厉害。例如王家卫以金庸作品为背景拍摄的《东邪西毒》和《东成西就》，以原著标准来看简直不着边际，但也不妨碍从不同的角度成就两部佳

作。但是，《东邪西毒》《东成西就》也从来没有把自己吹嘘成为“硬核武侠片”，从来都承认自己是“挂羊头卖狗肉”啊。

毫无疑问，《流浪地球》对“刘慈欣作品”这个IP非常倚重，并且没有脱离科幻作品的轨道。在这种情况下，剧本对原著的改编，起码应该遵循“不背离原著基本价值取向”的标准。

但电影《流浪地球》在这一点上做得并不好，有评论认为《流浪地球》实际上是“反刘慈欣”的。

刘慈欣《流浪地球》原著中的角色，原来的种族、国家属性，是被淡化的。原著主人公娶了一位日本妻子。最终那“五千冰棍”，更是直戳所有人类文明都不能无视的人性弱点，甚至是对人性之恶的无情拷问。

可以这样说，《流浪地球》原著，是努力做到在“人类命运共同体”的尺度和视角叙述故事的。

电影《流浪地球》的故事在原著中没有多少，实际上是在原著大背景下的“别传”。

问题是，在电影《流浪地球》中，叙事的视角，情感的主线，又被从“人类命运共同体”的高度，拉回到了“国族荣辱”的层面。

在这一过程中，编剧实际上是通过对“人类命运共同体”的消解，来实现后者的表达，比如黑化其他国家小分队的形象，来反衬主角的英雄主义。这不仅是原著中没有，甚至根本就是原著所回避、反对的。

人物塑造就更没办法给好评了。《流浪地球》如果在全球放映，也许会让全世界误以为中国人心目中拯救世界的英雄人物，都是一些极端冲动、幼稚、错乱、癫狂的“精神病人”。由于无视原著价值观体系，很多人物的行为变得难以解释，更难以确认，那是“传统中国人”的做法，还是模仿好莱坞父子英雄的套路。

至于一些科学设定，原本在一部科幻片中，未必要那么严密，可是，既然号称“硬科幻”，起码不要漏洞大得惊世骇俗。比如AI都可以被怀疑“背叛人类”了，卡车还要人开，你让马斯克怎么想？AI都可以掌握人类命运了，却被一瓶伏特加烧成渣，它前世是个酒鬼吗？

在热切希望国产科幻早日跨越的影迷看来，这些或许都是吹毛求疵，也可以找出无数反例证明外国的电影也有足够多的纰漏。但中国科幻电影的元年，理应有更经得起时间检验的作品来开启。一味强调“已经很好”，甚至完全不接受正常的批评，也许倒是恰可以解释为什么剧本会变成眼前模样。

选自“沸腾”微信公众号2019年2月8日

电影《流浪地球》，真的“阉割”了大刘原著吗？

/苏心

《三体》电影胎死腹中，一度让人对中国的科幻大片失去了信心。但这个春节，《流浪地球》的热映及相关热议，都再次唤醒了观众对本土科幻片的期待。主创团队全情投入，克服重重困难，制造了一部不亚于好莱坞电影工业水准的科幻作品，向大家宣告道：中国的科幻电影与电影工业，前途都是可期的。

相比原著而言，影片《流浪地球》几乎是个全新的故事。为了适应电影叙事，主创团队从小说的“逃逸时代”一节中，择取地球最后一次行经木星的情节（约一页纸篇幅），加以改编，演绎成观众眼前的这部电影。这种改编在叙事结构上无疑是成功的，两小时的片长撑开了足够的空间：少年少女离开地下城，首次上达地面，一路行车冒险，从冰封的北京到山东、上海；从被岩浆吞没的杭州地下城，到赤道的苏拉威西3号转向发动机，过了晨昏线就是永夜……原著跨越了刹车、逃逸和流浪时代数十年时长的故事，既是整部电影的“世界观”，又在冰封的大裤衩、东方明珠等视觉奇观中得到了具象呈现。

但有批评认为，电影是对原著的“阉割”、“魔改”，没能接续大刘原作的思想内涵与精神气质。这类理解是片面的。如某篇影评所说，“即使只是电影本身，我们也能看到35亿人类的复杂性”（《流浪地球：两千五百年的救亡》)。地球危亡之际，有人坚持救援，有人饮弹自尽，有人烧杀抢掠，有人选择回家——影片虽没有直接叙述“飞船派”和“地球派”的斗争、失去理智的反政府军叛乱等情节，一定程度上弱化了原著的黑暗面和压抑感，但电影镜头对人性百态的刻画，同样能吸引观众的注意，提醒观众去思考。实际上，对带着“春节合家欢”的观影预期，走进影院的观众来说，《流浪地球》的基调甚至过于沉重了。

一

“小破球”之所以能一上映就收获好评如潮、对观众产生极强的感召力，恰恰是因为电影的改编保存了大刘创作的核心。“集中力量办大事”，这是大刘科幻小说的基本特点。在《流浪地球》原著中，一个强有力的集权“联合政府”是长达两千五百年、跨越一百代人的“流浪地球”计划得以实施的保证。联合政府的行事宗旨，在于保证作为整体的人类种族的延续，也即电影中一闪而过的“目的优先”说法。

这在小说中有诸多细节呈现：地下城根据不同的功能修建，人们按组织归属聚居（如“我”曾经居住的F112市，“主要是学校集中地，家庭很少”）；资源由联合政府统一配给（比如房产，“我”与山彬加代子结婚时，拿到了政府分的房子）；法律规定每三对新婚配偶中，只有一对有生育权，靠抽签决定；发生灾难时，“生存的机会”也得遵从联合政府的《危急法》安排（“我”的母亲就因年纪大、撤离次序晚于年轻人，而死于地下城的岩浆渗入灾难）。以集体存续为中心的“目的优先”，也是影片中王磊带领的CN171-11救援队就地征用韩子昂的运载车的依据，进而，少年们拯救地球的历险故事才得以展开。“目的优先”的原则之下，“全球各国一百五十万救援人员的拼搏和牺牲”，换来了“饱和救援”的结果——影片后半部，世界各地的发动机全功率重启，向宇宙射出蓝色的光束，情景十分浪漫。

与好莱坞灾难片、英雄片等热衷于凸显剧中角色在个人和集体之间取舍时的伦理挣扎不同，“目的优先”指导下的集体主义大工业运转，以及愚公移山式的“流浪地球”计划，构成了整部电影的背景性共识；拯救地球的行动并非是由某个孤胆英雄所领导，而依靠的是心系“人类命运共同体”的世界人民群众。主角小队的救援努力自始至终都不是独一无二的，哪怕故事最后看似孤注一掷点燃木星的“壮举”，也很快在同时亮起三道光束的镜头中，归于集体之中。

少年刘启的成长线索，便是与以“目的优先”为原则的集体主义相和解的过程（同时，也是父子和解）。但在影片先定的“集体生存优先”共识下，和解的达成并不困难，关键只在于刘启从心理上，迈出承担责任的那一步。这在观众看来，并无悬念。

二

更值得关注的是少女韩朵朵的成长线。影片开始，全息屏幕营造的暖色光线下，教室里的初中生韩朵朵嚼着泡泡糖，与荧幕外的我们一起忍受“优等生”矫揉造作的朗诵——“希望，是我们这个年代像钻石一样珍贵的东西”，韩朵朵颇为不屑，观众们也嗤笑起来。紧接着，人造屏幕被刘启敲坏，“岁月静好”的假象消失，韩朵朵离开具有保护性的学校场域，跟着哥哥刘启进入了经验的世界，生存危机将所有严酷的现实都赤裸裸地摆在这个初中少女面前，挑战着她的意志力。

正像许多网友不满的那样，面对亲人牺牲、队友陷入绝境，韩朵朵这个角色太过废柴、只知道哭，但她毕竟只是个初中生，一个货真价实的“中二”少女。尽管这一部分的台词设置还有待提高——可当韩朵朵在整个救援队陷入绝境的时刻，面向世界呼唤道“希望，是我们这个年代像钻石一样珍贵的东西”时，我们仍然感动了。这一次，我们和她一起选择相信希望。在此，韩朵朵的符号意义同样值得注意——她是“祖国/世界的花朵”，是上海覆灭时，被无数双手推到韩子昂面前的孤女，是“人民”之子。

韩朵朵的角色，承载着整部电影的关键词——“希望”。在此，影片继承并强化了大刘小说里的“希望”主题。原著中的这段话已被广泛引用：

> 你听着，亲爱的，我们必须抱有希望，这并不是因为希望真的存在，而是因为我们要做高贵的人。在前太阳时代，做一个高贵的人必须拥有金钱、权力或才能，而在今天只要拥有希望。希望是这个时代的黄金和宝石，不管活多长，我们都要拥有它!明天把这话告诉孩子。

重要的是，在“必须抱有希望，因为我们要做高贵的人”的坚韧意志之外，大刘笔下的“希望”本有实指。在逃逸时代中，人类曾遭遇一次大危机，地球的航线从小行星带正中穿过，遭到了小行星持续一周的“狂轰滥炸”（小说中，“我”的父亲也死于这次清除小行星的行动）。危机结束后,世界面目全非，放眼望去，撞击尘“让这个世界只剩下一种颜色：灰色”。在回亚洲的飞机上，主角“我”看到此情此景，也“被悲伤和绝望窒息”了。

> “什么时候到头儿呢？”加代子喃喃地说。我不知道她指的是这个旅程还是这充满苦难和灾难的生活，我现在觉得两者都没有尽头。是啊，即使地球航出了氦闪的威力圈，我们得以逃生，又怎么样呢？我们只是那漫长阶梯的最下一级，当我们的一百代重孙爬上阶梯的顶端，见到新生活的光明时，我们的骨头都变成灰了。我不敢想象未来的苦难和艰辛，更不敢想象要带着爱人和孩子走过这条看不到头的泥泞路，我累了，实在走不动了……
>
> 飞机上甚至有人举起了手枪，想要自杀——但弥漫在机舱中的绝望感很快就被冲淡、消解了，地球发动机朦胧的蓝光，让所有人振作了起来。
>
> 在我眼中，前方朦胧的蓝光，如同从深海漫长的上浮后看到的海面的亮光，我的呼吸又顺畅起来。
>
> [……]
>
> 那瘦弱的男人没有回答，他盯着前方的蓝光看，眼泪流了下来。我知道他能活下去了，只要那希望的蓝光还亮着，我们就都能活下去，我又想起了父亲关于希望的那些话。

生存危机像一把达摩克利斯之剑，高悬在所有人头顶，不是所有人都能在重压之下，乃至绝境之中，坚持求生到底。影片里MOSS面向全球做完最后的播报以后，镜头转向了对社会秩序的崩解、人群意志的崩溃的呈现：地下城里一片狼藉，打砸抢掠者到处施暴，小女孩无助地哭泣，救援车队茫然地驶离发动机，一位日本驾驶员喃喃念着“好想再吃一碗大米饭”的心愿，饮弹自尽。而回看原著，我们会发现，以“发动机的蓝光”为象征的现代科技与工业能力，是人类的希望所系之处。小说中，尽管危险重重，地球的航行却始终处于领航工程师们的精确计算与掌控当中，“逃出生天”的希望一直都在，它是支撑人们内心的火光。小说中的人类，从未像电影中那样接近绝境（最大的危机反倒来自地球上的反叛军，也即人类内部）。

大刘曾自述，自己“是一个疯狂的技术主义者”，“个人坚信技术能解决一切问题”。但是，电影改编了小说中原本并不存在实质危险的情节（在工程师的精确计算下，地球安然冲出了木星的引力场），也就超出了小说本身的黄金时代科幻气质。进而，在电影中，原著内含的技术乐观主义，不再构成人类“希望”的首要支撑。

三

也就是说，《流浪地球》（2000）发表近20年后，电影叙事重构了原作中的“希望”内核。有必要指出，《三体》三部曲（2006—2010）是二者之间的过渡阶段。

2007年的“白夜”酒吧论辩，大刘在“是否选择吃人以延续人类文明”的思想实验中，展现了自己“冷酷却又冷静的理性”（这场论辩发生在“2007中国（成都）国际科幻·奇幻大会”期间，是刘慈欣与江晓原在女诗人翟永明的“白夜”酒吧里展开的。论辩文稿见刘慈欣、江晓原，《为什么人类还值得拯救》，载《新发现》2007年第11期）。他表达了自己对人类命运终点的关切和判断：

被毁灭是铁一般的事实，就像一堵墙那样横在面前。我曾在《流浪地球》中写到一句：“这墙向上无限高，向下无限深，向左无限远，向右无限远，这墙是什么？”那就是死亡。（《为什么人类还值得拯救》）

尽管已经借助主角“我”所上过的哲学课的情节，植入了对人类命运的悲剧性认识，在《流浪地球》的结尾，大刘却选择让想象力暂停在漫长的流浪时代初期——太阳系虽已毁灭，但前方还有星辰大海，脚下尚有坚实土地，希望长存。

然而，到了《三体》结尾，除了早已飞向宇宙深处的“万有引力号”和“青铜时代号”，以及程心乘坐的“星环号”以外，整个人类种族都因高等文明对太阳系的降维打击而彻底毁灭。有读者认为，从《流浪地球》到《三体》，大刘的创作和思想，经历了从乐观到悲观的转变。与《流浪地球》发表正好相隔十年，《三体》三部曲这场宏大的思想实验，以最冷峻、最严酷的人类种族毁灭想象告终。维德对程心说的那句话，给读者留下了深刻的印象——“失去人性，失去很多；失去兽性，失去一切。”这句话常被用来解释《三体》中人类文明最终走向毁灭的原因：故事中，以维德的行事风格为代表的精准的计算、冷酷的理性，终究受制于人类的情感。

被人类选举出来的程心，“两次处于仅次于上帝的位置上，却两次以爱的名义把世界推向深渊”。第一次，引力波宇宙广播系统被毁，地球针对三体的黑暗森林威慑失败；第二次，曲率飞船的研制计划被迫停滞，人类丧失了最后的求生机会。但是，只因这一结局，我们就得把程心所象征的人类“人性/情感”本身，钉死在耻辱柱上吗？小说中人类灭亡的最终结局，便能让人相信，霍布斯式的“自然状态”与维德此言所共同构成的“生存法则”，真的就能代表人类生活的最高准则了吗？

其实不然。不同于冷酷的维德，亦不同于“圣母”的程心，《三体》之中，还有罗辑。纵观整个三部曲，哪怕毁灭命运已经在故事的终点等待着我们，《黑暗森林》结尾，罗辑的所作所为，仍然在“时间之外的往事”里放射着无与伦比的光芒。为了反抗三体文明的强势入侵，他将自己的生命与一套能向宇宙展示三体世界位置的摇篮系统绑定在了一起，并独自去了墓地，在那里与整个三体文明赌命。

罗辑成功了，在太阳被水滴封死的绝境当中，他闯出了一条生路，建立了黑暗森林威慑，作为“执剑人”，为人类博得了求生的时间和可能性。但此举之所以能成功，首先是因为罗辑做好了牺牲的准备，也让三体文明看到了他牺牲的决心、背负起毁灭两个文明的罪行的勇气。工业科技、计算与理性，固然是此举成功的前提，可是，在豪赌的这一刻，整个人类文明的求生希望，都系于罗辑的牺牲、决断之上。哪怕流露出一丝的惜命情绪，哪怕流露出一点对杀身成仁的犹豫，罗辑的这次赌命威胁，就可能失败。正是在这个时刻，集理性与意志于一身的罗辑，登上了历史的高点，成为了史诗中的英雄。

与兼具理性和意志的罗辑相比，刘培强的形象更多地彰显了“意志”

的存在。电影中，作为吴京的对立面，MOSS扮演了维德式的“理性”角色。空间站切断通讯、改变航向，这并非刘培强起初认为的那样，是“叛变”——放弃地球的选择虽然十分残忍，却是出于MOSS的绝对理性计算，并得到了联合政府的授权，具有正当性。在此，有必要指出，这一决策背后同样暗含两条路线之争：已有影评指出，“空间站和地球的共存，就是飞船派与地球派互相妥协的产物”。（《〈流浪地球〉：飞鸟与鱼之争》）虽然电影并未展开，但地球派与飞船派的路线之争，是故事中必不可少的一环。

既然点燃木星的方案不是没有专家想到，那么通过牺牲空间站来凑够点燃木星的最后五千公里，也不会没有专家想到——可是，在无涉情感的理性计算下，是牺牲斥资建成的领航员空间站，放弃上面用于重建人类文明的珍贵资料，把它当作火柴使，去博取一个并非万无一失的拯救方案的成功，还是放弃本来也就风险重重的“流浪地球”计划，与这颗体量庞大、满是负担的星球彻底割裂，驾着经过精心设计和准备的空间站，肩负文明火种向宇宙深处远行？显然后者更为安全，更符合理性。

正是在对抗MOSS这一更为保险，却毫无人性的理性决策的情境下，刘培强牺牲的理由和行为才显得那么动人——他说，“没有人类的文明，不叫人类文明”。由此，在刘培强对抗MOSS之理性的自我牺牲行动下，“火种计划”被颠倒过来——空间站原是飞船派为了在新的移民星球上重建人类文明而准备的诺亚方舟，但最终化作了一粒希望的种子，用自身燃烧换得了整个地球的存续。地球派也在此获得了阶段性的胜出。

关于自己笔下的“悲观”与“乐观”，大刘曾回应：“无论悲观还是乐观，其实都是一个表现手法的需要。写科幻这几年来，我并没有发生过什么思想上的转变。”（《为什么人类还值得拯救》）“有不变的人性存在吗？人性中亘古不变的东西是什么？我找不到。”对人性，大刘也始终保持怀疑，对其危险性充满警惕。

大刘作品中真正一以贯之的，如其自述，其实是“科幻的思维”。经由“科幻”的棱镜，人性在不同的故事中，折射出了不同的样态。相比原著，《流浪地球》的电影叙事，的确重新整合了科技、理智与情感的关系，但这并非所谓的降低原著思想深度，而是尝试对同一高度的政治问题，给予不同的解答。至于大刘本人，又何尝意识不到这一点呢？电影中MOSS的经典语录“让人类永远保持理智，果然是奢望”，在原著里本是反叛事件中仅存的地球派在壮烈牺牲前的最后宣言，用来说给刘培强听，简直就像是大刘的自我解嘲。

我们应该记得电影中扭转乾坤的那一幕，刘培强掷出那瓶藏在宇航服里的伏特加，烧毁了空间站的中控室。酒，在尼采勾勒的古希腊神话世界中，正是与象征着理性的日神相对峙的狄奥尼索斯。

“不够理性才会去拍电影”——难道足够理性的人就会去写小说吗？大刘自己也曾在创作自白中说：“从科幻或科学的角度讲，我是百分之百的飞船派”，“但从文学的角度看，这篇作品的美学核心是科学推动世界在宇宙中流浪这样一个意向”。简单点说，就是因为带着地球去流浪非常“浪漫”。

许多人在观影后赞叹道，中国电影的“科幻元年”开启了。但无论是影片，还是这种说法，都同时受到了一些批评与质疑——这是因为，相较于“开启某个纪元”的说法，当下的我们正处于也将继续处于一个漫长的告别时刻。在无数的光荣之前，我们应当以宽和的心态看待无数的批判、挣扎与迷惘。告别不是诀别，我们带着古老的“家园”前进。

站在当下回望我们“漫长的20世纪”，在西方坚船利炮的大举入侵下，我们的民族也开始了一场漫长的精神漂流。那些充满浪漫色彩的革命史诗，那些极富中国特色的奋斗经历，正与大刘笔下未来世界里的故事，遥相呼应。

选自“雅理读书”微信公众号2019年2月8日
原标题为《漫长的告别：〈流浪地球〉中的意志与希望》

在刘慈欣的科幻里，有他对中国贫穷和落后的深刻体验

/飞氘

读刘慈欣的小说，会让我想到卡尔维诺在《美国讲稿》中关于文学之“重量”的讨论：我们生存于其中的外部世界有着可怕的惰性与不透明性。世界和人们正在美杜莎的目光下石化这一凝滞、沉重的感觉，会对作家形成压迫，如果不能找到解决的办法，他们笔下的世界也将随之石化。卡尔维诺由此阐述了他对“轻”的理解：通过盾牌的反射，柏尔修斯避免直视美杜莎的目光并将其杀死，作家也可以像这位英雄一样，让自己的作品以间接的方式切入生活而获得一种“轻”的质感，飞向另一个世界。因此，他说自己的工作常常是要减轻分量——人物的分量、城市的分量、天体的分量以及小说结构与语言的分量。所谓的“轻”，常常意味着从命运沉重的束缚中逃逸出去时的欣快。

“重量”无疑是虚构性叙事必须处理的问题。当人与世界的关系在故事中被重建，轻与重的动力学永远在或明或暗地发挥着作用。刘慈欣的作品也不例外。尽管他写过完全以“轻”为乐事的“大艺术系列”，不过更令人难忘的是一种轻与重之间的巨大张力，一种强烈体现出个人独创性的、在尺度极端不匹配的事物之间建立联系的惊人能力。一方面，作为阿瑟·克拉克的仰慕者，刘慈欣一再追忆着《2001：太空漫游》曾带给他的灵魂震撼，希望自己也能追随偶像，引领读者去仰望星空，感受宇宙那如水晶般

坚硬、纯粹、透明的空灵之美。另一方面，作为一名长年生活在基层的火电厂工程师，他对中国的贫穷和落后有着深刻的体验，明白在这片土地上，“任何超脱飞扬的思想都会砰然坠地的，现实的引力太沉重了”。于是我们看到了一出出空灵思想与沉重肉身之间量子纠缠式的戏剧。

在《乡村教师》中，罹患绝症的老师在临终之际仍在要求懵懂的孩子们背下他们不能理解的牛顿力学三定律，在这现实主义色彩高度饱和的一幕之后，故事忽然跃向了星际战争：神一般的外星人在清扫战场时鉴定着沿途行星的文明等级，被随机抽作地球样本的孩子们面对一系列测试题时无动于衷，直到正确答出了牛顿定律，才证明了地球值得保存。以这种近乎讽刺的方式，人类躲过了一劫，却无人知晓所有的功劳属于一个在这个星球上最贫瘠的角落里默默死去的中国教师。

在《中国太阳》里，水娃从赤贫的故乡走向大城市，从摩天大楼外的“蜘蛛人”变成“人造太阳”上的镜面清洁员，最终，与霍金的对话激发了他对宇宙的向往。个体的思想蜕变，寓意着古老农耕民族的觉醒，也隐伏着“轻”与“重”之间的对立统一。最感人的一幕，是太空中俯瞰着地球的水娃，看见一股寒流正在向家乡涌去，在电话中嘱咐爹娘多穿衣服。在无重力的太空与凝重的亚洲大陆之间，轻盈的电波传递着赤子之情。水娃日益开阔、灵动、飘逸的意识，终将引领他失重的身体踏上一去不返的星空深处，同时又超越时空的限制永远牵系着被地心和命运的引力束缚在黄土地上的父母。

在这些叙事中，最卑小的个体与最壮阔的时空联结在了一起，人类的情感在冰冷的宇宙中释放了微渺却不可忽略的温度。以这种方式，作家演绎了自己的动力学方程。

最能体现刘慈欣对“重量”感受的，莫过于《流浪地球》。

本来，太阳演变为红巨星尚需几十亿年。我们多少会觉得，那时即便还有人类，也会发展出与这一时间尺度、事件规模相匹配的高超技术。但小说家让灾难突然降临，用可理解范围内的技术构想与社会形态，去承受空前的压力。任务的艰巨与手段的粗陋，形成了极端的不匹配，也由此促成了小说史上最悚然也最迷人的时刻之一：人类为地球装配上巨型发动机，推动着母星逃离太阳系。

尽管地球赋予了我们对诸多事物的重量感，但当它被想象为无尽星海中的一颗小小行星时，自身却缺少重量感。正是安置在亚洲和美洲大陆的一万两千台行星发动机，让母星59万亿亿吨的质量有了可感性。在漫长的旅途中，地球将不断地燃烧自身的一部分来为其余的部分提供动力，实实在在地做着卡尔维诺所说的“减轻星体重量”的工作，却因此令星体的沉重感愈发凸显。据说，好莱坞的技术团队听到这个故事后，提出的一个重要疑问就是：为什么不逃离地球，而要拖着它离开太阳系？鲜明的重量感显然能瞬间楔入读者的意识深处。

巨大的重量必然导致自我碾压。作为概念惊人的短篇小说，《流浪地球》最主要的看点是地球“刹车时代”与“逃逸时代”文明的凋敝：滔天巨浪漫过城市的废墟，洪水退潮时从摩天大楼的残骸中倾斜而下的道道瀑布，穿越小行星带时流星不断撞击造成的漫天尘埃经年不散……其中最恐怖的，当属地球与木星会合时地平线上缓缓升起的红色天幕：这个在木星表面维持了几十万年的大漩涡大得可以吞下整整三个地球。这时木星已占满了整个天空，地球仿佛是浮在木星沸腾的暗红色云海上的一只气球！而木星的大红斑就处在天空正中，如一只红色的巨眼盯着我们的世界，大地笼罩在它那阴森的红光中……

而这只是将持续两千五百年的漫长苦难的开始，是一百代人类将要经历的连番劫难的序章。显然，这个关于“逃逸”的故事以不断“叠印”沉重感为乐事。刘慈欣说，在为命运一点点加速直到它逃出死亡的引力前，我们必先付出沉重的代价。

然而，在灾变的一次次淘洗中和重量感的一次次冲压下，仍然有事物存留下来并变得愈发密实：比珠峰还高的行星发动机、能容纳百万人口的地下城、太空舰队为清扫小行星障碍而发出的反物质炸弹……面对恒星之死，如细菌般渺小的人类制造出来的这些事物，显得笨拙、粗陋，勉强维持着文明的苟延残喘。换言之，当文明的容颜枯萎、血肉成尘，重工业的铮铮骨架就将在冰雪茫茫的大地上显露，以自身的笨重烘衬着“流浪地球”的滞重，同时，又与这种滞重构成了对抗，呈现出一种微末之物的“顽固”性，这是那种被美杜莎的目光石化后的粗粝感，却以其抗压性支撑着人类最后的生存空间。这一点，在电影中也得到了极大的扩展和丰富的呈现：

民俗风味浓厚的地下城、轮胎比人还高的巨型运载车、原作中不存在的领航员号空间站等等，这些事物，凝聚着一个物种不屈的抗争精神，也在某种程度上"坐实"了刘慈欣的"工业党"身份。

关于现代科学与工业文明的利弊，人们各有高见。在刘慈欣看来，人类必须毫不动摇地坚持发展科学技术，提升工业水平，唯有如此，才能在未来的种种天灾中赢取生机。对这一点，他从未有过质疑。不管人们对此如何誉毁，这里只想说，刘慈欣作品的钢铁底色其来有自。

从鸦片战争开始，中国被拖入了西方主导的民族大竞争中，"物竞天择，适者生存"渐成公理。连番的挫败催生了文化革新的诉求，国人对科幻小说的兴趣也从此而来。光绪二十八年，梁启超树起"小说界革命"的大旗，主张通过小说改造民众，包括凡尔纳的《海底两万里》在内的科幻小说成为备受青睐的类型之一。光绪二十九年，23岁的周树人为他的科幻译作《月界旅行》写下一篇序言：作为一种渴望不断进步的生物，人类通过不懈的奋进，努力摆脱着自然的奴役，逐步走向更高的自由，《月界旅行》正是"以其尚武之精神，写此希望之进化者也"。此后的一个多世纪里，中国人历经磨难才赢回世界的几分尊重，中国科幻也几经沉浮才终于在新千年里结出硕果。当对怪力乱神无感的理论家们寻找着能让人类彼此和谐共处的新思想时，来自山西娘子关的工程师刘慈欣却只想提醒：思考一下灭顶之灾降临时人类该如何逃生吧！这种对生存的焦虑、对进化的执着以及对科学的崇拜，正是近现代中国核心命题在星际尺度上的再表达。

表达的结果经常显得简单粗暴。许多人说，不管刘慈欣的想象力如何，他的语言还是太差了。确实，在遣词造句、谋篇布局、人物塑造、情感深度发掘等方面，刘慈欣的问题显而易见。但是，如果把作家的"语言"能力理解为准确、有效地用文字来言说他对世界的思考、想象和情感，那么，在由远古的神话、庄子的寓言、屈原的赋、李白的诗、东坡的词……所构建的华夏文学长河中，伟大而浪漫的心灵虽然一次次奏响过生命的律动，创造了众多不朽的篇章，但如何用汉语去表现科学革命之后的时空之广袤、探索之艰辛、定律之奥妙、技术之恢宏，抒发现代中国人的豪迈和悲悯，则是一个多世纪前才出现的全新任务。刘慈欣的写作，正代表了中国作家在尝试承担这一使命时的某种可能性。在这个充满挫折和挑战的过程中，他至少为汉语文学贡献了生猛、奇崛、壮阔的意象，勇毅、果决、进取的气质，崇高、悲怆、庄重的语调，而所有这些共同塑造了他的文学语言质地。

就《流浪地球》而言，“地球流浪”这个光芒四射的概念以及随之而来的惊人的重量感，是小说最核心的魅力之源，而人类依靠残损的工业体系对这沉重的压迫所做的壮烈抗争，则是情感共鸣的关键触发。对我这样的读者而言，有这两点，已然足够。令人欣慰的是，电影虽然对原著做了相当大的改造，但两个关键点都得到了很好的继承和发展（事实上，从小说到电影的媒介转化过程，正好表明了大刘作为一个科幻艺术家的才华过人之处究竟何在）。如果说我对大银幕上的《流浪地球》还有什么不满，那也与技术设定是否无懈可击、情节安排是否合理、人物塑造是否成功、特效是否出色、剪辑是否流畅、价值观是否荒谬等等毫无关系。让我感到最不过瘾的，是地球在无际长夜中默默前行的镜头太短。如果可以，我想久久地凝视这小小的蔚蓝色行星，看着它在千万簇幽微火焰的推动下，迟缓而坚定地告别故乡。

是的，太阳完了，太阳系完了，可是，地球还没完。我们要用笨重可笑、破破烂烂的设备，拖拽着遍体鳞伤的母星，逃向新的家园。请不要问为什么，这就是生存意志的最后表达。

选自“凤凰网文化”微信公众号2019年2月11日

《流浪地球》:“先天特色”和“后天不足”的社会想象力标本

/罗小茗

2019年春节档收摊,《流浪地球》票房最高,引发的评论最多,收获的争议也最大。

在这里,孩子们看到了带尾巴的地球,科幻迷看到了“科幻电影元年”,媒体看到了热点,资本看到了商机。而关于电影好坏的网络大战,则让人又一次看到,今天中国社会在运用“想象力”这个词语时的巨大分歧。

倘若中国人对想象力的使用就是这么自由散漫,也并非什么坏事。可如果仔细看看那些讨论,便会发现,不管持什么样的意见,代表全人类发挥了几十年想象力的好莱坞,总是在那里做着或明或暗的参照。

这也难怪。在今天,大概很难找到没有被好莱坞安利过想象力的人。这样那样的比较在所难免。可问题在于,一个社会的想象力,终究不是为了与别的社会比较,也不是为了要超越别的社会而存在。它首先是为自己所属于的这个社会,而不是为资本或别的什么而服务的。

以这个标准来要求和讨论《流浪地球》里中国社会的想象力,是有意义的。这是因为,带着地球流浪这样的构想,极具中国特色,是在中国社会特别的条件之下才会产生的想象性难题。

首先,人类面临一个巨大的灾难,这个灾难的始作俑者,既不是资本巨鳄,也不是政府体制,而是我们的太阳。太阳就要下岗,这样的毁灭性危机，实在是谁也怨不着。如此的脑洞，在那些想象性地批评跨国公司、邪恶敌国或腐败政府，自以为言论自由的社会里，少有开启的可能。

其次，人类社会自己的问题，可以由人挺身而出追究和改正。太阳的错误，却没有讨价还价的余地。在这种情况下，人类应该怎么办？这似乎是一个全新的命题。不过，对中国人来，这种“霸气十足”的错误也并不陌生。近百年来的被动现代化的过程，突然打上门来、让中国社会和文化变得支离破碎的资本主义文明，在某种意义上，便是这个不和你讨价还价的对手。

最后，对一个社会主义国家来说，不存在任何政府的密谋、走上邪路的领导和包藏祸心的资本家，也没有权钱之间的灰色地带。这样一来，建造飞船让少数人脱离人民群众逃跑的方案，自然不成立。通过抽签的方式，为了全人类的利益而放弃一部分人的性命，带着地球逃跑，才是符合当前政治文化逻辑的选择。

就此来说，带着地球流浪这样的方案，倒也不一定是因为中国人特别热爱地球、眷恋家园，而是科幻在中国社会的土壤里扎根进化出来的想象性提问。如果说，一个社会总是以各种方式想象性地处理自己的危机的话，那么这个带着地球流浪的长期计划，便是中国式的危机想象。这也就意味着，上述条件既构成了这个奇异设定的基础，也结结实实地规定了，故事一旦展开，电影需要在哪些层面上运用想象力，才算直面危机。

既然是拍电影，第一时间想到的，大概总是地球流浪后的灾难场景。海啸、地块迁移、气温骤降等等，然后把它们变成震撼人心的特效画面。毫无疑问，这一部分是电影做得最出彩的地方，也是最受追捧之处。不过，这一部分所表现出来的想象力，虽然可以极大地满足我们的视觉享受，但并不涉及上面这个中国式的危机想象的核心。这是因为，在一场无法追责的灾难里，无论地球变成什么模样，引发我们何种排山倒海的情绪，都只是那一刻的直观感受。这样的感受，没有任何后续转化的方向，既不会变成对太阳的仇恨，也不会化为对地球的珍惜。

换言之，这一层面的宏大特效做到极致，效果也只是更好地烘托这个地球流浪的难题，而不能正面回答它。特别当地球以这样的方式开始流浪实际上是一个中国社会特有的想象性问题的时候，更是如此。

第二层的想象，是关于流浪后的地下社会。按照电影的设定，有待想象的是全球联合政府宣布流浪计划17年后地下社会的模样。这不光是指技术方面的变化，也不在于生活条件如何艰苦，资源是否匮乏，而是指在这个长期危机的压力之下，社会制度、教育制度、城市空间乃至价值观念这些部分，可能出现的一切合情合理的“常理之外”。地球流浪的计划越是超乎想象，就越是给为了保存人类而艰难重组起来的地下社会，提供了巨大的发挥空间。

不过，电影展现的地下社会，却令人意外地熟悉。

这个世界的呈现，从一个中学课堂开始。学生们依旧穿着不合身的难看校服。老师问“什么是希望”，一个标准的三好学生拿腔拿调地回答。这段场景，似乎只是要给韩朵朵一个出场的机会，给“希望是像钻石一样宝贵的东西”这句台词留一个线索（就这点而言，电影的叙述属于中学生作文的模板，要求自己做到低级的首尾呼应）。即便仅有短短几分钟，却也清楚明白地告诉人们，17年的地球流浪，并没有改变中学教育的弊端，学校还在不紧不慢地培养着标准件，学生也还在厌学。如果考虑到，一个社会的巨变最直接也最积极的体现者，往往是学校教育的话，那么这个场景，很难说是一时一地的想象，而是关乎危机之中对整个地下社会的基本理解。

也许有人会说，为什么17年过后就必须有巨大的变化？只要是一个小社会，一个地下城，生活久了之后就会出现各种潜规则、灰色地带，地下社会的地下产业，这不是很正常吗？也许电影追求的，就是这种一切如常的感觉。的确如此，毕竟，地下的北京也有王府井，人们还在那里欢度新春。

可惜的是，一切如常的地下社会，并不符合“地球流浪”的提问——长期危机之下，社会又如何重组？它不仅和一半地球人死去、地球前途未卜的社会状况无法匹配，甚至有些答非所问。它的出现意味着，在这个地球必须流浪的计划里最残酷的，并非用抽签的方式，以一半人的生命换取另一半的未来；也不是即便如此换来的未来仍没有必胜的把握。而是，在这个长期危机之中，在一半人类的生命消失之后，保存一个松松垮垮充满惰性，除了管制之外毫无变化的社会。地下城的日子，和今天的中国一样，该怎么过还是怎么过，灰色地带和机械的教育，不过是换了个地方待着。一种叫作“钱”的东西，也许是不见了，但其他的却一样不少。

于是，这个看起来热热闹闹、颇为应景的地下社会，更像是在暗示，此时地球流浪的紧迫感和危机感，并非每一个靠着运气存活下来的人共同分享的。活下来的人，纯属运气，可以自顾自地保命，享受生活，纠结亲情。除了售卖千年蚯蚓（也许对于爱吃的国人来说，吃的变化才是真正重要的，其他都可以忽略不计），其他一切如常。紧张感、悲剧感、使命感，在这个社会的日常生活和城市空间里，没有丝毫的痕迹。它们只是“集中力量办大事”的人类联合政府的事业，而与寻常百姓无关。

实际上，在原著小说中，刘慈欣提到了不少新社会的变化。比如，在一个人随时随地准备赴死的社会中，家庭解体了，生育制度也发生了变化。这些有意思的细节，因为“春节回家”这样的主题（这属于资本强制性的想象）没有机会出现，而电影又没有提供新的变化。于是不能不说，地下社会这一层面的想象，基本空白。

也许有人认为，如何讲述地下社会，只是开头那几分钟的事。所有的戏份，最吸引眼球之处，不应该是地表和太空吗？但问题在于，想象一个什么样的地下社会，直接关系到地球流浪之后，“地球”和“人类”对活下来继续身处危机的人，究竟意味着什么。倘若社会一切如旧，充满了惰性，那么故事后半部分——必须拯救地球——的叙述动力，便会不足。在毫无紧迫感的惰性社会中，地球流浪之后的人类家园，这个概念如何顺理成章地出现？为了人类，为什么这些牺牲是可以接受的？每一个活生生的个人与看似抽象的人类之间的关联，如何可能？

于是，电影给出的实际回答是：这不可能。

刘培强中校用自己的服役，换取了儿子和岳父在地下城的居住权。这是一桩明确的交易。当他得知儿子在地球有危险的时候，作为军人的天职是服从这件事情，对他没有丝毫困扰。立马从休眠仓跳起来拯救儿子，也就毫无悬念。整个过程，他的基本动力和唯一执念，在于“我的儿子还在地球上”。

倒不是说他不能这样跳起来救儿子，救肯定是要救的。地球最终不会香消玉殒。好莱坞套路也是如此，孤胆英雄为了维护家庭而升级打怪。但好莱坞的做法比较鸡贼。它必定会安排上几个不同肤色、不同国家的人，在每一个选择的关头，做一些思想或伦理道德上的辩论，摆出人性的两难。

比如，这边是地球和儿子，是人类既有的家园，那边是联合政府收集的胚胎库和地球文明的种子，是所谓的人类未来，究竟孰轻孰重？一个人的决定，有没有可能挑战联合政府和电脑的运算？两个概率都渺小的计划，哪一个更值得孤注一掷？我，作为一个个人，如此选择的依据到底是什么？

这种斗争过程的不可避免，并不改变最后的情节——一个人拯救世界；也不改变其内含的意识形态——白人至上，美国第一。但它却提供了一个必不可少的论证过程，将一个个体的决定表现为两难的抉择，凸显出人性在面临危机时的高贵与悲剧性，并暗度陈仓让大家都信服于美国最伟大的说教，觉得这是我们大家的普世的价值观。

不过，咱们的刘培强中校显然不是这个套路。他一路心心念念的，只有自己的儿子。人类整体的命运、联合政府的决定、胚胎库和其他休眠的同事们，一刻也没有成为他的难题，更不会带来片刻的犹豫。最终，一个没有任何伦理困境的人救了地球。这是有些可怕的事，哪怕他牺牲了自己。

在这里，可怕的倒不是这个人的胆大妄为或一意孤行，而是在对他的牺牲与拯救的叙述中，人们发现，今天的中国社会中，想要把个体与公共事业乃至全人类关联起来，是多么的艰难。即便是拯救地球这样的事业，也只剩下了一己私利这一条通路。偏偏对这套才从市场经济中锻炼出来的话语，掌握得又很不娴熟，表达起来几近赤裸。

至此，《流浪地球》的火爆与争议，与其说是“中国科幻元年”的起点，不如说是这个时代中国社会想象力的标本。它极为生动地表现出，中国社会想象力的“先天特色”和“后天不足”。所谓的“先天特色”，是指在种种现实的限制之下，事关社会危机的想象，以颇为曲折也更为大胆的方式提出，比如带着地球去流浪。而“后天不足”，是当这种中国特色的危机表达实际上带来了巨大想象空间的时候，特效、大片、资本、民族自豪感、主流话语，所有这些都一起跳出来晃瞎我们的眼睛。以至于人们来不及去思考，在这个事关危机的想象中，到底哪些部分是装饰性的，哪些部分应该竭力作答，哪些部分又可以尽情扩展，好让压抑已久的社会在整体性的危机面前做一次想象性的吐故纳新。

选自“探索与争鸣杂志”微信公众号2019年2月16日

《流浪地球》:开启中国电影的全球叙事

/张慧瑜

经过近二十年的电影产业化改革，中国全年电影总票房超过600亿元，进一步缩小与北美市场的差距。近两年，中国电影市场尽管增速放缓，但出现了两种可喜的现象：一是类型多样，不止有高票房的商业片，也让艺术片、纪录片等小众电影有机会进入院线；二是佳作不断，出现《战狼2》《红海行动》等经济效益与社会效益相统一的主流商业大片。2019年大年初一公映的科幻大片《流浪地球》也是如此，不仅故事好看、特效过硬、价值观正，而且成为春节档票房最高的电影，极有可能创造新的票房纪录。更重要的是，这部电影还具有多重文化标识意义。其一，这是一部从剧本改编到后期特效基本是“中国制造”的科幻电影，显示了国产电影在类型化和特效技术上的进步；其二，它的叙事逻辑和文化价值观带有中国特色，是一部有文化自觉和自信的电影；其三，它真正开启了中国的全球叙事，中国人也能够以人类的名义拯救地球，这对于中国来说是一种全新的文化经验和主体状态。恰如影片结尾处，由汉字和书卷组成的变幻莫测的画面以及根据曹操大气磅礴的乐府诗《观沧海》改编的片尾曲，既表现了中华民族悠久绵长的文明，又象征着人类“带着家园流浪蓝天”的决心。在这个意义上，《流浪地球》一方面拉开了“中国科幻电影元年”的序幕，另一方面又尝试在经济崛起的背景下展示中国的世界观和全球想象。

一、《流浪地球》的文化底色

很多人把《流浪地球》作为中国科幻电影兴起的标志，至少证明中国电影人也能够娴熟地掌握以好莱坞为代表的科幻电影的叙事技巧和类型规范，因为科幻电影一直以来确实是中国电影的短板。对于中国为何没有科幻电影有很多解释，比较主流的说法是，近代中国缺少科学精神和科学技术，这导致与科学相关的科幻文化也很落后(暂且不讨论科学、科技、科幻之间的巨大差异)。也就是说，中国没有科幻这一文化问题直接联系着传统中国为什么没有自主地走向现代这一大命题。对于中国没有发达的科幻文化，笔者认为有两个内在原因，一是中国没有反科学主义的文化传统，二是中国不具有海外扩张的现代经验，而反科学主义和海外拓殖正是支撑科幻叙事的文化和历史基础。

先看第一个原因。现代以来，科学是启蒙、理性、秩序的代表，是现代人(西方)对未知领域和领地的探寻以及对神秘、神话、宗教等价值的祛魅，科学背后是工业精神和现代化动力，而科幻自诞生伊始就扮演着反思现代、反思科学原教旨主义的功能，比如第一部科幻小说《弗兰肯斯坦——现代普罗米修斯的故事》(1818)讲述的就是科学家通过现代技术制造的“怪物”反过来伤害人类的故事。这种科技带来噩梦、科学家是阴谋家的人设已经成为科幻文学的套路。科幻文学对科学主义的反思在20世纪又演化为一种末日审判和反乌托邦故事，技术的进步和现代理性不仅没有带来光明前景，反而使得人类走向毁灭的深渊，即便当下讨论后人类主义、人工智能等新技术也带有反科学的人文主义色彩。因此，西方科幻文化是反科学、批判现代的浪漫主义精神的产物。对于中国而言，以科学为代表的现代价值不是原发的，而是被动、被迫卷入，是通过向西方学习从外部植入的。正因为中国缺少科学，所以才会不断地高举“赛先生”的大旗，把科学和科技水平作为现代化的硬指标。这种近代以来中国渴求现代化的经验带来双重后果：一是对现代的焦虑症和文化自卑感，体现为中国始终觉得自己不够现代以及缺少文化自信；二是对现代、科学、工业的强烈崇拜，以至于形成“现代=科学=科技=工业=科幻”的价值链，相信科学、技术会带来更大的进步，缺乏一种反现代、反科学主义、反技术中心的观念，这使得中国形成了一种与西方不同的科学理念和科幻文化。

再看第二个原因。尽管默片时代就有法国人乔治·梅里爱拍摄的短片《月球旅行记》(1902)，但科幻电影真正成熟是在美苏争霸时代，如太空科幻片就出现在这一时期。太空科幻片的出现与美国和苏联所代表的两种不同的人类制度在太空领域的竞争和对抗有关，这体现在美国导演库布里克的《2001太空漫游》(1968)与苏联导演塔可夫斯基的《飞向太空》(1972)之间的呼应和差异上，前者偏重人类对外太空的开拓，后者则是对人类潜意识的探寻。直到1977年美国导演乔治·卢卡斯发明了新的电影特效技术，拍摄了带有史诗色彩的《星球大战》，使得科幻片成为好莱坞大片的标配，一直延续到全球化时代的《阿凡达》(2009)、《星际穿越》(2014)等，科幻片都是好莱坞最热衷的奇观电影类型。其实，这些太空科幻片带有美国西部片的典型特征，或者说是西部片的变种，处理的是以西方为代表的人类与土著、黑人、外星人、外星物种等他者的对抗，背后延续的是殖民主义时代的文明与野蛮的价值观冲突。也就是说，科幻片讲述的是西方现代以来不断遭遇他者、殖民他者的历史和对这种现代拓荒精神的怀疑与反思。对于中国这种不断遭受外来侵略的“他者”来说，不仅缺乏对外扩张、海外殖民的现代经验，反而留下的是守卫原有的土地、自力更生完成现代化转型的历史经验，这也使得现代中国历史无法支撑科幻故事。

21世纪以来，作为类型写作的科幻文学在文学领域异军突起，以刘慈欣为代表的中国科幻作家获得欧美主流科幻界的认可，科幻文学也引发文学、批评界的关注，成为少有的讲述崛起时代中国故事的文类。简单地说，20世纪90年代中国融入全球化时代的科幻文学携带着两种文化痕迹：一是包括科普文学在内的社会主义文化的影响，如刘慈欣除了科幻作家的身份，其正式职业是山西娘子关发电厂的基层工程师；二是受到冷战时代欧美科幻小说和好莱坞科幻电影的影响。因此，刘慈欣的小说带有一种混杂性，既有人类末世、地球毁灭等宏大主题，也有对科学、科技与国家命运等现代化、发展主题的思考。这种混杂性也延续到了《流浪地球》中。2008年《流浪地球》小说出版，到2019年电影版问世，正是全球金融危机、中国经济崛起的时代，也成为理解中国科幻文学兴起和科幻电影起步的时代背景。

二、拯救地球的中国方案

刘慈欣的中篇小说《流浪地球》对“流浪地球计划”有一个详尽的描述，而电影只选取了其中一个片段展开。太阳系即将毁灭，人类选择在地球表面建造上万座行星发动机，推动地球逃离太阳系，到比邻星球安家。在靠近木星的过程中，地球被木星引力俘获，有撞击木星的危险，刘启和父亲刘培强合力点燃木星，最终拯救地球。从情节和观影效果看，这是一部标准的末日科幻电影，虽然没有出现纽约、芝加哥、旧金山等美国超级都市，但也能看出对好莱坞的借鉴和学习。中国观众第一次在银幕上看到现实中的城市变成了未来的废墟，如被冰封的北京、上海等。青年导演郭帆在接受采访时，多次提到少年时代受到美国导演詹姆斯·卡梅隆的影响，而《流浪地球》的宇宙空间站设计以及操作系统Moss的反叛等都是向经典太空电影《2001太空漫游》致敬。不过，相比主流科幻电影的反科学主义以及“诺亚方舟”式的世界末日逃生主题，《流浪地球》充满了中国智慧和中国方案，更有中国文化的主体性，这具体体现在三个方面。

首先，“科技是第一生产力”。这部电影有三个空间，分别是地下城、地球表面和太空空间站，这三个空间遵循了好莱坞科幻电影的基本惯例。地下城是拥挤、昏暗、嘈杂的中国城(唐人街)，地表空间是大型工地，而牵引地球的国际空间站则是一尘不染、高度现代化的场所。好莱坞科幻片如《机器人总动员》(2008)、《阿童木》(2009)、《逆世界》(2012)、《极乐空间》(2013)等，往往把这三重空间等级化，作为金融危机时代社会阶层分化的隐喻。唐人街是底层人的、非法制的、黑社会化的贫民窟，地球表面或者是垃圾遍地的工业废墟，或者是进行工业生产的、压抑的现代工厂，而外太空的飞船则是没有社会矛盾的、井然有序的后工业空间，如《星际穿越》结尾处幸存者生活的未来桃源。《流浪地球》虽然也借用了这三重空间，却没有把空间等级化，一方面靠亲情把父亲所在的空间站、儿子所在的地下城和姥爷工作的地表空间变成“一家人”，另一方面，与其他科幻片中被污名化的地表空间不同，《流浪地球》中的地球地表是生产性的工业空间，有大型运输机和巨型行星发动机，救援人员穿的太空服也带有机械骨骼。另外，就在Moss向刘培强说出太空船抛弃地球是联合政府的决定以及向全球幸存者广播地球不可避免地走向毁灭之时，刘启用中学物理知识，提出借助发动机喷射点燃火星上的氢氧化合物的方案，从而拯救了地球。而《流浪地球》的工业空间很像近些年中国纪录片《超级工程》里的场景，显示了一种对于工业、技术的崇拜。这种工业精神恐怕与这二三十年中国高速现代化的进程有关。

其次，“技术+精神”的中国现代经验。《流浪地球》除了信任科技、工业的力量，更强调一种人类的意志和愚公移山的精神。一是舍生取义的牺牲精神。为了拯救家人和地球，刘培强一直拒绝操作系统Moss的休眠指令，最终驾驶太空站撞向火星，这是一种知其不可而为之的勇气和为了崇高目标、牺牲自我的革命浪漫主义精神。二是愚公移山的精神。虽然电影只选取一个极端的危机时刻，但在电影结束时也完整地介绍了“流浪地球计划”需要2500年才能完成，要靠一代又一代的子子孙孙来跑接力赛，就像姥爷、父亲和儿子三代人齐上阵的隐喻。愚公移山不只是来自于古典的寓言故事，更是在中国革命的过程中被转化为一种现代精神，尤其是1945年毛泽东在中国共产党七大闭幕式上的报告《愚公移山》。毛泽东借这则古典寓言来比喻中国革命，即“全中国的人民大众”像愚公一样挖掉“帝国主义”和“封建主义”两座大山。这是一种人定胜天、百折不挠、人力可以战胜技术不足和物质匮乏的精神。三是集体主义的召唤。尽管整个救援行动主要是刘启和王磊临时组成的小分队，但点燃射向火星的发射器依然需要朵朵动员其他国家救援队的力量，最终依靠人墙组成的集体来助推点火装置。可以说，与《战狼2》式的超级英雄不同，《流浪地球》更凸显一种弱小者、普通人联合起来改变人类命运的价值。这本身也是中国革命和现代化的基本经验。

第三，新家园与旧家园的辩证法。《流浪地球》故事的核心是回家和寻找新家园，新家园不是去开拓新的适合人类居住的陌生之地，而是“带着地球去流浪”，是把旧家园(地球)带到新的地方，这也是刘培强宁愿牺牲更先进的航天器，也要保护地球的原因。狭窄的地下城和冰封的地球不是要被抛弃的地方，而是建设新家园的基础。这既与农耕文化对于家园、土地的固守有关，又密切联系着现代中国的历史。拥有上下五千年文明史的中国，从历史到现在，一次又一次面临内部与外部的巨大挑战，但每次又在挑战中浴火重生，完成文明的蜕变。佛教传入中国如此，元朝、清朝等少数民族入主中原同样如此。近代以来，中国遭遇“三千年未有之变局”，如何避免变成殖民地，避免亡国灭种的宿命？中国只能主动、被动地进行现代化。在这个过程之中经历“洋为中用、古为今用”的艰苦、彻底的自我改造，中国才从传统中国蜕变为现代化的新中国。虽然是同一片土地，但中国已经发生了翻天覆地的变化。回家，并不是回到过去，回到原有的起点，而是把旧的改造为新的，又不是完全抛弃旧的，这就是一种新与旧的辩证法。

如果说电影的内部叙事强调用工业、现代和精神的力量拯救地球，那么电影之外的事实——这部《流浪地球》之所以能够拍摄完成也依赖于工业精神和强大的意志力。科幻电影是大投资、大制作，依赖于成熟、高效的电影工业部门的分工协作。导演郭帆去过好莱坞访问，清晰地意识到中美电影产业在工业化水平方面的差异。因此，《流浪地球》团队没有花大价钱请流量明星，反而把大部分制作资金用到道具、布景、特效等环节，拍摄前用三百人历时十五个月画了两千张概念图和五千多张分镜头，前后总共动用了七千多人的团队参与制作。而导演郭帆从剧本改编到电影上映也花了四年时间，多次面临资金中断的危险，这种精益求精的态度也是一种愚公移山的精神。另外，中影集团的坚持和万达影视的撤资，也显示了国有资本与民营资本的区别——国有文化资本除了追求市场效益外，还肩负着提升民族电影工业化水平的责任。

三、中国电影的全球叙事

看完电影之后，笔者最直接的印象是，这部如此好莱坞化的科幻电影中，竟然没怎么出现美国人和作为世界语的英语。不管是刘培强中校与俄国同事马卡洛夫中校一起“突袭”空间站控制室，还是刘启与救援队长王磊等从杭州奔赴印度尼西亚的苏拉威西拯救地球，电影中所呈现的地缘政治想象是以中国为中心的亚洲版图(主要是东亚、东南亚)。不过，从电影一开始，这个中国人拯救地球的故事就放置在全球视角中。这不是中国的灾难，也不是亚洲的灾难，而是整个地球、人类所面临的灭顶之灾。对于好莱坞来说，美国超级英雄一次又一次从末日、末世中拯救人类和地球是司空见惯的常态，尤其是20世纪90年代全球化叙事中，超级英雄变成美国率领的多种族、多性别、多国别的人类小分队，以至于近些年为了迎合中国电影市场，中国演员也有幸以配角的方式加入这种多国救援队[①]。对于中国电影来说，这种全球叙事并不常见。中国人以人类的名义挑大梁更是罕见，可以说，这是中国经济崛起之后出现的一种崭新的文化经验和主体意识。

近代以来，中国从帝国蜕变为现代民族国家，以中国为中心的天下观也变成由不同的民族、国家组成的世界观。20世纪80年代以来，中国电影的世界想象发生了三次转变：

第一次是从20世纪50—70年代的国际主义世界维度转变为80年代的民族、国家叙事。在冷战割据的大背景下，中国电影拥有一种超越民族、国家的国际主义以及"解放全天下三分之二的受苦人"的人类视角，而20世纪80年代在普世的现代、西方的参照下，中国电影又变成了充满特殊性和差异性的民族国家故事。在这种文化逻辑下，出现了两种中国故事：一是把自己指认为贫穷、落后的"黄土地"，通过激烈的自我批判来完成中国的民族化、民俗化和东方化，如《黄土地》(1984)、《红高粱》(1987)、《菊豆》(1990)、《五魁》(1993)等；第二种是追逐"蔚蓝色文明""海洋文明"，把世界简化为西方和美国，如电视剧《北京人在纽约》(1993)、贺岁片《不见不散》(1999)、电影《北京遇上西雅图》(2013)和《中国合伙人》(2013)等。这两种中国故事又是一体两面的，中国是传统的、非现代的价值，西方、美国是现代的、理想的所在。

第二次是2010年，中国成为全球第二大经济体的时代，中国的"世界"图景开始出现新的变化。除了作为发达国家的欧美世界之外，还有东南亚、非洲，如电影《人在囧途之泰囧》(2012)、《湄公河行动》(2016)、《战狼2》(2017)、《红海行动》(2018)等都反映了中国与这些地区有着密切的经贸关系。随着中国成为世界加工厂以及工业产品出口国，中国游客、商人、工人开始遍布全球。在这些电影中，中国从落后的、愚昧的主体变成了现代的、文明的代表，这些发展中国家则是欠发达的、非文明的地方，中国开始占据曾经是西方、现代、白人的文化位置，变成一个现代化的主体。

①如《环太平洋》(2013)、《变形金刚4》(2014)、《X战警：逆转未来》(2014)、《独立日2》(2016)等。

就像《战狼2》中，同样是吴京饰演的中国特种兵，像超级战士一样在非洲保护中国企业和中国公民的海外利益。

第三次转变则进一步升级，现代的、文明的中国变成具有全球和人类视野的主体。这就是以《流浪地球》为代表的中国，占据了曾经在好莱坞电影中美国人才拥有的位置。《流浪地球》中不同国家、不同肤色的救援队，展现了这种以中国为人类视角的文化多元主义。在这个意义上，中国不只是学会了科幻电影的特效，更在文化心态上完成了一次“翻身”。这种新的文化经验，突破了20世纪80年代以来“落后就要挨打”的悲情叙述，也改变了21世纪加入WTO之后中国作为世界秩序学习者和模仿者的状态。中国一方面有资格思考“人类命运共同体”的大问题，另一方面也尝试用自己的方案和经验来回应普遍性的问题，这是《流浪地球》所带来的文化启示。

结语

可以说，《流浪地球》整合了三种文化经验，一是几千年的中华文明史，二是《愚公移山》的现代精神，三是自主现代化、工业化的路径。也就是说，既依靠现代科技又借助人的精神意志，才能创造新的家园。在2019年东方卫视的春节晚会上，《流浪地球》核心演员、科幻作家刘慈欣和中国航空航天事业的工程师同时登台，共同演出一首《祖国不会忘记》的歌曲。在这一刻，《流浪地球》里的中国人拯救地球与正在发生的中国载人登月工程形成了对接和呼应关系。这种全球叙事与国家身份之间并非没有裂隙，这也导致《流浪地球》上映之后在移动互联网平台引发激烈争议，成为电影文化的舆论战。至于这种中国电影的全球叙事能否也“全球”开花，恐怕还有很长的路要走。对于这一点，《流浪地球》也给出了自己的答案，那就是——需要漫长的、2500年的长征，才能找到新家园。

选自《当代电影》杂志2019年第3期

《都挺好》：事关中产焦虑的家庭想象

2019 年 3 月，双台开播的电视剧《都挺好》收视率破 2，成为 2019年上半年第一个爆款家庭剧。在《欢乐颂》展现原生家庭问题后，《都挺好》也在重男轻女、妈宝、啃老等剧情的展示中打破传统亲情“家和万事兴”的模式化套路，引发线上线下关于原生家庭及其对个人成长影响的讨论。

对于《都挺好》所反映的家庭问题是否符合现实，观众中产生了两极化的评价。许云泽指出，剧中人物的二元对立与矛盾激化不过是一种迎合大众传播需要的贩恶策略与爽剧化思路。曾于里则针锋相对地认为，《都挺好》的戏剧冲突并非空穴来风，而是对当下家庭亲情痛点与个体困境的美学呈现。

对于“合家欢”的大结局，观众也呈现出了极为明显的态度分歧。李静认为《都挺好》以内部自我疗愈完成和解的大结局仅是粉饰现实的一种想象。林存秀和苏七七的文章在支持上述观点的基础上指出，电视剧结局对女性奉献和牺牲的设定是伦理困境下男权（父权）奴役的表征。

另外，部分评论亦着眼于国产剧人设的演变及其与时代精神状况之关系的角度对该剧进行了解读。谢明宏便指出，国产剧父母形象的“去魅”乃是现代社会发展中父权制解体的必然结果。戴桃疆则倾向于认为，当代电视剧中的家庭矛盾从“姻亲”转向“血亲”变化的背后乃是个体自我确立的表征。

《都挺好》难道不就是一部狗血爽剧吗？

/许云泽

国产剧《都挺好》开播伊始，在高开高走的口碑当中，也问过很多人：真的觉得这个剧情的初始设定非常真实吗？得到最多的答案是：说不真实的你们生活阅历是有多狭隘/你觉得不真实那是因为你没有遇到过/真实的生活比这个黑暗得多了。

但要再追问一下，所以你们的真实生活是这样的吗？恐怕也不全然，实际上大概率是这样的：我同事的二舅舅家的邻居/《欢乐颂》里的樊胜美/某公众号文章里写过，不就是这样的吗？

确实，从几年前“外地媳妇除夕夜掀桌出走”一类的爆款故事开始，中国家庭的108宗罪正在逐渐被摆到台上接受控诉，而罪名则正在被盖章，直男癌、妈宝男、巨婴、原生家庭、重男轻女，等等，它们有的是单独出现，有的干脆一拥而上，像旧社会的桩桩件件，不必搞那么清楚。

我怀疑一种现实主义的现实性，因为“经验”这个东西在当下通常是面目可疑的：一方面，异质化的社会结构使得再没有那样一种通约的经验，群体与群体之间区隔越来越大，从“经验”再提炼成“常识”更是路径狭窄；另一方面，我们这个时代又仿佛已经产生了很多项全民所有制经验，比如“直男癌”，比如“原生家庭”，像必考且答案唯一的知识点，像一个通行不悖的公式，一旦祭出，必是“十万+”的大杀器。

《都挺好》里的苏家重男轻女，对于小女儿苏明玉的人身权利和人格尊严都造成伤害。在原著小说里，作者尚且提供了另一些缘由，比方苏妈妈是被父母逼着嫁给自己看不上的苏大强，只为了给弟弟创造更好的经济条件，比方说怀上苏明玉的时候夫妻俩正在闹离婚，这个孩子的到来并不受欢迎，总之是要给重男轻女的初始设定，也就是这整个故事之所以会产生而考虑一些更具体的情境和更复杂的心理机制；但在影视剧里，设定就是设定，只“重男轻女”一个词便够了，因为“重男轻女”就是某种全民所有制经验，是某种公式，天然地扭结着现实冲突与矛盾。同样的还有“原生家庭”，它天然地预备好了全剧人物性格缺陷所需要的全部动因。

我不怀疑“重男轻女”的现实性，不过当它作为一项公式存在于戏剧这种多少对文学性和艺术性有点诉求的表达形式里面，总显得有点太“横”了。一切矛盾冲突直接上，谈不上什么铺垫什么迂回，什么复杂的具体的情境和性格。苏大强这个角色，具有世间老年人所能具有的全部的缺点，全部。他的每一个具体缺点都是现实的，但集齐全部召唤出的这个苏大强，与其说是一个有血有肉的人物，不如说更像一个标本，一个工具，一个靶子，召唤着弹幕党们用“这样的老头怎么还不去死”发射恨意：他的每一个位面的设定，都精准召唤现实中一种恨意。

剧作理论里面有一种“情节剧”，也可以将其大致等同于曾经非常流行于屏幕的狗血剧。突然想起来，像《都挺好》这样，要讲重男轻女，就把重男轻女的所有情节大力推到快要不可信的极致；要讲原生家庭，就把原生家庭带来的困境一股脑全都淋到女主角头上。除了有一个现实的先行的主题垫着，这种处理手法，跟狗血剧里面主角今天车祸明天绝症后天破产，还有多大的区别呢？除了“大女主”的概念，跟反向大开主角光环的爽剧，还有多大的区别呢？

于是想起笔者曾经参加过的一些现实主义题材影视剧的前期策划工作。在人物和剧情设定的最开始，关于如何引爆社会舆论，就已经是创作者们必备的思路，且优先级极高。这一集这两人到底要不要撕，大体上不太需要按照情节推进和人物人格、性格的变化，而更多需要按照撕或不撕会引起多大声量的讨论/讨伐。社交媒体上的话题运营“A和B撕起来，你站在谁的一方”已经提前预订了流量，而这背后自然都在精准召唤现实中的各种意难平。

不少剧评看到了《都挺好》里面苏明玉这个角色其实称不上崛起，称不上人格独立，摆脱了原生家庭的束缚，因为她似乎变成了曾经束缚她的那一类人，以金钱换话语权，将丛林法则引入家庭和亲密关系。秉持现实主义原则的创作者们除了搬出原生家庭供人批判，似乎也并没有感受到一种希望和出路，贴着“现实”创作出来的人物形象，个个不讨喜，反倒是郭京飞饰演的老二苏明成这个角色，其“妈宝男”的设定因为妈妈的去世，多少变得无的放矢，反而获得了创作上的一些自由，乃至于产生了一些具体的甚至可爱的可能性：他向大哥哭诉，为自己啃老做的那一场辩护难道不是确实有些道理吗？自己是啃老，但也确确实实给父母提供了情绪情感价值，家里人的情与理真的能用记账来算清吗？

但是，话题式创作是不允许苏明成有些道理的。大众越来越需要正邪分明，直男癌就是千刀万剐，妈宝男就是不得好死，原生家庭就是十恶不赦，中国男人没一个好东西，如此才是勇于直面真相，才是公平正义，才是“现实主义”。像《都挺好》这样的现实主义，在底层价值观和价值工具层面，剧作的情与理已经产生了立场性质的泾渭，已经不需要展示复杂性和多义性，乃至于引起大众的那一丝文学式的感性的思考，剧作的目的更明确，只要提供苏家三男的各种渣点，不走程序，直接骂就可以了。如果说还有什么然后，那恐怕是你在电视剧里又发现了中国男人一种缺陷，回家看到老公愈加恨得牙痒痒，使得你老公更加云里雾里，觉得你不可理喻。

想起哲学家玛莎·纳斯鲍姆在《善的脆弱性》里重新强调亚里士多德关于“怜悯与恐惧”的论述，认为有力的情感对于人类生活有重要的相关性，于是联系当下的这一种“现实主义”创作，它简直是发起了人类最有力的一种情感的力量，那就是互恨啊！这样一种“现实主义”已经取得了极大的成功。不禁在想：下一个全民所有制的概念、公式和主题是什么？又将从哪里来，到哪里去呢？

选自“澎湃有戏”微信公众号2019年3月12日

从刘慧芳到苏大强，国产剧父母形象流变

/谢明宏

幸福的家庭都是相似的，不幸的家庭各有各的不幸。豆瓣“父母皆祸害”小组一度拥有10多万成员，但在引起舆论关注之后，已被雪藏许久。

人与人之间的隔阂有时是如此之大，以至于至亲之间也会互相伤害，甚至伤口之深，久久难以愈合。隐藏在“父母皆祸害”小组10万ID之后的，是《都挺好》里的苏明玉，《欢乐颂》里的樊胜美，《狗十三》里的李玩，也可能是被嫌弃一生的松子。

国产剧“父母形象”的变化来得如此陡然，让人猝不及防。《都挺好》里的“作精”老爹和“偏心”老妈，终于彻底将影视剧的主要矛盾聚焦在“父母为祸”的原生家庭上。回想起20世纪90年代的《渴望》，“慈父”王子涛和“慈母”刘慧芳，似乎可以窥见父权的瓦解与母亲偶像符号的坍塌。

应该说，《都挺好》中的案例也许有些极端。男的都是“渣男”，一切问题的根源都在于苏家父子三人：父亲苏大强太作，苏明哲死要面子，苏明成更是一个“巨婴”。曾经“五好家庭”的反面，就是如今的原生家庭的“十恶不赦”。

排除“过度贩恶，极端人设”的怀疑，《都挺好》能够提出这个问题，并且公开讨论，本身就已经是一种进步。因为这意味着两代人的诉求都能被正视，两代人的人生都有可能被理解。并且，也只有在开诚布公的沟通

中，才有解决问题的可能。

李安在《饮食男女》里说："其实一家人住在一个屋檐下，照样可以各过各的日子，可是从心里产生的那种顾忌，才是一个家之所以为家的意义。"

所以，就让硬糖君也怀着这种顾忌，从30年国产剧"父母形象"的流变中，去摸索与亲人的相处之道。

慈母到恶母

从1958年我国第一部电视剧《一口菜饼子》开始，母亲就以牺牲奉献的形象出现在观众的面前。

到1990年的电视剧《渴望》，刘慧芳虽有自己的孩子，却仍然收养了丈夫姐姐的弃婴小芳。刘慧芳这一形象的极致塑造，把母亲无私、善良、隐忍的品质深深烙印在大众影像记忆中。

此后，刘慧芳成为国产剧母亲形象的一个范本。慈爱育子和忘我牺牲，也成为国产剧塑造传统母亲形象的刻板主题。典型的如《中国母亲》《母亲是条河》《我的丑娘》《我的三个母亲》，直到2018年的争议热播剧《娘道》，仍是在这一道路上的延续。

她们是道德上的完人，是几千年传统礼教的结果，是男性按照自身的需求和意志对母亲做出的要求，也是社会大众对母亲的固化想象。

《我的丑娘》中的母亲，为了儿子的婚姻能够幸福，长期承受着儿子不愿意认娘的煎熬。每天只能偷偷从窗户看看儿子、儿媳，甚至到最后以在儿子家当保姆为代价获得与儿孙相处的机会。

《我的三个母亲》中的母亲柯立，即使面对儿子的仇恨，也甘愿把自己的肾换给儿子。甚至在最后为救出被绑架的儿子，用自己的身体挡住了刺向儿子的尖刀。

当然，国产剧在塑造"慈母"时，也诞生了相对的"强势母亲"。这类电视剧中，母亲们总是对下一代实施压抑性的威慑，以验证她在家庭中的权威，强调她在家庭中的长辈地位。

《家有九凤》里，由于老太太一生没有儿子，只有九个女儿。晚年生活的不确定，让她对女儿和女婿更加专制。女儿和女婿见到她，就像老鼠见了猫一样，抱有畏惧心态。

在《母亲的战争》中，奚美娟将一位强势的母亲演绎得淋漓尽致。在马母的心目中，子女就是自己的希望，不容有一丝污点。马母凭借自己优越的社会地位，对贤惠的儿媳百般怀疑，甚至怀疑孙子与儿子的血缘关系，最终致使儿子的婚姻破裂。

消费社会的到来，使母亲形象在电视剧中折射出某种程度上的变质。

2008年的《奋斗》中，杨晓芸母亲是十足小市民，嗜钱如命，把希望全寄托在女儿身上；2009年的《蜗居》，身为母亲的海萍为了自己的孩子能过上安逸的生活，不惜让亲妹妹给别人当情人；到了2019年的《都挺好》里，苏母的偏心十足让女儿“寒心”。不仅有早餐歧视，还有家务歧视，以及家庭地位歧视。

值得注意的是，当亲生母亲“由仙入魔”，我们却发现继母们“羽化登仙”，越来越多的善良后母的形象出现在国产剧荧幕。《继母后妈》中无私包容的苏小艾、《幸福来敲门》中大方靓丽的周路、《家的N次方》中善良理智的文楠等继母，打破了传统观念中继母是妖魔的印象。

严父到作父

几十年来，家庭剧塑造了一批让人印象深刻的父亲形象。归纳起来共有强势、慈爱、民主、无力、反面这五种类型。

早期的家庭剧中，父亲的要求就是“圣旨”，具有不可违抗性。强势型的代表是《篱笆女人和狗》中的金锁、《戈壁母亲》中的钟匡民、《金婚》中的大庄等。

《篱笆女人和狗》中的金锁是典型的专制传统型的父亲，在家里对妻子不是打就是骂，大嫂在家里是没有说话的权利的；《戈壁母亲》中的钟匡民面对自己的儿子，以“老子”自称，专制的家庭地位是不容动摇的；《金婚》中的大庄在家里“唯我独尊”，直到老了以后，性格才变得有所缓和。

慈爱型父亲，更多的是“好爸爸”代言人。他们勤劳勇敢，踏实肯干，在家里尊重妻子，照顾孩子，集多种优点于一身。比较典型的有：《渴望》中的宋大成、《金婚》中的佟志、《王贵与安娜》中的王贵等。

民主型父亲在家庭剧中是非常受欢迎的，他们倾听子女的想法，不会把自己的意志强加到孩子身上。比如《家有儿女》中的夏东海，《我的青春谁做主》中的钱进来等。

《家有儿女》中的夏东海，深受西方教育的影响。在和刘梅重组家庭以后，面对家里的三个孩子，他把自己放到了“伙伴”的位置，与孩子打成一片。

无力型的父亲形象，多出现在以弘扬传统孝道为主题的电视剧中。这一类的父亲一般年纪比较大，而且多患有身体疾病。比如《咱爸咱妈》里的乔贵义、《儿女情长》中的童富昌、《老有所依》中的爷爷。

另外还有一种无力型的父亲形象是怕老婆，在家里没有决策的权利，唯老婆之命是从。如《篱笆女人和狗》中的银锁，《牵手》中的老乔、《老大的幸福》中的傅吉兆、《老有所依》中的江援朝等。

过往的反面型父亲，很少以主角的形式出现，出错主要表现在对家庭的背叛上。比较典型的是《牵手》中的钟锐、《老友所依》中的吕希。

《牵手》开创了中国婚外恋题材电视剧的先例。工程师钟锐在工作和家庭的双重压力之下，与年轻女孩王纯发生了婚外情，家庭的破碎给孩子带来了非常严重的伤害。

《都挺好》中的苏大强，则是国产剧反面父亲形象里程碑式的角色。几乎剧中所有矛盾的根源，都因他的教唆而起。

苏大强每次给老大苏明哲打电话都会“选择性陈述”，申明自己的无辜，强调苏明成夫妇或者女儿苏明玉的不是。随后的套路就是苏明哲向弟弟妹妹打电话开启“复读机”模式：“明成/明玉，你太让我失望了。”

消解到重构

家庭剧中，父亲几乎是不可缺少的男性符号形象。然而，缺位的父亲、无力的父亲却消解着传统父权制逻辑下父亲形象的权威。这一方面体现了社会对父亲身份的焦虑，另一方面也表现了现代社会父亲的退化、父职的空缺。

首先是对父亲的符号消灭，这是女性叙事家庭剧经常采用的处理模式。在《浪漫的事》中，主人公是母亲和三个女儿，父亲被安排早早去世，外化为相簿中的一张照片。

父亲的退化、父职的空缺在家庭伦理剧中有两种表现形式。一种是以子女反叛的形式出现，即父亲没有办法对儿女表现自己的权威，进而“统治”其子女。《金婚》中的张国立扮演的父亲就是这样的角色。

另外一种形式，是以强势且有力的母亲形象出现剥夺父亲的家长权力。《都挺好》中的苏父唯苏母马首是瞻，甚至要认错下跪，父亲早已被精神阉割了。

而苏母的意外离世，使得苏父被阉割的父权再度复苏。他周旋在儿女中间，玩弄心机挑拨离间，其目的不过是要让子女围绕他“团团转”：故意啃鸭脖子导演苦肉计，让大儿子以为明成两口子对自己不好，逼大儿子把自己接到美国；替儿子求情被明玉揭破，嘲讽“明玉，你太像你妈了”，故意说明玉变成了她自己讨厌的母亲，完全是刻意的精神报复；儿子被逮了，女儿受伤了，他最关心的还是什么时候给他买新房子。

同样都是父亲，苏父和另两位真的就形成了鲜明的对比。老蒙不是明玉的父亲，但他却表现出了父亲般的关爱。明玉被打后，苏父不闻不问，而朱丽的父亲担心女儿被打时说：“我可不允许任何人动我女儿一根手指头!”

似《都挺好》中的苏父，很多家庭剧隐喻着对父亲身份的焦虑。父权制的逐渐解体使得父亲这一身份的建构在现代社会越来越缺少支撑基础，父亲正在消失。

正如鲁伊基·肇嘉所言：“总体来说，父亲主体的消失遵循的是这样一条线路——从美国到欧洲，到第三世界；从大城市到小城市，然后到农村；最后，从上层社会到下层社会。”这句话可以解释为：经济越发达、社会阶层越高的地方，父亲消失得越快，而这样的地方更是媒介发达的地方。

当英雄母亲逐渐远去，而父亲慢慢消失，国产剧父母形象经过了一场盛大的“造神”与“祛魅”运动。一代人有一代人的集体记忆和表达欲望：60后、70后眼中的爹妈都是英雄，80后、90后眼中的爹妈可能为祸，而00后眼中的父母如何，自然还需要再看20年后的国产剧。

选自“娱乐硬糖”微信公众号2019年3月19日

《都挺好》：如何对“大团圆”结局说不？

/李静

大团圆结局竟成了洪水猛兽，遭到“联名抵制”。观众再一次自我赋权，充分表达个人意愿，拒绝假大空、瞒和骗。正如尼葛洛庞帝（美国计算机科学家，著有《数字化生存》）预测的那样，数字化时代里，“沙皇退位，个人抬头”。

没错，说的就是2019年的首款爆剧《都挺好》。在这部剧的豆瓣评论里，热度最高的当数“编剧千万不要给我大团圆”。其实在播出早期，心明眼亮的网友就从“都挺好”的标题与片花中觉察出走向大团圆的迹象，愤然表示，若果真如此，势必怒打一星或给编剧寄刀片，宣称“美杜莎的目光可以杀人”。

《都挺好》还在热播阶段，豆瓣网上就已经有5万多网友打出了8.2的高分。它聚焦近年来引起很高关注度的“原生家庭”问题，随着母亲突然离世，苏家分崩离析，如何安置父亲后续生活，成了这个家庭种种矛盾的导火索。大哥苏明哲从美国回到国内，想负起大家庭的责任却与自己的妻儿不断疏远；二哥苏明成一直啃老且在事业与家庭上遭受重重打击；小妹苏明玉不受父母待见，18岁就和家里断绝了经济往来，却仍难舍亲情的羁绊。这部热播剧最近即将迎来“大结局”。

强势而自觉的观众，以及不断喷涌的“代入式”观剧体验已成为不容忽视的现象。或是声讨苏家作死男团，或是歌颂美好女性联盟，或是陷入对家庭问题的无穷争论……几乎所有观众都能在这部剧里看到属于自己的生活难题。于是，痛点被精准召唤，情绪被有效牵引。联想、类比、代入、移情的修辞手法化为观剧效应，串联出一片众生相的海洋。只不过，浪潮般汹涌的全民情绪与角度各异的全民舆论，最终将如何收场？这枚射向“家庭病症”的子弹，还能否再飞一会儿？

拒绝大团圆

“这不是神话，这是生活”

《都挺好》的起点很妙。苏母去世，苏家人不得不扭结到一起。继兄妹大闹葬礼之后，安顿苏父便是头等大事。共同赡养老人，极易导致成年人之间的战争。作者阿耐在同名原著里写道：“朱丽感觉苏家就像一颗毛笋，婆婆去世后，笋壳被一只看不见的手一层一层地剥开。”的确，利益攸关，“弱点无情展现”。尤其是苏家男性，演活了原著里概括的“一家三天真”：“老天真”苏大强作死技能堪称狂野，动不动就失望的苏明哲代表了“单纯的天真”，心理未断奶的苏明成仿佛脸上就写着“无耻的天真”。

故事的展开颇具四两拨千斤的效果，往往一个细节就能生产热议话题，仅靠着微博热搜就能追剧。虽然与小说版相比，剧版人物过于脸谱化，行为逻辑的合理性也被大幅削弱（比如，苏明成殴打妹妹的动机被大大简化，恶劣程度却被加重了）。但与其去讨论剧中人物是否符合生活真实，不如说剧版人物放大了某些性格特质，尤其是实现了“渣”的集大成，故事情节也极端化了某些生活困境。有的评论者犀利地指出这部剧不乏迎合与挑拨大众情绪的“投机主义”，但有一点还是必须承认，许多日常的、纠缠的、幽微的、难以言表的“家庭内部矛盾”终于被摆上台面，包括如何跟一个“老无赖”父亲相处、家庭内部的资源分配不均与各种形式的暴力、“大家”与“小家”的利益冲突等。

不过，故事的起点与展开越是深入人心，如何收尾的难度系数越是直线上升。新仇旧恨排山倒海，被侮辱与被损害的苏明玉该如何面对自己的家庭？

结局无非有三：一是选择原谅，重归家庭（小说的原名即是《回家》）；二是选择决裂，斩断血亲；三是选择遗忘，若即若离。如前所述，第一种结局是观众最不能接受的，第三种结局则显得暧昧，没有戏剧色彩。只要鸡毛蒜皮缠斗不休的生活还在继续，就难以停留在“父慈子孝”的童话式结尾，“白日梦”百无一用。如果非要强行圆满，那只能被看作是对观众智商的捉弄。所以很多观众情愿选择第二种结局，认为一定要“残酷现实地拍”，期待暗黑系复仇力量的总爆发（有趣的是，温情脉脉的中国伦理剧在海外颇受欢迎），起码可以在“戏剧场景”里替天行道，体验一把“很爽”的感觉。

有的追问则直接挑战了大团圆结局的逻辑前提：为什么一定要以苏明玉和苏家的关系作为结局？如果她真的是现代独立女性，又何必徘徊于貌合神离的亲情废墟，不断被原生家庭困扰呢？对现代女性来说，难道不早该跳出家庭伦理的条条框框，在宽阔光明的地方“幸福地度日，合理地做人”？强调个体的自由与独立无可非议，不过现实要更为复杂。对此，小说里有一段苏明玉的心理描写可以作为回应：

> 她真恨，为什么要生在苏家，为什么要生为女人，而她为什么摆脱不了苏家。她这时非常理解哪吒，她也恨不得剔肉剔骨把这身血肉还给父母，从此与苏家一刀两断。但是，这不是神话，这是生活。

生活不允许幻想，我们不能脱离具体的社会关系去想象“现代”和“独立”。关键在于如何立足于当下中国的家庭实际，创造个体与家庭更为合理的新型关系，更大程度地发挥家庭的正面价值（比如情感和物质上的保障）。即使是现代女性，依然要在成长、工作、生育乃至家务劳动的全部事项中，与自己的原生、再生家庭发生复杂密切乃至相爱相杀的关系。如人饮水，冷暖自知，人伦问题从来不是纸上谈兵的话题，我们需要动用爱、耐心、勇气与智慧去与生活短兵相接，血肉厮磨。换言之，现代个体应当创造新的家庭伦理，实现个人与家庭的动态平衡。

可惜的是，许多家庭伦理剧并没有很好地捕捉到当下生活的新经验，并将之具象化、影像化，进而变成一个令人感同身受的故事，反倒是沦为一出出聒噪的家庭闹剧。除了主流价值观的制约，内容制作者们确实也没有能力去想象一个更合理的结局。准确地说，观众讨厌的不是大团圆，而是厌恶走向大团圆时的“假大空”，讨厌无缘无故的爱和恨、洗白和宽恕。那些玫瑰色的影像泡沫，一戳就破。剧版《都挺好》已属其中的佼佼者，但在走向结局时，依旧不乏生硬之处，比如前期极力黑化苏明成，后期他却突然觉醒，强行洗白。较于剧版，小说的描写更合逻辑一些。我感兴趣的是，小说原著如何收尾，如何设计苏明玉与苏家的未来?

从“都挺好”到“我挺好”

苏明玉的疗愈之路

在阿耐笔下，苏明玉足够现代。她既是“亦舒的信徒”，又是以《毛选》为指南的商战高手，总之是个足够滑头和强悍的人。这样一个人，偏偏在自己家里处处吃亏，各种意难平。她视苏家为魔障，分不开，挣不脱，跑不掉。在故事的推演中，她对苏家的情感渐渐起了变化。小说版的优势在于直接书写人物心理，细腻展现心路历程：

第一阶段，痛恨、愤怒、恐惧与无奈并存。尤其随着身世谜团的揭晓，她得知自己的出生只是换取城市户口的工具，耻感油然而生。

第二阶段，她开始意识到，仇恨啮噬着自己：“所有的阴暗必须停止，即使她还有许多仇恨没有清算，还是得停止，否则，她的一辈子都得搭进去。”她宁愿忘掉那段经历，也不原谅那段经历。注意，忘掉绝不等于原谅。

第三阶段，她发现自己成了绝对的强者，尤其是母亲已经去世，对苏明成的认识加深后：“她又仿佛失去憎恨的目标”，她的敌人“忽然似乎软化了”。

最终阶段，作为强者的她终于明白该怎么做：“她现在有自信正视过去，一分为二地正视她不喜欢的每个人，她知道自己在痊愈。”对她来说，首要的不是复仇与泄恨，而是疗愈自我。她最终正视痛苦并将之转化为力量。小说的结尾处，明玉、石天冬和苏父一起过年，她终于找到了自己与原生家庭的“恰当距离”：

> 亲情是捡不回来了，大家淡淡如水地交往吧，她不寄予厚望，也不恨之入骨，该怎么样就怎么样，她和石天冬幸福就行了。她看来只

有糊涂到底了。

所谓的“糊涂到底”，恰恰源自彻底的清醒。出生无法选择，他人难以改变，能改变的只有自己，首先只能做到“我挺好”。建立“淡淡如水”的家庭联系，出于她的主动选择，而非犬儒式地顺从。《原生家庭：如何修补自己的性格缺陷》一书里写道：“我们竭尽所能做出这种抗争，希望父母可以对我们更加慈爱和宽容。可是这种斗争会耗尽我们的精力，使我们的生活充满混乱和痛苦，注定徒劳无功。获胜的唯一办法就是放弃抗争。”放弃抗争并不意味着消极被动，而是要彻底抛弃错误的家庭模式，依靠自己的力量去创造新生活。至此，苏明玉才能将《毛选》用到生活，“一分为二”地看待自己不喜欢的人，理性得以战胜情绪。

必须要问的是，苏明玉是如何痊愈的？小说提供了一剂复合药方：既要给她灌注许多许多的爱，又有赖某些缓慢的、不经意的沟通与“说理”，还要靠外部压力让家庭共同体显形。这些都帮助她摆脱病态心理，既获得必要的情感支撑（她渴望认同和支持，剧版中她曾蜷缩在浴缸里痛哭），又能获得自我的成长。

首先，小说里把石天冬比作她的心理医生。与剧版里的小奶狗形象不同，小说里的石天冬是个“粗糙的人”，带着“浑浊的厨房味道”。在蒙总和柳青看来，他与明玉的结合，简直是“飞鸟和鱼相恋”。但他却带给明玉无条件的爱，具备宽阔胸怀、牺牲精神和专一感情。二人结婚，造就了一个健康的再生家庭：“婚后的日子乱糟糟闹哄哄，烟火气十足。明玉很享受这种焕然一新的生活……这种全新的，与过往完全不一样的生活，让明玉慢慢不再想起她的以前，心平气和。”

石天冬给予明玉的爱非常纯粹，以至于十分接近母爱，而非男女之爱（小说里明玉和柳青的感情更接近男女之爱）。弗洛姆在《爱的艺术》里曾这样描绘母爱：“上帝所许之地里（土地始终是母亲的象征）流着乳汁和蜂蜜。乳汁象征母爱的第一个方面，对生命的关心和肯定；蜂蜜则象征生活的甘美，对生活的爱和活在世上的幸福。”石天冬不仅保护明玉的安全，为她做各种美食（小说里的家常菜到了剧里变成洋气菜品），全方位照顾她的生活，此之谓“对生命的关心和肯定”；而且他也让明玉体验到生活的甘美和幸福，“带给她一双发现好玩的眼睛”。除了石天冬的爱，明玉还得到许多人的爱，尤其是师父蒙总，剧里他实际上扮演了“父亲”的角色，教导明玉进入社会并提供庇护。小说里二人实质上属于资本家与雇员的关系，但这依然为她提供了重要的情感支撑。此外，知己柳青、小蒙甚至小咪都让她感受到爱，极大地弥补了成长阶段爱的缺量。

其次，促成明玉变化的另一因素是大哥苏明哲撰写家史。书呆子用自己的方式来解决问题，认为只有梳理清楚家史，才能发掘家庭关系不健康的原因，进而有针对性地找到解决办法。这是一种调试机器的思维，也是某种“说理”的尝试。果然，“痛写革命家史”带来了家庭成员的情绪地震，苏大哥将之称作“窒息疗法”。不过，“窒息疗法”终究没比过老二苏明成的博客。苏明成在博客里竟然称呼明玉为“天使”，而明玉在不经意间浏览（就是这么巧），动了恻隐之心：“她从明成文章的字里行间看到明成心灵的挣扎，还有他身上背负的他无能为力的压力。”借由文字，一种缓慢的、真诚的、冷静的、深度的沟通和理解变得可能。

最后，促成团结感的快捷方式是共同抵御外敌。当苏明成向诋毁妹妹的人挥舞拳头时，当一家人共同反抗“吸血鬼”舅舅的盘剥时，当兄妹三人一致拒绝父亲迎娶保姆时，他们结成统一战线，共同体显现出它的轮廓。

总体看来，这终究是个人疗愈的“理想型”，并非所有人都会如此幸运。单就再生家庭来说，便潜伏着无数险滩暗礁。鲁迅的名篇《伤逝》，今天看来依然深刻，摆脱原生家庭的自由结合的“新青年”子君与涓生，终于相看两厌，互相桎梏。不过话说回来，如果将苏明玉作为心理治疗的案例，可得出的经验在于，只有实现了“我挺好”，学会自爱与自信，僵局才有破冰的可能。

“我挺好”之后

如何理解和重构今日之家庭

我们不能停留在个人疗愈的“理想型”，不能把赌注放在连环巧合上。苏明玉毕竟是少数，更多人可能连樊胜美都不如。就像鲁迅揭示的那样，小家庭的“我挺好”十分脆弱，它的长久稳固离不开外部环境的向善进步。那么，是否存在更加可靠和彻底的改变之路呢？能否为更加理想的家庭关系提供必要的社会环境、文化教育与观念支持呢？当然，这是一个漫长的过程，但是否具备这样的意识，将可能导致不同的现实走向。如果我们的思考能够更加根本和务实，对大团圆结局说不，才能掷地有声。

鲁迅对大团圆结局的批判最为著名，他认为这只能粉饰现实，调和矛盾，让人们“陷入瞒和骗的大泽”。《阿Q正传》的最后一节以“大团圆”为名，便是赤裸裸的讽刺。在鲁迅那里，破除大团圆的审美迷思是和改造国民性、中国社会结合起来的。胡适在《文学进化观念与戏剧改良》中也曾指出团圆快乐的文学是“说谎的文学”，“至多不过能使人觉得是一种满意的观念，决不能叫人有深沉的感动，决不能引人到彻底的觉悟，决不能使人起根本的反省”。那是一个大破大立的时代，各种关于根本问题的思考层出不穷，总的判断是只有彻底改造社会与国民，才能有新文化与新生活。鲁迅在另一名篇《我们今天怎样做父亲》里写道：“所以觉醒的人，此后应将这天性的爱，更加扩张，更加醇化；用无我的爱，自己牺牲于后起新人。”父母之于子女，应当扮演理解、指导与解放的角色。这既带有普遍意义，也有着浓烈的五四气质。

时过境迁，当下的家庭状况已有诸多变化。相较于五四时期，经过社会主义教育、启蒙思潮与西方现代思想的影响，父权的权威已屡受批判，老人在加速发展的时代里，往往被视作落伍的弱者。个人主体意识得以张扬，曾经的独生子女也开始为人父母，新的代际沟通模式与教育方式已显露端倪。家庭资源主要向下流动，围绕着购房、养老与共同抚育第三代，代际关系变得更加紧密，在市场环境与政策变动中，许多家庭选择集思广益、同舟共济。性别意识尤其是女性意识进一步觉醒（尤其是女性开始拥有一套话语去描述自己的处境、权利与困惑），也在呼唤着新型的家庭关系……总之，新的家庭伦理正在形成，个人与家庭之间展开了新的博弈与平衡。在此背景下，《都挺好》成为爆款也就更容易理解，它产生于当代伦理观念的变迁过程中，为许多新的社会问题赋予具象。人们既可以将之作为宣泄情绪的靶子，也可以尝试从中寻找胡适所期待的“深沉的感动”“彻底的觉悟”和“根本的反省”。

如果不停留在原生家庭、重男轻女、妈宝男、啃老等笼统的话题上，我们完全可以结合自己的经验与知识延展思考，深入到生活的肌理中去。

否则，我们就只能被动地接受热点，让他人操控自己的情绪而不自知，看似机灵的嬉笑怒骂，其实却丧失了判断力与深度思考的能力。《都挺好》虽然存在许多不尽如人意的地方，但正如前文所说，它将许多问题摆上台面，将不同地域、阶层、年龄的人们的经验召唤出来，放在阳光下重新审视。这是形成公共讨论的某种契机，在这个意义上，《都挺好》蕴藏着太多值得思考的话题。

比如，家庭内部的暴力与不平等该如何解决。令所有人印象深刻的一场戏莫过于苏明成殴打自己的亲妹妹。苏明玉坚持要走法律程序维权但不被众人理解，连知己柳青都这样劝她："来自舆论的反噬与来自你自己未来内心的反噬，你会躲不过"，"受害者反被指认为施暴者"。难道来自亲人的伤害就可以免责吗？明显的伤害尚且可以追究，心理伤害又该如何衡量？暴力不一定来自强者，也有可能来自苏父这样的弱者。阿耐写道："这个世界，人们只看到表面，所以，纵容了所谓弱者却四肢齐全发达的无赖。"苏父的长期不作为，实则成了重男轻女的帮凶。顶着保护色作恶，连追究的证据都难以寻找。

比如，暴力和专制固不足取，民主就一定管用吗？阿耐又写道："行使民主有时也得考虑一下对面是谁"，"养一个幼稚的成年人，只有绝望"。民主只能在平等的个体间展开。但家庭关系的复杂之处在于，代际关系总是处于强弱不对等的状态，在一个阶段总有一方依赖和需要另一方。苏明玉说："我的悲哀在于，我没有选择，我在无能为力的时候已被扭曲，我只有承受，而且扭曲。"如何处理不对等关系，尤其值得思考。

再比如，金钱与亲情的关系。苏父的账本同样令人印象深刻。一般认为在中国文化里，谈钱伤感情。但正是苏父的账本公开了家庭资源分配不均的真相。小说里描写苏丽翻账本的一段很精彩："她是个靠数字吃饭，以数字为据的人，这本账上面的数字，让她透过往日苏家和煦温暖的场景，看到截然不同的婆婆公公和丈夫。""他们的脂膏，被她和明成恃爱之名搜刮光了。"两代人的关系，被描绘成剥削与被剥削的关系，可以等价交换的关系。金钱可以明确责任和义务的重量。不过，当人们抨击苏明成啃老的时候，有没有想过多少重压之下的年轻人正在进行所谓的"啃老"？一些社会学调查显示，中国家庭的许多父母愿意出资给子女购房，将之视为对子女人生的一种参与，在协商家庭大事中增进亲密关系；父母也期待子女的物质回馈，将之视为良好家庭关系的确认。如此来看，金钱又具有了沟通情感的功能。可苏明成的疑惑在于，金钱固然重要，但自己对父母的陪伴又算什么？

今天怎样做父母、怎样做子女、我们需要怎样的家庭都需要重新思考。马克思的名言依旧振聋发聩，重要的是改造世界。抛出更为细致深入的议题，虽不能直接改造世界，但通过打碎僵化的思想钢印，观察和体贴正在发生着的经验，提高对家庭不合理现象的意识程度，都将有助于现实的改善。说到底，对大团圆结局说不，是为了强迫我们走出想象力的边界，另寻一条改变现实的新路。我们的全部努力，不过是为了让“都挺好”，名副其实。

选自“新京报书评周刊”微信公众号2019年3月22日

《都挺好》：从婆媳关系到原生家庭，国产伦理剧的矛盾变迁

/戴桃疆

家庭伦理剧《都挺好》以苏家母亲猝死开场，“顶梁柱”的倒塌暴露了这个大家庭的全部问题：父亲苏大强（倪大红饰）自私懦弱；大哥苏明哲（高鑫饰）迂腐愚孝；二哥苏明成（郭京飞饰）啃老无能；作为母亲重男轻女观念牺牲品的小妹苏明玉（姚晨饰）与家人断绝往来多年，靠一己之力出人头地之后又选择与家人和解……这部电视剧从播出之日起，围绕着剧中人物关系的讨论声便不绝于耳，“原生家庭”这个概念成为讨论中的高频词汇。

“原生家庭”的概念脱胎于“原生家庭决定个人命运”的心理学命题，是心理学者武志红着力强化的观点，后被众多心理学研究者证伪，但“原生家庭”的概念仍然进入社会讨论话语中，用以指代个体出生成长的环境、家庭结构和家庭关系。在《都挺好》之前，出品方正午阳光的古装家庭伦理剧《知否？知否？应是绿肥红瘦》也对女主角的“原生家庭”着墨颇多，同样获得了很好的收视效果和社会讨论热度。

曾几何时，家庭伦理剧王牌类型中女主角一直是对外的，大战婆家三百回合，身上大多呈现出“三破一苦”的特质——破碎家庭、破碎婚姻、破碎情感、苦难人生。如今家庭伦理剧中的女性角色显然更加强大，斗争对象也从姻亲转向血亲。这一转向背后，是社会中成员（尤其是女性）个

体化程度的提高。个体不再被社会身份所束缚，自我不再是受外在需求所决定和影响的被动实体，自我实现和自由选择成为个体化的核心内容。

斗完婆婆斗爸爸

所谓“家庭伦理剧”，一般被界定成以家庭成员、亲属之间磨和情感纠葛为主要表现内容，以家庭为主要叙事场所，以揭示人物在家庭生活中表现出的道德境界、价值观念为主旨思想的电视剧作品。这类电视剧作品通常围绕着孝悌、亲情、代际冲突、夫妇关系展开，剧情突出欲与理、情与法、义与利等矛盾，借以反映社会，凸显人性。家庭伦理剧故事背景大多设定在现代社会，从小人物视角入手，展现社会和人伦观念的变化，对于反映社会主流观念的变迁具有一定的参考价值。

家庭伦理剧这一类型伴随着中国电视剧创作的40年历程。早在20世纪70年代末，家庭伦理剧便进入观众视野，1979年出现了讲述父亲病危之际子女争夺遗产故事的短篇电视剧《爸爸病危》。由于家庭伦理剧贴近现实生活，有固定的收视群体，大多以室内戏为主，成本相对较低，市场收益稳定。20世纪八九十年代各大地方电视台逐渐市场化后，家庭伦理剧的数量逐渐增多。除了市场需求因素，政策调控也是家庭伦理剧大量涌现的原因。政策风险低的家庭伦理剧迅速填补了市场缺口，其中戏剧元素丰富的婆媳剧更是成为家庭伦理剧中最吸引人眼球的类型。

随着市场经济的发展，既有的大集体式生活方式趋于瓦解，原子家庭开始探索新的生活方式，类型化的婆媳剧雏形已于20世纪90年代末期出现，代际矛盾逐渐凸显。千禧年后，婆媳剧日趋壮大，主要原因在于这种人物关系结构包含了更多戏剧元素，城乡差异、南北差异、阶层文化差异、性别观念差异都通过婚姻关系联系起到两个家庭展现出来。以2007年播出、改编自作家六六同名小说的电视剧《双面胶》为例，上海城市女与东北农村男结合，东北婆婆的缺乏自我、土气、男尊女卑观念与上海女青年的生活方式发生激烈碰撞，不断迸发出戏剧火花。这一时期，大多数婆媳剧中婆婆的形象，就是传统观念对于女性束缚的具象体现。婆婆对于男性具有强依附关系，人生围绕着男性展开，并要求媳妇重复自己的人生道路，是电视剧主要批判的对象。

家庭结构的精简使得传统文化中以父子血缘构建起的模式缓慢退出历史舞台，婆媳剧中的父亲和公公形象通常作为矛盾的调解者出现，隐藏在母亲和婆婆身后，不再具备封建大家长式的绝对家庭权威。子女对于父辈经济依附的削弱进一步消减了这种权威。然而大象无形、大音希声，父权制家庭结构模式仍然作为婆媳关系形成的基础隐藏在剧本的潜台词中。婆媳关系成立的基础在于一个男人兼具儿子和丈夫这两重身份，婆媳矛盾多围绕着这个男性展开，然而女性角色很少和这个处在关系核心的男性角色产生正面冲突。这个搭建起两个女性关系桥梁的男性角色不是斗争的对象，仍然对事态发展的走向起到决定性作用。婆媳剧中的女性，角色身份仍然需要通过男性角色的在场得到确认。她们首要的身份都是某个男人的妻子，其次才是女性自身。个体仍然是需要通过回应外部需求才能完成自身确立过程的被动对象。

电视屏幕上扎堆的婆媳题材家庭伦理剧很快走进了题材越写越窄的困境，舆论的批评声愈发响亮。批评者认为，以互掐、家斗为表现形式的婆媳剧将婚姻中的矛盾无限放大，强调人性中的丑陋，突出人对物质生活的追求，夸大描述家庭危机和失败婚姻，撕裂亲情的内容，容易对社会中的婚恋观、家庭观和物质观念造成负面影响。受舆论影响，并伴随古装题材的再度兴盛，婆媳剧逐渐淡出公众视野，但从未走远。随着近年来政策对现实主义题材的倾斜，以及古装剧再一次受到限制，家庭伦理剧又迎来了春天。

与家庭伦理剧上一次统治电视剧屏幕的时期不同，此前一直潜伏在婆媳剧中的男性角色被揪到最显眼的地方来，成为斗争的主要对象。《都挺好》中，母亲的角色退居幕后，成为家庭伦理的潜台词。构建传统中式家庭结构的父子血脉中，父亲和儿子的角色在电视剧中都成为问题和麻烦的生产者。父亲的形象不再是早期家庭伦理剧中家庭权威的所有者、婆媳剧中的调停者，而是一个倒地嚷嚷着要喝手磨咖啡的麻烦制造者。父亲被塑造成一个“公认的弱者”。阿耐小说中借二儿媳朱丽之口描述苏家的父亲苏大强：“这个公公无论多自私、肮脏、恶心，但他的行动举止长相年龄无不表明他是一个弱者，便是连笑容都是讨好的笑。这样的人，你敢拿他怎么办？你瞪他一眼，便是恃强凌弱，有理也说不清了。”

如果说以婆媳剧为代表的家庭伦理剧尚且停留在对传统的反抗上，那么不斗婆婆斗爸爸的家庭伦理剧则又向颠覆既有家庭权威观念迈出了一步。

个体的生活

文化人类学者阎云翔曾在《中国社会的个体化》一书中描绘了中国20世纪90年代社会转型后个体如何迅速凸显出来。他指出，虽然存在地域、阶级、性别和年龄的差异，但绝大多数个体在私人生活领域都从家庭、亲属关系、社区、工作单位以及国家的集体主义约束中获得了更多的权利和选择的自由。他同时指出，个体从社会性中解脱并不意味着传统的社会团体不再发挥作用，相反，这些团体仍然是服务个体的重要资源。在现代社会结构逐渐原子化的今天，社会趋势迫使人们成为积极自主的个体，必须对面临的所有问题承担全部责任。由于追求传统、家庭和社群保护的备选项已经被抹去，社会制度对个体的影响更加强烈，个体对现代社会制度的依赖也更加强烈。简而言之，个体从集团性组织脱离出来的过程就是一个从“为他人而活”到“为自己而活”的过程。社会取代封闭的家庭、集体、社群，为“为自己而活”提供了开放的空间。

尽管电视剧《都挺好》中一些剧情安排欠缺合理性，许多地方为了凸显事件戏剧感和人物特征而放弃对生活逻辑的尊重——在重男轻女家庭中成长起来的女主角苏明玉（姚晨饰）一直被牺牲，长大之后见识了家人的自私、愚孝、任性之后仍然选择继续付出并最终走向和解之路；在电视剧主题上，《都挺好》仍然是一部宣扬主流价值观中家庭观念的作品；但不同于此前“三破一苦”的女性角色，苏明玉依托于社会提供的经济支撑，成为一个高度个体化的角色。

德国社会学家乌尔里希·贝克在讨论个体化时特别强调，个体化并不等同于个人主义，也不等同于个性化，“既不表达一种现代社会盛行的个体主义或自我主义，也不代表个体可以自己随意决定一种生活”，个体化是一种“彻底的一致性”，亦即“为自己而活”。

为自己而活就意味着去传统化，从既定的情形和支撑系统中解放出来，将常态的生活变成可选择的生活。贝克认为“为自己而活”包括两个方面，一方面它体现个体的自我认知，另一方面也包含了自我取向对个体的束缚。

这就要求经历个体化的个体“过一种充满不确定性的属于自己的生活，感受这种生活与其他人各不相同的生活相对协调时所产生的压力与动力”。个体不仅要有自我，也要在个体化的过程中积极贡献。在这一过程中，“自我文化”便形成了一种利他的新伦理。

个体化理论的存在，从侧面证明了个体寻求自我和寻求亲情之间内在的一致性。如果将苏明玉脱离家庭的过程视为追寻自我的个体化过程，那么母亲去世后苏明玉与父亲和两个哥哥重新建立联系、不断磨合的过程就是个体在利他主义新伦理下积极贡献的过程。个体化的自我与利他之兼容性暗合了大众文艺作品对于价值导向和受众心理的双重追求，一方面大众文艺作品必须贴合社会观念才能赢得市场，另一方面又必须兼顾价值观导向，不能主张撕裂家庭作为解决问题的方式和手段。

个体文化需要依赖大众媒介提供的符号效果来发展自身的力量并寻求认同，电视剧在促成个体化的过程中发挥了积极作用。纵使家庭伦理电视剧存在各种各样为人诟病的问题，但无论内容侧重点为何，这一类型都在表现个体与作为集体的家庭之间的碰撞，展示一种生活经验，并借由电视剧这一媒介入侵到人们的日常意识中去，从而将自我认同变成一种反思性的活动。媒体经验与个人的现实经验是无法达成一致的，许多观众也无法认同《都挺好》中角色的选择，媒体经验和现实认识无法整合形成新的共识，电视剧的大团圆结局并不能促成观众走向个体化的反方向。

纵观中国电视剧40年历程中家庭伦理剧的发展，社会成员（尤其是女性成员）逐步从集体身份中剥离出来，在与强调人身依附的传统文化不断抗争的过程中不断确认和确立自我，随着个体自我认识的不断增强，挑战的对象也更加趋近于既有文化的核心支撑者。如果说盛行一时的婆媳剧中，舞台上的婆婆只是传统父权的傀儡，那么《都挺好》中“生命不息，作妖不止”的苏大强则是走到台上的父权代表，与他的两个儿子共同构成了现代社会父权形象的多面向展示。对于如何平衡独立的个体与社会的关系，电视剧《都挺好》不会给出一个确定的答案，它只展示了一种人生经验，供在个体化之路上匍匐前行的观众继续深入思考。

选自“澎湃新闻”微信公众号2019年3月25日

《都挺好》完结，到底哪里“都挺好”？

/曾于里

由简川訸执导，姚晨、倪大红领衔主演，郭京飞、杨祐宁、李念、高鑫、高露、张晨光、彭昱畅等人主演的家庭生活剧《都挺好》落下帷幕。该剧也是2019年第一季度最具爆款相的作品，其在整个播出阶段都在互联网上引起强烈讨论，各种热搜接连不断。《都挺好》何以“吃透”男女老少？该剧播出后期也引来“贩恶”“极端化”的批评，对此我们又该如何评价？

题材上开拓：切入原生家庭议题

一直以来，家庭生活剧是颇受欢迎的电视剧类型。如果按照题材划分，家庭生活剧大致有这么几类。一类是主打婆媳矛盾。早在1998年知名编剧王海萍写的《婆婆媳妇小姑》，单单这个剧名就将一个儿媳在一个新家庭中可能面临的几重矛盾揭示出来；之后王丽萍在这一题材上继续深耕，2009年海清、黄海波主演的《媳妇的美好时代》也聚焦婆媳矛盾，播出后颇受好评。这一类别的作品还有《双面胶》《媳妇是怎样炼成的》《功夫婆媳》《当婆婆遇上妈》《婆婆也是妈》等。

第二类是围绕子女的婚恋问题展开。这一类型的作品因为与年轻人的生活息息相关，不少年轻人能感同身受，一度颇受关注。其在选角和制作上，也杂糅了情感剧和偶像剧的一些特质。比如《大女当嫁》《大男当婚》《咱们结婚吧》《下一站，别离》等。

第三个类别是关心生娃养娃和子女教育的。这是一个新兴题材，随着中国中产阶层的崛起，以及中产阶层对子女抚养和教育的重视与投入，“生不生孩子”以及“如何养孩子”都备受社会关注，许多家庭生活剧便由此切入家庭矛盾，进行呈现与展示。《夫妻那些事儿》《小儿难养》等是“催生”，像《虎妈猫爸》《小别离》等反映的是“难养”。

相较于之前常见的几个类别，《都挺好》在题材上有了重要创新——它直击中国式原生家庭，探讨原生家庭对一个人个性的影响。虽然之前《欢乐颂》樊胜美的遭遇曾引发观众对于原生家庭的讨论，但《欢乐颂》的群像结构对导致这一问题的探讨并不够深入全面；《都挺好》更具针对性，通过不同人物不同个性，深层次地揭示原生家庭的影响。

这两三年来，原生家庭成了年轻人重要的社交话题。通过中国知网数据库检索可以发现，文献库(包括期刊、报纸等)第一次出现以“原生家庭”为题的研究文章是2006年，之后直到2010年才第二次出现相关论文；从2010到2016年，研究的论文数量都不多，每年大概2—5篇；但从2017年开始，研究文章就多了起来，达到了25篇，2018年也有12篇。这样的频次刚好与社交网络热度是相对应的，也难怪这部剧播出后引起年轻观众的热情关注。

剧本的改编：放大矛盾凸显张力

《都挺好》一开始最受观众热议的情节是苏母严重的“重男轻女”。但若对照小说，就会发现剧本进行了改编，它将“重男轻女”桥段进行了更密集的铺陈。像小说中的苏家二哥苏明成是复旦大学毕业，但剧集中他连二本都没考上，是苏母砸钱买的。可苏母愿意将烂泥扶上墙，却不愿意给成绩优异的苏明玉买补习材料、报补习班，不允许她报清华。再比如苏母与苏明玉的一段具有强烈戏剧冲突的争吵戏，苏母对苏明玉说“我们只负责养你到十八岁，你以后还要嫁人”等，但在小说中，只是苏明玉一句话简单带过。

重男轻女的桥段一过，整个社交网络的讨论焦点变成了“苏大强到底有多讨人厌”了。不夸张地说，苏大强这个角色身上真的是集齐了年轻人不喜欢的老人的所有缺点：窝囊、自私、矫情、爱折腾、欺软怕硬、贪得无厌、遇到事情就躲、热衷制造子女间的冲突……网络上还有人发起了苏大强和谢广坤同时落水先救谁的投票，谢广坤的得票率超过90%。谢广坤虽然一样作，但他至少是真心疼爱子女，可苏大强谁也不爱，他只爱他自己。

若与原小说一对比就会发现，这是编剧在有意地放大人物缺点、制造戏剧冲突，剧集中苏大强的很多毛病是小说中没有的。比如像苏大强不爱洗澡、浑身发臭，剧集浓墨重彩地铺陈了两三集，但小说中就一句话带过；苏大强遇到事情动不动就说自己血压高，小说中并未体现；苏大强与保姆结婚未果后想跳河自杀，也是编剧增加的。

剧集中苏家三父子都令人恨得牙痒痒，网友戏称他们是“渣男天团”。苏大强就不必说了，苏明哲愚孝爱面子，只会复读机一般地“谁谁谁我对你实在是太失望了”，苏明成则啃老、妈宝、虚荣又暴力（最后几集人物稍微“洗白”了）。但实际上，剧中的他们比小说中更“渣”。从传播效果上看，这样的人物设定非常成功，因为戏剧性是一部剧集可看性的主要来源，“恨”“讨厌”就能够让观众“骂”，而“骂”这一行为就意味着关注度和讨论度，意味着剧集与观众产生了情感互动。《都挺好》能够成为爆款，与“渣男天团”的“渣”有重要关联，他们源源不断地为观众制造话题。

“贩恶”的争议：是否符合“真实”?

伴随着《都挺好》后半程居高不下网络热度的，是业内两极化的评价。有人认为：“歪曲现实臆造出来的父亲人设，这是要干什么？这还算现实吗？” “现实人设还是歪曲人设，以超脱现实的人设来贩恶达到剧集火热的目的，正午阳光赢了还是输了？”也有人对此不以为然，在他们看来矛盾和冲突本来就是戏剧的基本属性之一，将矛盾聚集在一起，其实就是“典型环境”与“典型人物”的叙述手法。

业内评价的分歧点在于，什么才是剧集中的“真实”？苏母如此严重的“重男轻女”是否真实？苏家三父子“极品”的个性是否真实？

贾樟柯曾如此谈论影视作品中的“真实”，或许可以给我们一点启发。他说：“真实并不存在于任何一个具体而局部的时刻，真实只存在于结构的联结之处，是起承转合中真切的理由和无懈可击的内心依据，是在拆解叙事模式之后仍然令我们信服的现实秩序……我们几乎无法接近真实本身，电影的意义也不是仅仅为了到达真实的层面，而真实仅仅停留在社会学的范畴。我追求电影中的真实感甚于追求真实，因为我觉得真实感在美学层面，而真实仅仅停留在社会学的范畴。”

在这里，贾樟柯为我们区分了社会学意义上的“真实”和美学意义上的“真实感”。很多观众对于剧集的批评，更多局限于社会意义上的“真实”，比如认为自己身边没有苏大强这样的人物、凸显人物的缺点就是贩卖邪恶等，它要求剧集严丝合缝地对应现实生活。但假若一部剧集真是现实生活的复刻，那么它要么就是寡淡如水，要么可能走向“和稀泥”。评论者最爱挂在嘴上的是，我们要描写人性的“复杂”，可人性的“复杂”不是公式化的“坏人也有好的一面”“好人也有坏的一面”，“复杂”是正视“既有美好的人性，也有龌龊自私的人性”这一事实，是正视苏大强这样的“极品”真的存在这一事实。

“真实感”对此并不避讳，它以社会学意义上“真实”为根基，并在此基础上进行种种浓缩、夸张、变形，形成现实的公约数，其最终目的是抵达美学意义上的“真实感”——凸显时代症候、社会问题与个体困境。试想，如果不是苏大强这么“极品”，观众会深刻地检讨和反思原生家庭吗？如果不是苏明玉的境遇如此艰辛，我们会直面重男轻女这一社会毒瘤吗？

因此，《都挺好》最具社会意义的一点就在于，它打破了以往家庭伦理剧“你好我好大家好”的模式化刻画，聚焦原生家庭和重男轻女的创伤，这为很多在家庭中受到真实创伤的观众“提供了一道审视现实生活与倾诉过往的窗口”，也提醒我们关注到这些问题。当然，它也不只是渲染悲观，通过苏明玉这一独立、自主、强大的女性想象，它也给予人们正面的启示：哪怕是再糟糕的原生家庭，你也可以成为更好的人；请保持乐观，多多加油。

选自“新京报”微信公众号2019年3月26日

《都挺好》，结局并不好

/林存秀

1.“安全”的结局

一般说来，情感剧的故事结局，都是一个父权制的结局。例如明清才女所描绘的女扮男装的故事，中了状元的女子到最后大抵都是恢复女儿身，剧中男子往往还能娶“二美”。之前被搅乱的性别秩序和冒险历程，也得以安全归位。结局一刻的特定内容，是为了坚持父权制现状的正当性，坚持女性回到适当的位置。这种极为程式化、不断重复的虚构结果，是为了用来支持现存的权力关系。

结局不但几乎永远站在父权制意识形态一边，它还能解决贯穿其中的问题。于是，当一个故事的基本动机得到回应的时候，结局就会出现。并且如同各种结局一样，在一种追忆的气氛中达成，显得如此顺理成章，如此“自然而然”。

《都挺好》的结尾，苏明玉象征性地回到父亲的老宅子，在温暖的背景音乐中，通过幻想修复了曾经的情感缺失。在此之前的除夕夜，苏明玉陪着患了阿尔茨海默病的父亲看电视，依偎在苏大强肩头说：“这是我过得最幸福的一个春节，有家真好，谢谢您陪着我。”这里首先重审了剧中的道德规范：传统的父权家庭成为代表对抗孤独与混沌的唯一壁垒，无论多少的成功、名望都不能补偿那些在家里的温暖。其次，点出了本剧“女儿养老”

这个主题，苏明玉辞职回家全心全意照顾失智的父亲，传统的女性照顾和牺牲的角色、品质又被征用。众所周知，养老问题也是一个历史遗留下来的体制问题，但是这个锅，却留给女性来背。资本和父权结合起来，又一次达成了对女性的权力宰制和道德绑架。

2.观剧的愉悦

如果女性观众多半不喜欢这样封闭式的父权制结局，她们又为何那么热衷于情感剧？观剧的快感和愉悦来自哪里？情感剧的观众群体，包括了各阶层女性，也不排除某些男性观众。

情节才是观众愉悦的来源，要解决问题的“热望”与不断延宕的结局，形成持久的张力。观众喜欢情感剧多半是基于叙事的推延，及各种矛盾冲突激烈的情节。

《都挺好》主要情节聚焦于女儿和原生家庭的故事，涉及母亲重男轻女，父亲的懦弱自私，教育资源分配不均，买房养老等当前社会的热门话题。其次，情节也主要是由血缘、恋爱、工作这些基本元素组成。主要包括：1. 苏明玉和石天冬的爱情，和小蒙总的“爱情”； 2. 苏明玉的工作和事业，与柳青及“师父”老蒙之间的纠葛； 3. 与哥哥明哲、明成之间的冲突与和解，与嫂子朱丽、吴非之间的相互体谅； 4. 苏大强和保姆的结婚闹剧。

情感剧，顾名思义就是可以调动观众情感的剧。而这种情感上的共鸣，导致观众与剧中人物一起哭，一起笑。作为一种情绪的宣泄与表达，很多女性可能在苏明玉与原生家庭的关系上，或多或少看到自己的影子。在情感调动方面，这部电视剧是非常成功的。观众会从中感到，每一个家庭都不是完美的。母亲去世后，矛盾更加激化，但是也有了化解的可能。大哥尽管有些固执，但是孝心可嘉。而二哥经过差点入狱、离婚、丢工作一系列遭遇后，也慢慢体谅明玉。并且在听见有人污蔑明玉靠美色上位的时候，为妹妹出头，那一刻相信赚取了观众不少眼泪。最后，母亲去了，父亲忘记了一切，哥哥一个在美国，一个在非洲，但经过这些是非后，一家人彼此谅解。最终回归亲情——就算全世界都寒冷，也可以在这里找到温暖。此外，观众也可以在其他错综复杂的情节中获取愉悦感。例如：1. 颠覆传统的爱情。苏明玉和石天冬的爱情，并非是男强女弱的刻板印象。和小蒙的“恋爱”，是年龄差距大的姐弟恋。2. 苏明玉职场上雷厉风行，豪宅名车，满足消费主义的想象。3. 观众也可以不理会这样的结局，而自行预测。目睹那些保守的意识形态再次被证实，也是一种乐趣。

情节本身，有时也会破坏或者威胁到男性的主宰地位，反映现实中性别关系的变化。首先，中国76%的女性参加工作，在经济上获得了独立和自主权。从经济体制上来说，资本主义的发展已经改变了传统家庭结构。在传统社会中，男性通过控制土地和女性的生育（儿童/劳动力）取得控制的资源。而在工业资本主义社会中，家庭不再是生产的单位，生产由家庭转移到工厂。女性进入了职场，改变了传统的性别角色。用社会性别的理论来解释，女性获得了进入职场的机会，并且表现出可以跨越的、流动的社会性别，即可以变成职场女强人，而且通常会表现出比男性更精明能干、果断勇毅的气质。

在两性关系中，女方具有主动权。石天冬扮演了一个照顾的角色，改变了传统的性别认知和秩序。温暖帅气体贴，又能做饭煲汤，上得了厅堂，下得了厨房，恐怕也是打动了很多女观众的心。而苏明玉和小蒙的姐弟恋，也打破男大女小的传统婚恋方式。

3.父权制的宰制

但现实也可能会噼里啪啦打脸的。

1. 石天冬。父权制崇尚控制欲的男性气质，温和、顾家、做家务的男性，在现实中，会被认为消弭男性气质，受到贬低和打击而失去吸引力。

2. 小蒙总。1928年丁玲写了《莎菲女士的日记》，塑造了一个南洋华侨富二代凌吉士的形象。他想要的只是一个作为“高级佣人”的中产阶级太太，而不是平等的爱情。在电视剧中，小蒙总表露心迹，让苏明玉帮忙打理公司，帮他赚钱，而他自己还年轻，“可以到花花世界到处玩一玩，比如说谈恋爱，可以丰富我的人生阅历”。

3. 一个从小就被剥夺了教育资源的苏明玉，如何能获得社会资源，在职场上成功？和《杜拉拉升职记》一样，没看到主人公有哪些持续意志力的坚持和才华，一毕业平底鞋换高跟鞋就一路高升，年薪过百万，银行卡一挥在消费上冒充下“女权”。正是因为现实的空白，才使得剧情无力。危如累卵的剧情，一深究就如多米诺骨牌一样人设塌陷。苏明玉除了能喝酒，美貌（尽管姚晨被杨祐宁一叫“仙女”就让人出戏），敢于穿越四楼阳台，和日常处理人际关系的小聪明，看不到其丝毫与其职位匹配的才能。苏明玉本应如樊胜美一样苦逼，但编剧把她塑造成了《欢乐颂》中樊胜美和曲筱绡的合体。剧情在这里，完成了一个家庭罗曼史的幻想。

弗洛伊德以家庭罗曼史，指神经官能病患的某种幻想，在其幻想中病患希望能逃离自己鄙视的亲生父母，而由某些具有较高社会地位的人取而代之。当孩子遭受亲生父母冷落时，他（她）以想象并非自己的亲生父母作为报复手段，而认为自己的生身父母实际位高权重。苏明玉被打，苏大强名义上去医院看望，实际上是劝她不要起诉苏明成。明玉伤心至极，坦白自己曾经去查过DNA，却发现自己的确是苏大强的女儿。无独有偶，电视剧没有结束前，网络上也有猜测，蒙总才是明玉的亲生父亲。寻找亲生父亲的情节，某种程度上也给了观众愉快的参与和乌托邦的幻想，却也重建了父权秩序。

苏明玉称呼蒙总为“师父”，也可以看作现代资本主义公司变成另外一个父权“大家庭”的表现。在工业资本主义时期，父亲的角色不再具有传统的权威，性别体系不再是“父家长制”，但是社会权力也往往转移到其他领域，如工业、科学、宗教。与之前的体制比较，资本主义控制生产、劳工和环境，新的社会体系仍旧是彻底的父权体系，而且比以前更复杂。不难看出，在以“父”为名的资本主义企业中，即使苏明玉把“众诚”作为自己的家，把老板称作“师父”，一旦威胁到利益，在撕破温情脉脉的面纱之后，也可能免不了最后像柳青那样被“卸磨杀驴”。

再次，男性气质的控制机制仍然起作用。朱明成因为妻子朱丽失去工作，迁怒于明玉。不问青红皂白，殴打明玉到头破血流，致后者被送到医院。而这种暴力，是从小在家庭中就不断发生的。苏明玉心灵上所遭受到的恐惧，需要一遍一遍播放录下的苏明成的道歉视频，才能缓解。苏明成为了换取不被起诉，念了苏明玉起草的《忏悔书》，但之后因为损害了自己的男性傲娇而更加疯狂报复。父权制的三个核心就是男性支配（male-dominated）、男性认同（male-identified)和男性中心（male-centered）。而控制—恐惧机制，则是驱动父权制运行的体系。控制是他们恐惧的源头，也是他们唯一可以解决恐惧的方法。他们认识不到两性之间应该建立亲密、平等关系，分享与合作。要掌有控制权，就表现为对女性各种形式的暴力。

父权制是一个体系，一种意识形态，它主导的意识形态，并不是以一种自上而下的方式强加于我们的，它也没有完全控制我们，却渗透进我们的日常生活，渗透了话语和社会实践。它的体制是精密的，像是一棵枝繁叶茂的大树，从树根到树叶有机地输送着养料，多重的制度和手段重复着同样的“教程”，有助于确保它们的持久权力。

4.批判性反思

父权制的批判方式，比之我们常用的社会性别更为有效。从20世纪80年代以来，女权主义理论再度被引入中国。为了不引起反感也表示缓和，采用了“女性主义”的翻译方法。而由“Gender”翻译而来的“社会性别”，也因为迎合了当时的需要获得广泛传播。社会性别强调社会文化对男女性别的建构作用，并且看到这种建构的可改变性和跨越性。但是，在社会性别支撑下，关注于女性的主体性探求的时候，也忽视了对于制度性和结构性的父权制的探讨。其一，社会性别理论虽分析了性别的可塑性，可并不能帮我们寻找压迫的根源问题。其二，社会性别的视角，让我们看到阳刚气质在父权制的社会中所具有的优越性，却并不能抬高被贬损的女性气质，例如照顾和牺牲。父权制的分析方法，才能产生新的知识，让我们在这个精密编制的大网的漏洞和断裂之处，寻找打破父权结构的可能。

以性别研究为基础的批判性思维，可以有五种视角，即目的（teleology）、话术先行性（discourse）、叙事方法论（storytelling/historiography）、文本解放性（emancipatory texts）、同理心态（empathy）。我们拿这五种视角来观照，显然《都挺好》的结局是缺乏解放性的，其服务于父权制和资本的目的也昭然若揭。而在话语的谱系上，调用了传统“忠孝”观念，阴柔阳刚的性别气质，男外女内的性别分工。

故事快结尾处，柳青和明玉一段对话：

柳青：这段时间，我怎么觉得你变了呢？

明玉：怎么了？

柳青：就是变得越来越柔软了。

苏明玉不再像以前那样“坚硬”，又变得“柔软”，完成了她的回归。

我们常用的语言中，只有英雄，而没有什么“英雌”。“女英雄”这个词语的矛盾性，本身就道出了“女强人”的悖论。

男人们都不断质问，为什么一旦女人变成“女强人”，就变得像个男人？这是因为，女性变成“女强人”，恰恰因为她能体现被认定的阳刚气质的价值，她要比四周的男人还要坚强、果断和有攻击性，更能算计和控制情绪等等。

为什么男人一般会拒绝承认女性的理智？很多男人明明知道，理智不是男性特有的，女性的逻辑思维能力并不差。

这是因为，他们需要具有这样气质的女人——给予情感，有同那情心、怜悯心，敏感细心，善于照顾，与人建立亲密关系。

“兄弟情”，一般都是竞争或者工作上协作的关系，他们不会冒险想从同性情感中获得情感的安慰。女人成为他们纾解空虚、无意义和断裂感受的投射对象。当女性不能提供情感与照顾，而和男性一样自私、不专一，喜欢控制时，他们会感觉备受伤害，并诅咒这样的女性。

可是谁比谁更应该付出和敢于牺牲？那些被贬损的女性气质，碎了一地，谁去收拾？

按理说，没有结局的方式，比之封闭性的结局，更具有颠覆性。但故事必然结束，要不就陷于复杂至极的情节线索中动弹不得。现实中的故事却并没有结束，也更加艰难。

选自“知识分子”微信公众号2019年3月29日

原生家庭与女性伦理困境
——电视剧《都挺好》的叙事背景与倾向

/苏七七

在关于家庭的理论中，有一种观念可以让大部分人找到共鸣：“家庭被看成是一个组织，它体现了这种线性的忠实性，将一代一代连接起来。对于每一个人来说，家庭是最古老的、最深刻的情感激动的源泉，是他的体魄和个性形成的场所。通过爱，家庭将长短程度不等的先辈与后代系列的利害与义务结合在一起。”[①]2019年的电视剧《都挺好》以家庭作为观察与描述的对象，其中既不乏对这个“组织”的“利害与义务”的分析，又呈现出了“最古老、最深刻的情感激动”，因此在情节并不那么精密、细节也并不那么考究的情况下，该剧取得很大的关注度，成为“年度爆款”，也就不是什么让人惊讶的事了。我们国家的电视屏幕上并不缺乏有关婆媳关系、有关原配与第三者的家庭伦理剧，但关于在历史发展的进程中，家庭中的个体在怎样的伦理秩序中成长起来，家庭成员间的关系在内部发生了怎样的位移，以及它们背后的社会与文化背景是什么，则缺乏稍有洞见的作品，而《都挺好》在一定程度上补上了这个空白，虽然它做得颇为粗疏潦草且最后缺乏对新的伦理秩序的预见性，但它却足以在现阶段引起相当的共鸣，

①克洛德·列维斯特劳斯：《家庭史·序》，安德烈·比尔基埃等主编《家庭史 第一卷：遥远的世界，古老的世界》，袁树仁等译，生活·读书·新知三联书店，1998年，第5页。

并且在话语场中，对可能性的讨论将溢出文本，促进心理与文化的更为良性的变迁。

一、原生家庭结构：男权社会与女族长

《都挺好》中有一条不清晰的时间线，主情节如果发生于当下，考虑到三兄妹中大哥的孩子的年龄，那么三兄妹是“80后”吗？这明显与当时的计划生育政策相冲突，因此这个设定立不住脚，而考虑到原作者阿耐出版原著小说《回家》于2007年，如果三兄妹是20世纪70年代生人，这个设定就基本靠谱，只是电视剧把时间往后放了十年，前面的场景、情境就有些对不上。在2007年的时候，阿耐的主要身份还是一名企业高管，写作不过是她的爱好，但得益于她的真实身份，她写出了一个比较可信的“苏明玉”——在经济发展中发挥自己的才能，以自身的天赋与努力，既实现了财务自由，又重塑了家庭关系。十年之后，“原生家庭”成为一个热点词，越来越多的人在这个词上寻找自身性格与生活的某种欠缺的根源，并且试图建立个体与家庭的更为新型的关系。于是，《都挺好》有了更为广泛的受众，成为更受关注的话题。

《都挺好》中的苏家，是一个典型的男权社会核心家庭：一夫一妇，二子一女。在这个家庭里，“重男轻女”是一条不言自明的规则，父母的资源和感情都向男性后代倾斜。但奇怪的是，这个男权社会的家庭，其当家人却是苏母赵美兰，这与我们的经验相接近：许多家庭的当家人是母亲，是女性。男权社会中，女性在公共生活、政治生活的领域里处于明显的劣势，这从国家机器的各级领导者绝大部分是男性可以得到证明，但是在私人生活、家庭生活的领域里，女性却很有可能夺了权。在家庭这个微观领域，如果男性并没有占领生理、经济、文化上的优势的话，话语权就有可能落到女性身上，尤其是如果她更有经济与文化优势，甚至只是性格更强势。

《都挺好》中，赵美兰的性格比苏大强强势得多，他们性格上的对照，与他们的生理性别相反：赵美兰是进攻的，苏大强是退缩的；赵美兰是决断的，苏大强是含糊的。从社会性别上说，赵美兰有男性的特质，而苏大强有女性的特质。这种“性别特质”是一种文化的赋予，并不先天地有优劣之分，男性也不先天地就必须强大，或者女性必须柔弱，只是在文化上，

男性的强大、女性的柔弱被视为一种正当。这种文化对性别的定义，并不仅仅压抑了女性，而是对气质并不符合文化定义的男性也形成了压抑，比如苏大强，他的偏阴性的性格就不断被嘲讽，并导致他在被压迫中从性格弱势走向了以弱势为倚仗的恶性循环。

而赵美兰虽然以其强势性格当上了“女族长”，但她并没有因此而推广女性的权利，相反，她成为男权的强势维护者。她为什么重男轻女？男权社会中，儿子有继承权，也有对父母的赡养义务，在农业社会里，儿子更意味着强劳动力，而女儿是弱劳动力，出嫁之后也不承担对父母的赡养义务，因此，对于父母来说，儿子才是更有价值的资产，值得把资源更多地向儿子倾斜，这样做实际上是一种自发的养老保险。对于自私的父母来说，女儿是“赔钱货”，付出了抚养的成本却不享受赡养的回报。但是在社会发展中，养老已经成为一项公共事业，在法律层面上，子女既享有同等的继承权也有同等的赡养义务，那么为什么重男轻女的思想没有改变呢？

只能说，文化的变迁往往落后于技术与制度的变迁，赵美兰虽然是一个女性，但她是一个隐形的男权社会的得益者，在她的小世界里，她是个独裁者，对于维持这个小王国原有的文化与伦理秩序，她比男性更为执着。对于她来说，重要的是维持既有秩序，让她依然处在“权力”的巅峰，她并不需要这个小王国内部有平等，甚至越是不平等，越可以带来权力的恣意行使。

赵美兰是个弄权者，弄权者心中没有真正的爱，或者说只有狭隘的爱，而狭隘的爱会带来更多的缺陷。她对长子的推崇使之虚荣，她对次子的呵护使之无能，反而是她并不爱的女儿，在与她的斗争中锻炼出了独立能干的自我。——但苏明玉只是个案，并不是所有类似家庭中的女孩都能成为苏明玉，绝大多数被牺牲的，就真的被牺牲了，歧视造成了长远的心理阴影，不能接受良好的教育限制了她们的发展空间，她们还有可能被洗脑成“扶弟魔”，成了这个男权社会里发不出声音的牺牲品。

《都挺好》中的原生家庭，是个比较典型的中国式原生家庭，“重男轻女”在电视剧里被推到一个极端——女儿想考清华也不让考。这有点儿悖乎常理了，但“重男轻女”也确实是在这样的原生家庭里长大的女孩心中永远的痛，仅仅因为性别，从小被漠视、被排斥，但这个不公平的观念，它带给其中所有成员的伤害其实是公平的，甚至这种观念的资源受益者也同样被观念所异化。

二、女性：以阶层跃迁解决性别歧视

《都挺好》中没有一个“好男人”，苏大强不强，苏明哲不哲，苏明成不成——在赵美兰去世后，这个失去了女族长的家庭失去了向心力。多年来，苏大强在赵美兰的威权下卑微地活着，早已失去了独立的人格。如果说赵美兰是利己的，那么苏大强的自私更甚于妻子，赵美兰还用自己的付出来使整个家庭发展向上，而苏大强只索取，不付出，为了自己更舒适、更有面子地生活，他对子女的付出从来不存体恤。他唯一一次付出是对保姆蔡根花，那是他终于在女性身上找到了温存，同时也找到了自己作为“男人”的强大感，但这温存与强大都只是算计与伪装，经济泡沫一被戳破就露出了狼狈不堪的面目。

苏明哲在一种“你最重要”的定义中长大，希望自己能成为新的族长，希望营造出“父慈子孝、兄友弟恭”的景象，但他的能力不足与心态偏执，只是把他带向了愚孝的方向（电视剧里把他的学历设定得太好，以至于失业的情节不是很有说服力）。苏明成享受着溺爱与过度照顾长大，情感上比较丰沛，但却养成了一种“你付出你理所应当，我得到我理所当然”的“巨婴”心态。——只能是当年被漠视被排斥的苏明玉，心智健全、能力超群，才当得起这个家。而现在，每个人有了每个人的小家，当家，其实变成了主持赡养苏大强的工作。

电视剧省略了苏明玉的奋斗期，母亲去世后她重新出现在这个家庭中时，已经是一个事业极为成功的职业女性了。她的优点是智商情商双双在线，有大局观，有逻辑性，能洞察人性的弱点，不为一时的感情软弱所左右，且执行力强，能迅速想出办法并落实办法。这里有一个问题：苏明玉是如何成为苏明玉的？观众可以相信生活中也存在着某个苏明玉，总是有天赋超群、性情坚韧的女孩子可以从环境中脱颖而出，成为一个“成功者”。女性的独立、自强当然是女权的核心，但如果没有相应的资源配置，就只有极少一部分人可以走到独立自强的道路上，连独立自强都是有门槛的。苏明玉是个幸存者，也是一个幸运儿，她遇到的环境很糟，但还没有糟到她无法逃脱。《都挺好》提供的重建伦理秩序的方案是：让某个逃脱了重男轻女陷阱的强大女性，回来重建。它的基础不是普泛性的，不具备推广的意义，但具备个案的意义：从最好的可能性出发可以抵达何种未来。

当苏明玉重回苏家时，实际上，性别歧视这个问题已经消失了。男权社会是男尊女卑的，但在男权社会的任何阶段，阶层都是在性别之上的。在封建社会里，没有男性奴仆会歧视一个女性主子，男权社会的运作方式是在每一个阶层内部自行运转，但不跨阶层运转。当苏明玉回来，轻轻松松花二十万给母亲买了墓地的时候，可以看到，苏明玉的阶层，已经远远超乎苏大强、苏明哲、苏明成之上。

苏大强是普通市民阶层，苏明哲、苏明成算中产中偏低的，而苏明玉，如果从电视剧中她的衣食住行来看，是新贵阶层。没有人会再歧视她了，包括她的父亲和兄长们。虽然一开始她表示要与苏家划清界限，但是当苏大强一再地“作”，而苏明哲、苏明成面临各种问题无法解决时，只有她能出手解决，而且她出手必解决。因为没有什么苏大强的“作”是不能用钱解决的，而她拥有的钱超过了苏大强的想象力，她对苏大强进行的是“降维打击”。

苏明玉用阶层跃迁来解决了性别歧视问题与原生家庭的阴影，这确实是一条可行的途径。从个人来说，如果个人奋斗到远远超乎自己原生家庭的阶层水平，那么原生家庭的阴影就投射不到现在的生活，可能还有一些心理阴影，但是不会有现实阴影。观众很容易就将苏明玉与《欢乐颂》（2016，2017）中的樊胜美进行对比：“有钱苏明玉，无钱樊胜美。”樊胜美还逃不出去，还在受原生家庭的盘剥，一方面是因为她有可以被盘剥的小钱，另一方面是因为她没有可以解决问题的大钱。樊胜美跃升得还不够，时时刻刻可能掉下来。而苏明玉跃迁得足够高，除了作为原生家庭的问题解决者，她还能做点儿什么更有意义的事情吗？

三、伦理困境：逃离还是折返？

在《都挺好》刚播出不久时，就有观众对结尾“和解”提出异议，并有为此而弃剧的。强大，离开，是从原生家庭逃离的最直接的方法，从个体的角度讲，只要尽到赡养的义务，就也无可厚非。在小说《回家》中，作者阿耐写的结尾是：

> 她现在已经不再是一个人了，她有好多人爱她，石天冬，小蒙，老蒙，还有柳青。她现在的心态……可能与新年一样，也是全新的了吧。
>
> 与苏家其他人的关系，也避之唯恐不及了，既然都是姓苏，怎么能避得开去。亲情是捡不回来了，大家淡淡如水地交往吧，她不寄予厚望，也不恨之入骨，该怎么样就怎么样，她和石天冬幸福就行了。

小说作者认为，理想结局是“淡淡如水”，虽然这部小说的名字叫《回家》，但女主角不把原生家庭当作永远的家，而是脱茧而去，在新的家庭里建立新的关系。但电视剧则试图给出一个“大团圆”式的结局，这个大团圆式的结局是极为煽情又极为生硬的，使得作品里之前所有对中国式原生家庭的相当现实主义的剖析都毁于一旦，并且重新建构起了一个男权社会的堡垒。它让苏明玉选择了辞职，放弃了经济能力，然后，把照顾父亲的责任全部都放在她身上，再然后，取消了她的继承权。这个结局，简直是一次男权的复辟。换来了什么呢？换来了亲情？因为她小时候没有父亲的陪伴，现在可以无限地陪伴父亲？这个逻辑，是用现在的压榨来偿还当年的冷漠，只是用“陪伴”“亲情”这些温情脉脉的词汇来偷换概念而已。

这个结局的虚假在于，事实上苏大强并不拥有这种把苏明玉推到坑里的权力，而苏明玉放弃了自己所有的权利跳进坑里，这实在是与她之前的人设不吻合。正如阿耐给出的结局，她可以在新的关系里找到新的成长空间，而不可能在旧的关系里葬送自己的未来。让苏大强生病，让苏明玉放弃所有去照顾他，是把某种崇高的奉献精神赋予女性，赋予她道德的冠冕，而剥夺她的独立与自由。这种貌似感人的结局，其实是男权社会用来奴役女性的高级形式吧。

但冷淡与奉献之间，逃离与折返之间，依然是女性所身处的伦理困境。前者是小说的结局，后者是电视剧的结局，为什么电视剧要给出后一个结局？因为当下还是个男权社会，大众文化依然需要维持旧有的伦理秩序，虽然这个伦理秩序已经难以自圆其说，已经摇摇欲坠。

对原生家庭伦理秩序的重建，更有建设性的可能也许是，苏明玉在重返中试试看能不能改造亲情本身，让亲情不再那么自私、褊狭，而呈现出一种较为无私的、互助的状态。

这是比做“男权社会的女族长”更难的事，因为这不是要改朝换代，而是要改变整个的观念。在《都挺好》中，男性很糟糕，但新一代女性都通情达理，大嫂吴非、二嫂朱丽都是职业女性，都不像丈夫那样或愚孝或“巨婴”，而对家庭生活有着更合情合理的要求。剧中，新一代小家庭的婚姻关系远比苏大强和赵美兰的婚姻关系美好，而婚姻关系良好、更平等、更有温情，对人性进行良好的改造才有可能，新的伦理秩序也才可能建立。在《都挺好》中，苏明玉与石天冬之间是一种新型的男性与女性关系，男性的性格更温和，更擅长家务事（做饭），他们的关系里不再是一方对另一方的压制以及文化上的压抑，而是一种平等亲密，在感情与精神上互相依赖。

相比起苏明玉用钱摆平了一个个问题，更重要的是在一个个问题的出现与解决中，人的改变。人的改变才真正带来亲情关系的改变，使亲情关系不再是感情勒索，而可能是心灵港湾。

选自《戏剧与影视评论》2019年第3期

看《长安十二时辰》时，
我们在看什么？

2019年6月27日，由马伯庸同名小说改编，陕籍导演曹盾执导，雷佳音、易烊千玺主演的网剧《长安十二时辰》在优酷视频开播。一时间好评如潮，甚至出现不少蹭热点的文章，使之成为2019年夏天最火爆的良心剧，不过细究之，人们在颂扬这部“良心之作”时的关注点却并不一致。

何天平和胡阿祥将目光聚焦于剧集的“服化道”方面。何天平从整体场景搭建、人物设计、剧作内容的艺术美感方面分析，指出传统文化与视听手段结合是讲好“中国故事”的优良范本；胡阿祥则从历史研究和考据的角度着重分析了剧中出现的“伏火雷”等具体的道具。而李沐杰从技术谱系角度，解析了经验如何内在于技术从而构成一种技术性的审美。此外也有不少文章借助于该剧来谈论唐代的历史、宗教与文化，甚至于将之联系到当下职场问题，显示出了多样化的解读路径。

与之不同，毛尖跳出“服化道”的关注点，从更为专业的角度指出这部电视剧因为剧情上的终点暧昧所引发的视角、剪辑乃至于价值观混乱，并警示不可只关注冷知识而忽视全剧的因果逻辑。边远从受众分析来探讨网络和电视观众两极评价背后的“审美隔离”，指出了影视剧制作发行中的媒介壁垒。而张耐冬则立足于剧中长安平民守护者与公平秩序间的张力，揭示了剧集中所投射的当下中产阶级焦虑。

有人看嗨了有人看蒙了，是什么引发了《长安十二时辰》的“审美隔离”？

/边远

网剧《长安十二时辰》六月底上线以来，8.6的网络评分在2019年的国产剧里排名第一。但与此同时，该剧也遭遇了一场“审美隔离”：一部分观众津津乐道于其制作的精致和细节的还原；另一部分观众则因为其强烈的形式感而产生了排斥心理，难以入戏。

有评论者将这一现象概括为因为受众定位过于精准而产生的排他性；而随着电视观众和网络受众的分野，这种情况今后有可能会成为影视剧制播的常态。

《长安十二时辰》改编自网红作家马伯庸的同名人气小说，又有当红偶像明星和实力演员的加盟，可以说自带话题品相。不过，该剧播出至今，盘桓在热搜榜上的话题要么细数剧中的诸多美食，比如水晶柿子、水盆羊肉、三勒浆、薄荷叶，俨然将电视剧解读成了“舌尖上的长安”；要么盘点剧中的青玉芙蓉冠、胡人捧壶钟漏、置放于冥器店里的唐三彩，将该剧看成了大唐版的“国家宝藏”；还有的以学术的深度、普及的热情考据着“簪子应该横着插还是竖着插”“旅贲军的甲胄”“女性人物的妆容与髻鬟”等学理性议题。

这样的讨论一方面带火了该剧的话题度，但同时也让另一些人望而生畏，出现了有热度却难以“出圈”的现象。

奇观化的“冗余”元素，提升、拓展了传统探案题材

正如很多人所说，《长安十二时辰》在当下的国产剧中属于让人看得很“爽”的一类。这种“爽”表现为一种高级感，即在唐代的历史背景下讲述一个海外剧内核的故事。

原作者马伯庸直言《长安十二时辰》的创作灵感来源于海外剧《反恐24小时》和游戏《刺客信条》：“恐怖分子”潜入长安，要借上元之夜灯楼大秀之时图谋不轨，年轻的靖安司司丞李必不得已放出死囚张小敬，任其在林林总总的各色人物间游走，希望其以雷霆的查案手法，拯救长安城于危难之中。马伯庸善于为历史题材赋予紧张的节奏感，以紧凑的节奏和环环相扣的逻辑，赋予古代叙事以现代意义。其实，故事还是那个老故事，救黎民于水火、扶大厦于将倾本就是传统公案小说中喜闻乐见的叙事惯例，在“包青天”“狄仁杰”的故事中多有呈现，但剧集节奏的加快、主角设定的下沉、布景铺陈的变化都赋予了老故事以新含义，进而呈现出令人欣喜的新价值。

这种“爽”还表现为剧集在服装道具、美术设计、视听效果上追求电影的质感。为了让观众身临其境，剧组将长安打造成一个立体、真实的“历史”空间，高度还原了唐代的吃喝用度、衣着打扮、风土人情、朝堂典制，极力以长安之景呈现大唐盛世的繁荣之象。比如开篇的长镜头一镜到底，很容易让人联想起“长安一片月，万户捣衣声”的市井生活；再比如上元节的花车游行，大唐歌手许鹤子一曲唱尽长安的快乐与虚幻，真可谓繁华绚丽、气象万千。

在以往版本的悬疑、探案故事中，无论是狄仁杰的“长安”还是包青天的“东京汴梁”都只是故事发生的舞台背景，都城的空间特点、历史特质都未曾参与到叙事走向中去，发生在都城的罪案与发生在其他地点的故事亦没有本质上的差别。但在《长安十二时辰》中，对长安城事无巨细的介绍与铺陈跃居到了舞台中央。这些奇观化的“冗余”元素提升、拓展了传统的探案题材，使其更具有现代属性，呈现出多元的想象与阐释空间。

可以说，《长安十二时辰》以较高的制作水准成功开拓了古代悬疑、探案剧的新类型，剧集在多线并行的推演过程中，重塑叙事节奏、重组叙事要素，不仅使传统的悬疑、探案故事像海外剧一样明快、烧脑，而且极大地丰沛了传统的叙事空间，经过此番改造，《长安十二时辰》升级了以往单线推进的破案故事，拼贴杂糅起了熔侦破、悬疑、权谋、战争、信仰与背叛、友谊与爱情等诸多叙事元素于一炉的长安城，以及居于其中的芸芸众生。

大数据精准投射下，大众观看习惯与审美趣味的分歧

可以说，《长安十二时辰》所采用的叙述方式，重背景铺陈、重人物设定、轻情节推衍、轻台词拿捏，暗合了视频网站用户的观影习惯。他们长期以来对海外剧要素与节奏的熟稔与习惯，成为此剧勇于变化与精准投射的“群众基础”。

能对观众口味进行如此精准的把握，离不开大数据技术的支持与深度参与。据笔者看到的资料，优酷于2017年就创建了泛内容大数据智能预测平台“鱼脑”，将网站用户观影数据与全网舆情分析贯穿网剧制作的全过程，如制作前的IP评估，制作中的艺人、导演评估，制作完成后的排播评估，播出过程中为用户画像，计算实时热度等。在《长安十二时辰》的制作过程中，“鱼脑”便已对此剧心中有数：节奏快、逻辑严谨，“中间断10分钟可能就会看不懂”。同时，经过多维度的标签对比为导演提供了选角建议：演员雷佳音的标签与过往角色经历意味着他是男主人公张小敬的最佳人选。

这种基于网站用户画像的数据分析大获成功，网剧一经上线就吸引到了目标用户的持续追踪。但与此同时，精准的大数据分析也并没有为该剧带来更多的受众群体。那些传统的悬疑、探案剧迷，那些并不熟悉海外剧节奏与模式的电视观众，他们反复观看着狄仁杰、包青天的故事，对其叙事套路头头是道，理应成为《长安十二时辰》的新晋“粉丝”。但当笔者尝试向其推介这部高质量的爆款网剧时，却往往遭遇“看不懂”的回绝与尴尬。

细想之下不难发现，《长安十二时辰》的台词语言文白相杂，诸如“时有募兵，年俸甚多”等，若不是正襟危坐盯着字幕，还真是听不懂也听不清；还有多线并行推进的情节模式，线索人物众多，切换极快，稍一分神就让人跟不上节奏。这些看起来很高级的“元素”在吸引着目标用户的同时，又在不经意间拒斥着传统的、更广泛观众的介入，也最终决定了拥有好口碑的《长安十二时辰》无法转化为国民剧集、经典电视剧。

社会学家西美尔在《大都市与精神生活》中曾断言，准时、算计、精确都是都市生活的复杂性和广泛性所要求的，它们不仅最密切地联系着都市生活的理性主义特征，也有助于排除那些非理性的、本能的、独立的人类特征和冲动。而一部真正具有国民话题性的电视剧，一部可被反复观看的经典电视剧，在精准的设定与精美的视觉效果之外，还需要那么一点非理性的、本能的、不那么严密的冲动，一些可供不同人想象、脑补、讨论的空余。

电视剧集本是普及度极高的大众文化消费，不过，随着电视观众与网络受众的分野日渐清晰，以往那种一家人捧着西瓜围坐在电视机前，父母边吃边聊民间断案，奶奶“科普”着命苦的秦香莲，孩子端坐在小板凳上，瞪着眼睛期待着龙头铡的出现，等着那句余韵徐歇的“张龙赵虎王朝马汉”的情景很难再在今天的家庭中出现。以青年受众为主体的网剧在向以大众受众为主体的电视剧转化时遭遇的“次元壁”区隔，不仅是媒介跨越的壁垒，或是青年观众与其他观众的代际差异，更是在大数据精准投射下观看习惯与审美趣味的分歧。这种趋势会给今后的影视剧制作带来什么样的变化，现在还难以下判断，只能拭目以待。

选自“文汇网”2019年7月12日

《长安十二时辰》：视听中焕发的传统文化之美

/何天平

近年来，国剧以展现传统文化魅力作为突破口而收获口碑、收视的优良之作逐步增多。如何展现传统文化，表现好传统文化之美，颇值思索。

近期优酷网络平台播出的剧集《长安十二时辰》自上线以来在关注度和口碑等方面成绩亮眼。这部拍摄历时200余天的剧集一经播出，便在豆瓣收获了8.8的高分。其扎实的剧作叙事、颇具匠心的摄影调度、严苛推敲的背景细节等被无数观剧者点赞。剧中缩影呈现的千年长安风貌，不仅成了全剧亮点，也令整部作品洋溢出颇具雕琢感的人文气息。在精益求精的视听制作氛围下，《长安十二时辰》将传统文化融入到了创作语汇之中。

除却饱满的人物设计和剧作内容，《长安十二时辰》所表现的深刻文化内核亦显厚重。该剧的场景搭建共花费7个多月，营造的美术氛围无比惊艳，服化道的水准亦远高于预期，不仅可从视觉角度上烘托剧情，更在赏心悦目之余，令不少观众大呼“学到了！”例如，剧中以人物身份性格为基准，以服装作为诠释历史面貌的重要载体，设计了样式各异又符合历史记载的人物装束：军人着颇为讲究的“缺胯袍”，官员着官阶不同的花纹澜袍，兵士着实战用的龟甲背，神傩着祈福驱疫的百衲衣……甚至连服饰的细节、穿法也拒绝含糊。观众通过切实严谨又华彩纷呈的服饰，不仅能学到传统服装的样式规矩，也能领略颇具特色的传统服饰之美。

在妆容方面，剧中的细节考据亦值得称道。据了解，剧中几乎每位重要角色在上戏前都需化妆近3个小时。剧中时代的粉底并非肆意涂抹，而是要用肤白打上三四层，再以胭脂从局部修饰，并注意同粉底的过渡；而眉形设计则依据了史载“十眉图”的讲究，不仅要符合时代特征，也要贴合演员脸型；发型设计也并非随意扎起、一盘而就，剧中男性角色均戴幞头穿靴子，并在各种发型中寻求搭配。这种细致入微的服化语汇，在光影的互动中激活了充沛的美学基因，形成了更具视听化的表达力量。

《长安十二时辰》大受欢迎的背后是影视创作与传统文化讲述的双向关系：传统文化魅力并非影视创作取巧的附庸，相反，二者不仅相辅相成，并且互相影响。以影视视听的创作手段为媒介，传统文化之美的展现更被大众喜闻乐见。而另一方面，展现传统文化之美则需要优良的匠心与严谨的姿态，使之在视听语言中得到自然而然的传释，使影视作品得以在先人智慧的灵韵中观照当代。

《长安十二时辰》一剧中洋溢的唐风古韵不止在国内市场得到了肯定，在海外观众中也引起了强烈反响。剧作靠细节发散的艺术感染力使观众能更进一步地获得文化审美和观剧娱乐的双重需求，不仅向国内观众传递了厚重的历史记忆，也向海外播撒了独特视角下的文化魅力。

近年来，传统文化题材剧集向外传播的步伐已加快，早先《甄嬛传》《芈月传》远销海外，曾引领了浓郁的中国风尚、中国潮流；《媳妇的美好时代》《鸡毛飞上天》《小别离》等现实题材国剧在非洲、东南亚等地热播，一度成为“网红”剧集；《琅琊榜》《扶摇》等国产古装剧在海外轮番播出甚至引发外媒热议。海外观众在领略中国传统文化之美的过程中，文化“走出去”自然也水到渠成。

除了服化道的艺术美感，在表现传统文化之美的语境中，影视作品的核心表达同样需有饱满的寄托。正如在《长安十二时辰》中，一方面是颇具文化差异的众生姿态，一方面是主角二人直面向前、追寻答案的不懈过程，其中透出的家国情怀、道德信义、责任担当正是中国传承千百年的优良品德，同样属于传统文化魅力的一部分；而在扎实的视听艺术表达下，整部剧所寄托的“为天地立心，为生民立命，为万世开太平”的思想，更为整体创作找到了传统文化上的精神坐标。

以视听手段切中传统文化的截面，不仅要扣准传统形式的艺术美感，更要把握住传统文化内里的核心思索，令传统文化之美传释出特有的深度。同时更需“以古人之规矩，开自己之生面”，运用现代化的视听手段，使中国影视剧集的产出更有生命力，使中国传统文化之美的书写在多种艺术渠道中有机焕发。

在这样的期盼下，《长安十二时辰》的出现或许提供了一个优良范本，“成功”并非只是数据的堆积、“人气”的竞技。只有当创作者真正捕捉到传统文化的深刻内涵，以行业匠心尊重与雕琢，其作品中的虚构世界才会真正发散出观照现实的智慧弧光。因此，全方位提高制作水准、切实讲好“中国故事”是推动中华文化向外走出的必由之路，在这样的前提下，国产剧集的海外远航或将收获更具现代活力的新鲜温度。

选自《文艺报》2019年7月19日

机器系:《长安十二时辰》的技术谱系

/李沐杰

流动、开放、混沌，是《长安十二时辰》中所描绘的上元佳节十二时辰中的唐代长安城给予观者与读者的最初印象。二十四小时有限的时间流将这些空间的特性通过戏剧冲突展现得张弛有度。除却常规意义上的分类，例如将这部作品解读为历史小说/影视剧、推理情节，对人物性格塑造和心理动机进行分析、是否还原历史真实度等，我们如何感受作者笔下、电视剧镜头中所描绘的时空在不同阶段、事件中所表达的张力与密度，例如速度与情状，质料与形式，控制与失序……？本文试图通过探讨这一作品中所描绘的长安城十二时辰的技术谱系，来勾勒作为影视剧集的作品所呈现的张力与密度界域。

法国哲学家吉尔·德勒兹（Gilles Deleuze）和心理分析师及社会活动家菲利克斯·加塔利（Félix Guattari）在《千高原》一书中将“机器系”这一概念定义为一种物质流，机器并非指涉一种工具或工业时代的产物，它是社会性的，处于情境之中，因而它强调机器的配置决定机器的属性、功能、运作，进而在实际运用中生成情状、密度。机器系同时还可以作为一种方法论，来展示技术的谱系。

通过绘制《长安十二时辰》所描绘的时空中的技术谱系的十二个要素和维度，本文试图展现机器系如何通过配置不同的要素和维度而生成不同的强度，并逐步解析经验如何内在于技术，从而构成着一种技术性的审美。

人口户籍的生命政治

法国思想家米歇尔·福柯（Michel Foucault）在构建生命政治这一概念之时，明确指出了它的治理在于对人口的规训。剧中所呈现的唐朝，人口的流动、身份划分被详尽地记录于人口登记与户籍系统当中，从姓名、性别、身高、职业、住所、社会阶层、健康状况、婚姻状况、财产状况到生死、迁徙、逃亡等。而这一系统的机器性运作则体现于它服务于隶属中央集权的情报治安机构靖安司的办案过程当中。

与其说人口登记与户籍制度，以及该系统的运作体现着中央集权的主权治理，不如说它是一部分配权力关系的真相推理机器。人口登记与户籍制度作为一种档案文件系统在靖安司排查犯罪嫌疑、锁定危害目标中具有了一种推演性，它在推动真相的获得之中进行着一步步的排除，从而分配了权力关系。这种权力并非中央集权的自上而下的主权治理，而是一种渗透于物质层面的分配。例如在对怀远坊居民的户籍排查中，对户籍档案的索引推理牵动着对怀远坊这一地理区域及其中的民众的进一步管控，从而影响着时空中的氛围，甚至于宗教此时作为另一种机器配置于惩戒当中（如祆教大祭司前往靖安司请求将罪人交由其信众进行宗教仪式性的惩戒）。

在此需要澄清的是，权力在此处并非传统意义上的政治学当中的基于排他性的权利，而是一种主导与压制的力学关系，因而它存在于物质层面。晚年福柯在构建生命政治学时触及了权力分配的渗透性与物质层面，它与基于主权的自上而下治理并存，且内在于个人、机器、配置、时空的身体与实在之中。

行政系统作为图灵计算机

现代计算机的雏形图灵计算机诞生于其创造者英国数学家艾伦·图灵（Alan Turing）思考如何解决使行政工作更加有效这一问题当中。《长安十二时辰》中靖安司及其相关幕僚的行政工作系统可以看作是一台高效运转的图灵计算机。它的有效性体现于：1. 离散性；2. 形式性；3. 算法。图灵计算机首先是一套数字符号系统，因而离散性这一特征归根结底是在表明数字符号的抽象运作机制。《长安十二时辰》中的大型图灵计算机所采用的数学原理来自《易经》。作为道家思想的起源文本，《易经》首先是一种抽象语言系统。这种抽象语言系统通过阴与阳这一二元数字单位来组构。靖安司在城中各处望楼上传递信息的加密系统基于卦象；靖安司最受重用的一员徐宾身上所佩戴的项链由各种卦象组成，也就是今天所说的图像识别机制，不同图案得以使得人脑记忆被分为离散、有限、形式性的区块，便于基于不同目的的算法调用。

当德国数学家、哲学家戈特佛里德·威廉·莱布尼茨（Gottfried Wilhelm Leibniz）接触到《易经》，他仿佛找到了自己所想象的一种基于符号的、形式性的普遍语言。而莱布尼茨的激进（或称为保守）则在于使得这种普遍语言流于了形而上。同理，道家思想在它的漫长发展过程中不免产生了形而上或实用工具化等误用，例如将其作为玄学或一种风水算命的工具。而《长安十二时辰》为我们所展示的这种深入物质层级结构当中又不乏抽象性的道家语言系统或许更加通透，至少它有助于我们理解当代数字化与计算机器条件下的物质文化。这样的解读并非是在否定道家思想的形而上维度，这里的形而上指的是一种本体存在模式，并非指涉纯粹抽象或科学性。道家思想游移于物质与形而上层面之间，这也解释了抽象唯物论的哲学立场。回到图灵计算机，道家思想的本体层面则体现于形式性与算法当中。

图灵计算机的重要意义在于使得思想得以具逻辑地被有限程序、步骤和算法所抽象并施行。而形式性则存在于决策的过程当中。作为靖安司司丞，李必这一人物在不同阶段的决策均发生于过程当中，即综合复杂环境因素而做出实时抉择。决策并不是为了控制局势，而是顺应趋势的一种借力使力。如此“无为”的背后是一种算法过程，在对阶段做出完成性决策的同时认可了变化与无限性的存在。

基础设施与精神治理

生命政治治理与图灵计算机的运作实则暗示了一种控制社会的特征。控制社会这一概念原本是德勒兹在20世纪90年代初基于福柯的规训社会而提出的，它反映了那个时代当下的阶段性特征，即借助新型数字化与计算机科技，一种内在权力运作模式渗透进了主权进行权力分配的规训社会，使得权力的分配显形于各种物质层级。这一概念在作品中虚拟的唐代社会得到了展现。德勒兹指出，控制社会并非取代了规训社会，而是运作于规训社会内部，上元节的十二时辰作为一种例外状态即展示了这种并存性。在控制社会，控制并非仅仅来自对环境的禁闭式控制，如医院、监狱这些封闭性较高的场所，而是通过调适。

最明显的例子则来自上元节对于基础设施的管控以驱导人员物资的流动：如传递信号用的望楼地点，设定彩灯安置地点，进城货车查验点，截取危险易燃马车的临时路障……这种治理并非仅仅是针对物质层面的调适控制。在算法治理的当代，德籍韩裔思想家韩炳哲所提出的精神政治学强调了新自由主义对于大数据的滥用以及如何通过算法和数据来操纵个体行为，而基础设施层面的治理同样也可被认为是一种基于无意识地改变个体行为的精神政治。

城市制图学

在靖安司的众多科技发明当中，移动地图模型算是其中最具价值的发明之一，因为它作为一个全方位监控系统，不仅囊括了长安城108街坊的明暗地形信息，作为一种治安甚至军事工具，它还能够实时追踪人员的流动，并借助想象分析实在的物质情境，从而帮助快速高效地做出实时决策。

讨论地图机器并不是意在批判一种工具化思维，或重复上述关于生命政治的论述。结合图灵计算机，地图机器给我们的启示在于，是否存在这样一种机器，它的离散、有限、步骤性应用于通过算法来调适审美感受与经验，从而分配不同的情状、张力与密度？文学与移动影像这些审美媒介具备这种机器机制的运转条件，即在创作过程当中调用、分配想象以进行思维的制图学。

德勒兹和加塔利关于思维的制图学的探讨建立于反对表征与再现之上，提倡思想在遭遇不同势力中被迫使在物质情境中发挥其自身的力量。基于此，叙事可以被看作一种思维的制图学，故事中的推理作为一种思维矢量具有一种抽象的唯物性，推理这种形式首先是思想通过抽象与具象在进行演算，每一步的演算需要落实到真实物质情境当中。主角张小敬在抽丝剥茧中也为我们勾画着长安城的另一幅地图，这里有遍布商铺酒楼的暗桩网络，藏匿于青楼深处的遍布乞丐、残废、奴役的地下城，信奉不同宗教的外国居民社区与寺庙……这种多维度的城市图景会令人感到鲜活，不仅仅是因为它不同于出于治安目的的基础设施控制网络，更是推理的那种剥离复杂性、柳暗花明却又阴晴多变的过程性所仰赖的物质想象在不断生成氛围、情状、张力、速度……从技术工具、控制网络基础设施到情状的制图学，这些物质实体一同交织、丰盈着一座立体的长安城图景。

加密的知识

在构成这种复杂立体的城市制图学过程当中，知识成为基于一种物质语言的交流系统的重要元素，而物质语言成了信息与知识之间转化的组织形式。信息与知识之间的差别可以理解为前者是更抽象的，而后者是更具象的。更严谨来说，在算法治理的当下时代，知识的深度正在丧失，变得愈发扁平，因而在形式上更加类似于信息；同时也因为数码与计算工具带来的传播的方便而更易与信息混淆。但也正是在数码和计算机时代，因为交流的方便，信息变得愈发与原初语境和实际情境脱离。从这种意义上而言，我们可以由抽象的级别来重新区分信息与知识。在词义上而言，知识与信息的区别也在于它需要被认知，因而它比信息更需要植根于时空经验。故此可以笼统地划分信息的抽象级别，更深层。

加密是一种传递信息的方式，它在本质上使得所传递的内容更加抽象，因为认知被局限于具有特定知识的接收者。而加密的知识实则在强调一种可通约性，即内容（无论信息抑或知识）的兼容性。这种兼容性的基础在于搭建统一的物质语言。以望楼为主体的信息传递系统属于这样一种物质语言形式。尤其是当司丞召集已遵旨下班回家的靖安司职员继续回来办案时，他所使用的更高级别的加密不仅是在传递信息，更是通过望楼网络和卦象释义这一物质语言的组构兼容性来调制知识。此外，被加密的不是信息而是知识这一特点还能够反向推测出更多信息，这即是说，知识在物质情境中的经验性给予了推演更多实际元素，从而通过更多的推演而反哺着信息及它的获得。这种内在于加密知识的信息传递，在多大程度上属于控制论范畴，而多大程度上能够真正构造知识？这些问题涉及了对于定义

"工具"的思考。

卜卦作为一种控制论

卜卦是一种对预见性的认证机器。与其说它具有现代计算机的功能性特征，即含有对预见性的概率的计算，倒不如说它是一种开放性系统，阐释的维度使得它一方面具有纯粹开放的潜能，一方面又使得它在被作为工具时可能被转化为另一种工具性用途。在故事开始之初，靖安司创始人何监对司丞李必说，卦象显示日中时刻会有做出影响未来一系列事件走向的决策。对卦象的阐释往往是神秘、含糊其词，因而接收者也可按自我所处的立场、意图与倾向来做出解释，进而影响行动。不确定性成为当即确定性的一个条件性因素，而对卦象的阐释的接收又使得卜卦工具转化为另一种接收者所欲运用的工具，如李必将这一卦象的阐释用于一种听从内心召唤的决定的心理暗示。这种工具的转化性属于一种控制论的二级秩序，即工具理性支配的控制在复杂性的开放系统中演进出了对其所在环境的适应性。在这其中，工具理性除了在第一层级秩序的封闭系统中进行递减的工具化，还在适应复杂开放的环境这一二级秩序中不断转化第一层级的工具性以适应复杂开放的系统。

在当下的数字与计算机文化之中，这种转化工具性的工具理性被称作一种自动化思想。"有用"成为自动化的条件，它是虚构剧作中的大唐衡量人物价值的标准，人与其所处的职位、背景等都是大唐政治机器的重要因素，因为这一政治机器的运作仰赖这种基建于工具性又转化工具性的机制。而我们又如何抵制、转化这种工具理性所支配的自动化思想？是否存在一种纯粹机器的自动化思想，使得机器作为一种高效抽象系统来表达思想的维度，而不从属于配置中的另一种机器？也许一种物质语言给予了一些可能。

符号属性

物质语言的核心在于一种过程性的符号，即符号不再是结构语言学意义上的能指和所指之间的静态对应，而是能指趋于一种漂浮过程，一个能指在与其所指的关系中产生与其他能指链产生连接的算法。具体来说，一种香粉的味道作为所指指向了它的拥有者闻染，这个拥有者的能指又牵引出主人公张小敬记忆之中的一连串能指链（战友—战争—意外—嘱托），而后构成一系列主人公的思想之行动。可以看到，这种物质语言生成着自动化思想。而物质语言过程的意义生产则存在于符号属性当中。

以徐宾发现长安城中尚有三百桶伏火雷并且靖安司藏有内奸为例，破绽出现在所伪造的物品入关清单所使用的墨水香味属于高级香型，并非城中的行政机构所使用的普通墨香。此处墨迹的属性在于香味，而发现不匹配的过程则是从墨迹、香味、识别墨质、定位产地、确定用途到排除使用范围等一系列物质语言的操作，这一系列操作在过程当中决定了事件的意义。

人—机配置中的冗余关系

人工智能的发展使得机器更加人化，无论从外观到智能而言。对机器取代人类的惶恐是人类对机器的认知尚停留在“模仿游戏”的人机关系当中，即机器的构造在多大程度上能够再现、还原人。而无论从古时候的人与机器的多种配置到以图灵计算机为模板的现代数码计算机器，甚至基于人工神经网络的自适应学习系统，人—机配置的多样化模态都可以视作超越模仿关系的例子。这需要我们以一种唯物视角来思考这些人—机配置，以超越一种人类中心说。德国媒介哲学家埃里克·赫尔根据社会心理学家塞尔日·莫斯科维奇的科技条件论，将感知的历史划分为三个阶段性的科技条件：有机态，机械态和控制态。赫尔的论点在于，控制论关系作为一种科技物的形成过程，从最初有机态中围绕人作为中心的制造科技物的活动，转而逐渐演变为一种系统性的、主动的、智能的、可沟通的物体关系。这一论点基于一种质料与形式的视角，它有助于我们分析不同的人—机配置模态。

靖安司的报时机器可以看作一种有机的人—机配置。它的有机性表现在人（庞博士）是机器运转的一部分，人与物在运作过程中无法完全分化，因而不能说是人给予了机器某种形式。另一种人—机配置模态则是上文所述及的控制网络。它的控制操演通过转化工具性实施，使得人之势力与非人的物质势力之间趋于雷同，并统一为一种机械同质的机器配置。这种配置并非有机，它是有机与无生命物质势力的趋同协作。这种控制论的机械本性状态在遭遇信息情报的流通时便会变本加厉，演进为一种认知的、智能的、环境化、自动化的生态系统。在这种生态系统，机器性被植根于物性当中，一种科技无意识将会支配着人类的行为与认知。

与其说从控制论状态演化而来的这种自动生态系统只在当今的信息时代存在，倒不如说在基于控制系统的机器遭遇信息情报机器并形成配置的条件下，这种自动生态系统便会形成并运作。剧中一些不同人物所展现的不同形式的、看似属于机会主义的行动呈现了这种自动生态。旅贲军首领崔器在为实现亡兄与自己的仕途理想的鞭策下，在姚汝能的暗示下选择投靠右相一派，后又做出叛逃右骁卫回归保护靖安司的决定；这些实则是崔器寻找、回归内心真实召唤的过程。大理寺评事元载将眼前的危在旦夕作为了一次能够加官晋爵的可能性博弈。作为太子右卫率的姚汝能一直在派系争斗中权衡，甚至制造机会来使自己预知谁的赢面更大；此外，这一过程更多的是他怎样权衡真实血性的自我与内心的懦弱和活在旧日荣光中的包袱。

如此多种形态的机会主义并不是在强调主观意志的主导性决定了成败，恰恰相反，机会主义依赖于信息环境中的刺激，才得以依据刺激来源灵活做出适应性决策。而这种灵活性与适应性是无意识的，即它并非深思熟虑、谋篇布局，而是顺水推舟，拥抱不可知、风险与开放性。而当真实自我的真面目一旦通过一种迭代式的、在经验中的“学习”而被展露，自动生态也许就成了为遵循真实自我的规则而运转的机器。

规则的可通约性

奥地利哲学家路德维格·维特根斯坦（Ludwig Wittgenstein）通过分辨计算与实验这两个概念的区别，指出了他所认为的关于图灵机器的缺陷。在他看来，计算指的是数学意义上对规则具有反思能力的一种遵循规则，而图灵机器只可被称作一种实验，即作为经验的一种计算，例如数数，它仅仅是遵循了一种机械的规则。维特根斯坦意图强调的并非图灵机器中的人类操作者在遵循机械规则，相反，他认可人类作为一种作用因在机器中的作用，他所要强调的却是一种反思性。反思性并不是指机器必须要具备人的反思能力。在维特根斯坦的语言游戏当中，反思性作用于规则的可通约性。

具体来说，语言游戏是一种在构成语法规则中怎样对事物进行分类、分布并影响思想活动的过程。思维过程了解某个概念与它对这一概念的应用是一种内在必然关系。即我们不能只以某种结果形式的行为来推演出背后的思维图景，而必须通过沟通思维图景与行为的规则来理解这种思想活动。而他所认为的图灵机器的不足正是在于一种模仿游戏，即通过归纳人类行为来推演机械机制，并没有找到机器本身的计算规则。

不过，语言游戏与图灵机器在某种方法上却为我们提供了一种规则的可通约性，来理解不同的人—机配置怎样构成不同的机器经验。语言游戏与图灵机器的根本在于数学，即一种抽象方法。在语言游戏中，数学作为抽象方法存在于一个概念如何展开于一系列语法规则之中，从而与对事物的分类、分布等具象化过程产生联系。在图灵机器中，从数学角度而言，数学的抽象实际上隐藏在图灵机器有限、离散的步骤当中，抽象的程度随着机器的递归而呈现变化。但上述两者都具有的抽象能力使得不同机器的规则具有了可通约性。

回到本文要探讨的一种机器形式产生的美学问题上，这种可通约性实际上建立起了分配、调整经验之强度的机制。剧中的主角张小敬看似不遵循规则，实际上他有着自己坚持的规则，并且深谙不同规则间的可通约性。此外，他也并没有去利用这种可通约性，因为利用意味着将自己的规则强加于他者。为什么在他拯救长安的阶段当中形成了一股对周围人所具有的凝聚力？是因为在他的规则运行的物质情境中所塑造的实在经验，通过他者的规则，在生成着效果的不同强度。

实用理性的情境主义

规则的可通约性在张小敬身上的运用可以被称作一种实用理性的情境主义。实用理性崇尚效率，它基于一种从行为到思想的归纳推演，以结果为导向来迅速判断输入与产出之间的回报。而实用理性的情境主义则将这种归纳推演运用到反思规则之上，并且在不断生成经验强度中构造着生活情态。情境主义国际作为一股思潮和一种运动，抵抗资本主义消费社会的景观性，提倡在制造具体生活情境中通过集体组织统一的时刻氛围和事件的游戏化来转化权力。情境主义运用资本主义景观社会中已有的物质元素来转化既有权力结构。借用这种唯物方式，实用理性的情境主义所要强调的也是一种对于情境的物质分配。它属于一种语言游戏，即概念或思想图景在分配物质要素中构造规则、产生情境。

节庆是一种例外状态吗

意大利哲学家吉奥乔·阿甘本（Giorgio Agamben）基于福柯的生命政治学提出了一种例外状态的治理，即通过悬置法律、利用不受法律约束的措施来进行治理的状态。例外状态之于常规治理，并不是非常态所创造的一系列规则凌驾于常规之上，而是在探讨非常态规则与常规怎样具有自反性地互相渗透，从而构建着新型的权力关系和主体。在调查危害长安城的恶性事件的逐步进展当中，既有法律的约束一方面变通成为各种规则的实行，一方面它的约束边界也在逐渐模糊。右相一直在将他所秉持的法家思想与政治机器的运作相耦合，即以法制作为一种服务于党羽斗争的工具。但这并不是说法在右相的立场是僵化的，它与政治机器的耦合恰恰体现在“因时立法，因事制礼”，比如表现在特殊时刻对李必等所谓的政治敌对势力伸出援手。同样地，这种规则的约束与边界的变化也体现在作为“士兵必须听从命令”这一规则怎样作用于不同性格的人物身上。从张小敬、龙波到崔器、右骁卫等不同立场与性格的人物身上和具体境况当中，不难看出这一规则始终在嫁接与之适配的人物性格和物质境况，以形成不同的或具灵活性、或具摧毁性或具狡猾乖张等的行动配置。

节庆作为日常生活的例外状态确实为大唐现时所处的政治机器的运转提供了法外治理的条件。上元佳节长安城呈24小时完全开放态，各国使节、族群怀揣各种目的、意图纷纷涌入长安城。而节庆与日常生活的辩证性还体现在它可以看作日常生活的普通、无聊所隐含的一种强度的汇聚。24小时的突发事件实际是大唐各种社会物质条件的一个戏剧缩影，因而节庆也不能够称为日常生活的一种域外状态，它实际上内在于平庸。如同闻染这一人物的符号指涉，她是长安城中的普通百姓，而张小敬、龙波都想借由她的眼睛，去看到长安城能够更好地存在和滋长，只不过两人采取了不同方式而已。

时间作为经验之算法

节庆还浓缩了经验的强度。如果说经验集结了时间与空间交集的情状与感知，节庆在经验积累中呈现着密度与速度。时间作为贯穿叙事的重要组织结构，为经验积累中所呈现的密度与速度提供了一种技术的秩序。这里所说的技术秩序可以追溯到对道家思想的科技哲学的探讨。“道”强调内在于物的黏合、连贯、一致的运作。而时间作为经验之秩序的技术性表现在它的呈现既是线性的，又是碎片化的，它的显形渗透于空间情境当中。这种配置可以看作一种经验的抽象机器。

这种经验的抽象机器在这部作品的不同情节和细节之处，描绘出一种反溯未来主义的技术性。例如上文已分析到的唐代行政系统有着现代图灵计算机的运行模式、20世纪90年代的控制社会范式和当今大数据时代的精神政治也都适用于分析故事中虚拟的唐朝社会，右相的“依法治国”在现在看来也有着超越社会时代性的政治价值，等等。这些设计固然有作者将唐代长安城投射为自己心中的理想时代布局的意图，因而将现代性想法植入到这一布局当中。但反过来讲，这又是在重塑一种历史观。如此通过抽象而运作的意识形态机器并非仅仅意在表明时间的唯物性质，它还暗含了历史观即是一种具象化了的排布时间的算法，而经验的抽象则内在于这一算法。

选自“澎湃新闻”2019年7月23日

十二时辰：终点暧昧引发的混乱

/毛尖

上个星期，甘露老师让写写《长安十二时辰》，当时我就“喏”了一声，想着就差最后两集了。没想到第二天起来，说好的25集突然变成了48集，当时我就跟张小敬听到外面还有三百桶伏火雷一样，软了。

差不多也是第一次吧，快看到结尾的剧，突然郭敬明有了姚明的身高，本来想走过去赞美一下对方脖子美，走近一看是大腿。比例突变这种事，一般发生在战场上，比如德军将领保卢斯的哀号：“原来以为一个星期可以拿下斯大林格勒！”

这么说吧，《长安十二时辰》看到十来集，算是有好感。网上大呼小叫的服化道，不是我的菜，但即便是装修过头的路人，厉害过东方明珠的望楼，拥挤过南京路的西市，都可以作为影像的风格被接受，本来《长安》也不是写实，用原著编剧马伯庸自己的话说，他也不建议大家把它当成“真正还原的历史剧”，他强调这是一部“传奇作品”，“类似《三国演义》和《封神演义》”。而且，作为《24小时》的铁粉，看到片头的日晷从巳正划向午初，想起陪伴过我们八年的嘀咚嘀咚实时声，简直有一种幸福感。还有什么能爽过在夏天的夜晚看一场反恐？

死囚张小敬以守护长安的名义被靖安司司丞李必从监狱提了出来，两人要联手在十二时辰里破获一起毁灭长安的反恐行为。张小敬的任务设定和杰克·鲍尔一模一样，观众也在开局十分钟里感受到，只要张小敬活着，长安就还是世界上最伟大的城市。但是，《长安十二时辰》，却一个时辰接一个时辰地把自己拖入虚无。

作为此剧最大的空间站，靖安司和大案牍术是《长安》的一个主要设置，从第一集到第二十四集，几乎集集都要重申靖安司和大案牍术的厉害，但实际的情况是，大案牍术，也就是大数据，选出来的张小敬，完全是人为。而靖安司和大案牍术在中段被烧毁以后，也没见剧中人的行动有数据匮乏的掣肘，同时，就像郭将军辣讽右相说的，“你没有大案牍术，但情报比谁都快。”所以，回头看，大案牍术跟剧中的地下城和葛老，长安名妓和花街艺人一样，出场效果和实际功能，就是淘宝的卖家秀和买家秀，最终沦为一场视觉虚无。

《长安》开场，几个长镜扫描出整个长安，导演的摄影出身一览无余，但是，不同的社会等级在剧中的等级差异，只留在剧本的人设层面，剃头匠女儿的妆容和话语比顶层子弟更斯文，地下社会的统治者非常奥赛罗，最低价妓女有着最高级志趣，将军的女儿倒混混似的，往好里说这是长安的抖音状态，但谁都看得出来这是一部因为终点暧昧引发视角混乱、剪辑混乱、价值观混乱的剧。死囚张小敬有平民关怀，右相林九郎有法家思想，女婢檀棋有超阶级的思考，这些，都曾经构成《长安》的口碑。像右相的律法观念，也让观众由衷地希望他活下去。但是，所有这些人物的最硬核部分，都被影像官僚主义搁浅或冲乱。为了撑足48集，《长安》不断旁逸斜出，为长安人民奔波的李必和张小敬，终于要分头去救檀棋，“世上只有一个檀棋”，李必求太子，不惜说出全剧最深情台词，“愿终生供太子驱使”。

最清高的李必可以放下所有，这部剧终于越变越自由。只要编导需要，前一秒武装后一秒女装，女主在井底待十集也绝不是事，林九郎受观众欢迎，那就反恐剧转谋略篇，戏份不够，注水千年不变的职场和情爱。李必在前面十集一直在靖安司跑进跑出，各色差役口吐各款大唐名词来来回回叉手唱喏，还多少有点编剧所谓的“官僚美感”，但是十集后整部戏所有角色染上影像官僚气，李必一直皱着眉，张小敬一直横着嘴，盛世长安已经人人暗桩，遇到点历史细节就专题昭告。看出来了吧看出来了吧，这是大唐的“我是歌手”，这是大唐的水盆羊肉、火晶柿子，还有右相背后的匾，看清了伐看清了伐。

看清了。全剧第一名是大案牍术，第二名是天眼系统，但是，48集下来，热的如果是这些似是而非的大唐冷知识，全剧的因果逻辑被大唐细节不断离题不断割裂，那么，我可不可以说，这部暑期最红档开出的影像官僚风可能会在未来的日子里，弄出一批只有一万个叉手礼的古装剧？

选自《文汇报·笔会》2019年8月3日

《长安十二时辰》里的“道具”是如何“穿越”的？

/胡阿祥

最近看的热播网剧《长安十二时辰》，日前已经完结。说到原著作者马伯庸，我在媒体采访与写文章时提到过，事情的缘起是这样的：2013年的时候，扬州市文物局宣布发现了隋炀帝陵，关键证据是出土了“随故炀帝墓志”，注意，墓志上的“随”，不是隋朝的“隋”，而是“随便”的“随”。很快，马先生在微博中发出质疑，说墓志中出现了“大业十四年”字样，而大业十三年李渊就取代隋朝了，所以这块墓志涉嫌作伪；接着，又有扬州大学的教授指出，墓志中隋朝的“隋”非常可笑地错成了随便的“随”，而且皇帝的墓穴中只可以放玉册，不可能有墓志。于是一时之间，围绕扬州隋炀帝陵造假的质疑，为许多人所接受。

事有凑巧，我早年正好研究过相关问题，而按照我的理解，出土了墓志、墓志上的“随”字写法、“大业十四年”纪年，这三点质疑不仅难以成立，反而是坐实此墓为隋炀帝陵的“铁证”。我为此写了一篇文章《有关扬州隋炀帝陵“质疑”的质疑》，估计马先生没有看到或者没空看这篇文章，所以没有回应。

说回《长安十二时辰》，有网友开玩笑说是《强拆引发的长安血案》，或者中国版的《最长的一天》。我看下来感觉不错。不错在于马先生能扯出这么多的内容，这就是作家与我们这帮小心翼翼做历史的人的差别；不错在于本剧头绪繁多，背景复杂，立意宏大，制作精细，烧脑的程度与观赏的美感也非常值得肯定；还不错在马先生的历史知识与史学功底，真的不可小觑。虽然我没有看过原著小说，但网剧版的《长安十二时辰》，总体而言，真的可以作为哪怕专业人士感悟大唐的参考剧目。

如果把《长安十二时辰》比作一台多幕大戏，那么，要看懂这台大戏，就需要掌握剧情、明了舞台、熟悉演员、理解道具。剧情的发展，也不必事先掌握，以免少了观剧的悬念；演员的情况，大家应该有一个基本概念——大唐长安是座超级国际大都会，外国商人、教徒、使臣、学生，以及西部与北方少数民族的居住人数、到访次数与倾慕之情，都堪称空前。这样也就有了基本了解。

接下来，我在这里，不妨就所谓的舞台与道具，各举一个例子。

“舞台”，这里指的是《长安十二时辰》的大唐长安。剧中长安县、万年县，东市、西市，怀远坊、平康坊等地名，显然不是随意设置的。比如张小敬是长安县不良帅，那他到万年县探案办事就多了些麻烦；取义“怀柔远人”的怀远坊，是四方杂糅的“胡人”的主要聚集地，既在长安县的管辖范围内，又北向紧靠着相当于国际化小商品市场的西市。而林右相所住的平康坊，在万年县管辖范围内，东向紧靠着东市，东市的周围建有众多达官显贵的豪宅，东市也就相当于高端人群的消费区。这类消费之一就是青楼，与剧中表现的情况一样，平康坊确实是当时莺歌燕舞的妓女集中之地，以致后世将“平康”作为青楼的代称。其他如张小敬被关押在怀远坊南面的长安县监狱，大唐“中情局”靖安司在西市东面的光德坊，等等。于是张小敬、檀棋等人就不得不在长安东西之间奔来奔去，而剧情由此得以展开，大唐长安的面貌也得以较为全面地呈现。

呈现出来的大唐长安面貌是怎样的呢？通过观剧，我们就能了解到长安宫城、皇城、坊市的大致分布。对照着看唐朝长安城示意图，剧情就会立体起来。比如剧中呈现最多的坊、市，“坊”是格局规整的居民区，“市”是买卖商品的市场。不同于宋朝汴京的前店后坊，也不同于明朝北京的坊市融合，唐朝长安是坊市分离的，就是把居民区与商业区分开管理。那纵横交错的25条街道，分出108坊，对应着天上的108星宿。而以朱雀大街为界，长安东半部属万年县，有53坊和占地两个坊的东市；西半部属长安县，有55坊和占地两个坊的西市。据说这东市、西市的布局，还是“东西”一词的由来呢。要是果真这样，那又是陆上丝绸之路对中国语言的词汇贡献。

与东西走向的陆上丝绸之路协调一致，由西安往兰州以至河西走廊的城市，在古代的市场分布，基本就是东市、西市，甚至城市的形状也是东西延伸，而不同于内地许多城市的北市、南市，以及南北延伸的城市形状，而且我们注意到，西市往往更加平民化、胡化、小商品化，这又对应了“胡人”也即少数民族、外国人进城以后方便住在城西的情况。历史就是这么有趣，有规律可循。

再说说剧中的“道具”。《长安十二时辰》以服装道具考究著称，而这里所说的道具意义又有不同。道具对于戏剧来说，起着符号、象征、点睛、串连等复杂作用，看戏的人应该有所知会，比如《关大王单刀会》里的青龙偃月大刀，《十五贯》里的那串铜钱，《孙悟空大闹天宫》里的那根如意金箍棒，都是全剧的关键或者串场的工具。具体到《长安十二时辰》，全剧得以展开的基础、情节得以悬疑的关键，似乎都可以说是伏火雷，从曹破延炸了旅贲军的3车15桶，再到徐宾舍命得知、张小敬舍命追踪、可能炸毁整个长安城的龙波、鱼肠的300桶，伏火雷一直是巨大的隐患。因此我把它比作《长安十二时辰》这台大戏的道具。

那么，伏火雷到底是什么东西呢？可以肯定的是，伏火雷的主要原料是黑火药和剧中所说的延州墨。黑火药容易理解，它是用硝石、硫黄、木炭三种原料的粉末，按照一定的比例配置搅拌而成的，因为在燃烧时会生成大量的黑色烟雾，所以称为黑火药。当药量足够大时，尤其是将它放在密闭的容器中燃烧时，由于会在刹那间释放出大量的光、热与冲击波，因此具有了摧毁力。而在《长安十二时辰》中，让黑火药威力倍增以致成为恐怖“核弹”的关键还是延州墨，这又是什么东西呢？其实这涉及中国古代一个重大的科技发现。

大家应该都知道北宋的沈括和他的《梦溪笔谈》。在《梦溪笔谈》中，有这样的一段记载：“鄜、延境内有石油。旧说高奴县出‘脂水’，即此也。生于水际，沙石与泉水相杂，惘惘而出。土人以雉尾挹之，乃采入缶中。颇似淳漆，燃之如麻，但烟甚浓，所沾幄幕皆黑。予疑其烟可用，试扫其煤以为墨，黑光如漆，松墨不及也，遂大为之，其识文为‘延川石液’者是也。此物后必大行于世，自予始为之。盖石油至多，生于地中无穷，不若松木有时而竭。”这段记载译成白话文，意思是：鄜州、延州即今陕北延安一带，有一种石油，过去说的高奴县出产脂水，就是指这种东西。石油产生在水边，和砂石、泉水混杂在一起，时断时续地流出来。当地居民用野鸡尾毛把它蘸取上来，采集到瓦罐里。这种油看上去很像淳漆，燃烧起来像烧麻秆，只是冒出来的烟很浓，把帐篷都熏黑了。我猜想这种烟可以利用，就试着扫了一些烟煤用来做墨，结果写出来的字又黑又亮，即使是松墨，也远远不及它。于是就大量生产，并且定名为“延川石液”。这种墨以后一定会在世上广泛流行，只是从我开始做它罢了。我推想那石油肯定极多，地下的蕴藏无穷无尽，不像松木会有用完的时候。

沈括真是一位伟大的科学家，虽然他的预测是油墨大行于世，而非今天的石油大行于世。回到《长安十二时辰》的剧情，因为石脂燃烧后，生成的烟可以用来制墨，所以“反派”报关时报的是300桶墨料，这就没有引起“海关”人员的注意，而黑火药加上石脂，一旦爆炸，石脂飞溅，就会把处处上灯的上元夜长安焚烧殆尽，这就是神秘的突厥语“阙勒霍多”——怪物伏火雷。当然，伏火雷之所以神秘，关键还在于它的“穿越”，因为唐朝时内地人连石油都还不熟悉，就更谈不上以石油加火药制作伏火雷了。不过马伯庸的这个穿越，就小说来说，实在是精彩的一笔。

《长安十二时辰》里值得说的东西很多。2016年年初，我曾用8天的时间，看了54集的《琅琊榜》，然后用21天的时间，写了本13万字的《胡阿祥解说〈琅琊榜〉》，包括原道、明时、释名、寻人、证事、说物、穿越7篇49节。当年我写这本书的旨趣，是“还原历史真实，以为剧情谈助；解读剧情关节，以为社会添趣”。如果大家也这样来看《长安十二时辰》，那就不仅是看热闹消闲，也是得门道做学问了。

选自《探索与争鸣》微信公众号2019年8月17日

胡阿祥教授喜马拉雅音频课程专辑修订稿

《长安十二时辰》背后的中产情绪投射：一场遥远的盛唐想象

/张耐冬

三年前，因获得雨果奖而在国内广为人知的《北京折叠》引发了一系列争论，焦点在于郝景芳笔下那个不在同一时间和空间内共存的、借助大地反转而实现空间折叠的社会是否会以非奇幻的形式降临。这种焦虑充满了对失去发展机会的恐惧——若被某种社会身份或经济水平锁死，就被封闭于自己所在的场域，从生存资料、生活趣味到人生价值都无法与其他群体共享，就像封闭在一个平行时空中，永世不得翻身。但这种恐惧并不是所谓“第三空间居民”的情绪，倒更像是略带杞人忧天味道的中产式躁郁。

类似的中产式躁郁还有很多，好事者也总在制造并引爆此类话题，比如近两年总在春节前出现的死亡威胁，“流感下的北京中年”或“一个寒门出身的状元之死”。它们因情景描写与情绪渲染过于逼真而引发恐慌性想象，让读者感同身受而人人自危，唯恐可怕的结局轰然而至，就像马伯庸在《长安十二时辰》（以下简称《长安》）里反复渲染的、即将到来的“阙勒霍多”。

随着由小说改编的电视剧在网络热播，“阙勒霍多”也成为凶险而带有悬念的年中热词。在小说中，“阙勒霍多”是情节得以层层推进的基点，其作用就像《引爆摩天楼》里令江户川柯南提心吊胆的、不知下一颗在哪里的定时炸弹。同样有趣的是，借鉴美剧《24小时》基本设定的《长安》正如《名侦探柯南》一般，讲述的是现代感十足的侦探传奇，虽然作者将故事背景置于近一千三百年前的唐代都城长安。

《长安》因“阙勒霍多”的存在而富有悬念，同样因为如此，推理解谜不可避免地成为叙事主线。作者与读者都不由自主地根据开篇交代的基本信息，跟随主角在蛛丝马迹中梳理线索，顺着长安地图在这个人口密集的国际大都市中寻找案件的幕后主使，并在不断解决其布下的一个个小障碍后，破解“阙勒霍多”的真面目，还上元节的长安以祥和安宁。根据《24小时》的设定，《长安》必须在一天之内解除隐患、惩办凶手，如此则很难在保证情节连贯与紧凑的同时刻画人物性格中的明暗掩映，更难让这些人物的形象在十二个时辰内发生符合逻辑与人性的变化。写法与主题设定，似乎从一开始就决定了这部小说中的人物是功能性的，其性格与形象是单面的而非立体的。如果只有李必这一个睿智而有志于澄清宇内的命定主角，它至多是一个以情节取胜的柯南式故事，而曾有“十年西域兵，九年不良帅”经历又作为死囚被卷入这场与“阙勒霍多”之战的张小敬作为真正的男主角出现后，它便真的成了一个主角与配角同样形象苍白、性格单调的救世故事。在同名电视剧问世之后，作家李静睿重读小说文本，在微博上发出的简短评论恰如其分：“看起来紧张得要死丰富得要命却空空荡荡的书，没有人，也没有什么真正让人信服的情感。有很多知识，但知识太重了，压得故事喘不过气。”

非常有趣的是，与小说相比，电视剧中的人物，似乎有了属于他们每个人的性格与形象，这种突破原作、为功能性人物注入灵魂的尝试获得了部分受众的认可。但毛尖老师评价由《长安》改编的热播剧集时说过一段尖锐又引人深思的话：“不同的社会等级在剧中的等级差异，只留在剧本的人设层面，剃头匠女儿的妆容和话语比顶层子弟更斯文，地下社会的统治者非常奥赛罗，最低价妓女有着最高级志趣，将军的女儿倒混混似的。往好里说这是长安的抖音状态，但谁都看得出来这是一部因为终点暧昧引发视角混乱、剪辑混乱、价值观混乱的剧。”

原作中的人物缺乏灵魂，使主角在关键时刻做出的选择缺乏说服力；改编作品给了人物灵魂，却让剧情的发展失去准头，同样令他们在生死关头的抉择显得不合情理。“终点暧昧”虽然是毛尖对电视剧的评价，也同样可以用来观察原作：为什么要救长安？为什么一个死囚要救长安？当昔日战友因为官府的不公、朝廷的腐败而选择谋害皇帝与朝臣时，这个和战友有同样遭遇的死囚为什么坚持他之前的选择？

书中的张小敬有一句自我剖白：“我做了十年西域兵、九年不良帅，所为不过两个字：平安。我孤身一人，只希望这座朝夕与共的城市能够平安，希望在这城里的每一个人，都能继续过着他们幸福而平凡的生活。”这或许可以回答“为什么要救长安”，但不能作为“为什么一个死囚要救长安”的充分必要条件，更无法回答在得知有关“阙勒霍多”的阴谋由与他有类似遭遇的战友策划时为何仍毫不动摇。

一座城有时可以使老故事中的侠客成为现代意义上的英雄，就如襄阳城之于大侠郭靖。若没了襄阳守城，一再被金蛋砸中的郭靖与历代传奇故事中面目模糊的幸运儿并无二致，而有了襄阳城，有了坚守孤城的举动、为守城甚至想刺杀有兄弟之盟的拖雷，脱离了一般意义上的恩义与恩仇的、“为国为民”的郭靖才进化为具有现代家国情怀的英雄。拯救长安的张小敬或许也有可能成为郭靖那种类型的英雄，不过，或许是因为他只有十二个时辰，又不能以降低悬念比例的方式多关注他的内心，上面的几个“为什么”未被回答，死囚不良帅终究没能成为现代英雄。

张小敬有一句魔咒般的断言：“在长安城，如果你不变成和它一样的怪物，就会被它吞噬。”在他眼里，驯骆驼的外乡人、夜里吹笛的太常乐工、梦想成名而勤学苦练的舞姬、盂兰盆节卖纸船的盲婆婆，都随时可能被长安怪兽吞噬。“我在长安城当了九年不良帅，每天打交道的，都是这样的百姓；每天听到看到的，都是这样的生活。对达官贵人们来说，这些根本微不足道，这些事更是习以为常，但对我来说，这才是鲜活的、没有被怪物所吞噬的长安城。在他们身边，我才会感觉自己活着。”作为怪兽的长安是个很难一言蔽之的存在，它是这座城市的人格化形象，阴谋与权力、贪婪与腐败都是它的局部，而居住在城中的平民与贫民，恰恰是这些凶险因素的受害者与对立者。来自陇右的崔器战死前说“我到京城来，本以为能建功立业，可我不该来。长安把我变成一个我曾经最鄙视的懦夫”，同样是作为怪兽长安的受害者，对为怪兽所迷而失去自我的忏悔。

张小敬和崔器都没有说怪兽长安究竟是什么，作者马伯庸在一句旁白中倒是给出了提示："长安大城就好似一头狂暴的巨兽，注定要吞噬掉离它最近的守护者。想拯救它的人，必然要承受来自城市的误解和牺牲。"张小敬守护的，是怪兽长安的受害者与对立者，那么另一边就应该是城中的权贵及其投靠者，如果借用《北京折叠》的说法，就是第一空间。

与郝景芳构想的折叠世界不同，长安没有给每个空间的人划定活动区域与时间，不同阶层的人共享同一个生活场域，出身与财富的差异使掌握权力与暴力者自然而然地成为公共空间的主宰者。他们可以随意践踏平民与贫民的权益，闯入这些属于第二空间与第三空间人士的生活，剥夺他们原有的快乐与安宁。长安不折叠，第二空间与第三空间居民随时会在权力或暴力的介入下跌落，成为这座城市的弃民，或是像闻无忌一般与人为善却朝不保夕，或是像张小敬一样守护百姓却身陷囹圄；当然，也可以像元载那样攀龙附凤，爬到第一空间的边缘。

所以，长安的平民与贫民需要守护者，为的是让自己不跌落为弃民，但守护者张小敬被判死刑。他守护秩序，却被无视秩序者严惩，正如遵守秩序的闻无忌被破坏秩序的熊火帮和熊火帮身后的封大伦与永王欺压。张小敬和闻无忌反映出长安市民的惶惑，他们需要公平，需要秩序，唯恐公平不被重视、秩序无法维持。而一旦公平无法实现、秩序只能用来作茧自缚，准备用"阙勒霍多"毁灭召唤怪兽长安的萧规就会登场。

在我看来，这才是《长安》的真相。透过张小敬、闻无忌和萧规，可以看到投射在历史故事中的中产者的焦虑。他们将岁月静好、现世安稳的目标寄托在守护者张小敬身上，同时担心自己的奉公守法也无法摆脱闻无忌式受害者的命运；他们将秩序难以维持时诉说冤屈、反抗不公的冲动交给萧规，幻想对制造不公、纵容不法者进行报复。而且，闻无忌留下了家传的制香之法和象征着生命延续的女儿，张小敬从死囚牢中被释放，还遇见了令他倾心的侍女檀棋。萧规虽然是负面情绪和极端行为的肉身代表，但他的死亡宣告了秩序的回归、安全的复归。

闻无忌、张小敬和萧规的关系也极具隐喻意味。秩序守护者反复寻找并与之斗争的"阙勒霍多"制造者是与自己出生入死、出于同源的军中手足，就像最激进、最具破坏力的行动往往来自最不愿看到动荡与改变的中产阶级自身。更具讽刺性的是，闻无忌、张小敬和萧规都无法左右自己的命运，即便是最为偏激的萧规，为重建秩序而针对权力拥有者的暴力出击，也是形式大于内容。

也许上面这段解说显得匪夷所思，那我们不妨用另一种阐释思路：为什么这个故事选在天宝三载？

二十世纪开始，中国作家与影视工作者创造了很多叙事模式，却每每借助丰厚的历史资源，而他们所选择的历史背景，只是为了映衬某个当下情境。故事中的某个历史时代，与现实中的某个时段构成高度互文关系。侯孝贤的《刺客聂隐娘》就是一个例子。通过对原传奇故事中人物关系的重构，侯孝贤在讲述刺杀案所蕴含的“长安与河北之间”时，建立了错综复杂的两岸关系叙事。他之所以选择聂隐娘的故事，就是因为彼时长安与河北尚算得上互有进退，而非一方完全压倒另一方——但这显然只是他对现实的假想。而《长安》选择了大唐全盛之时作为背景，虽然是常见的对盛世的想象式怀念，但用意并不在描绘“万国衣冠拜冕旒”的波澜壮阔，而是将目光对准了长安的街巷坊里，将反恐故事置于长安城的第二空间与第三空间。“阙勒霍多”的制造者是被长安第一空间夺去生存机会的蚍蜉，而第一空间之外的长安居民，不但最可能成为“阙勒霍多”的受害者，也随时可能被第一空间所驱赶的怪兽长安吞噬。他们如何自保？

似乎没有答案，虽然来自第三空间的张小敬和来自第一空间的李必联手挫败了萧规，但故事却并未真正结束。因为早已有人黄雀在后，将萧规苦心经营的“阙勒霍多”作为权力斗争的工具。萧规失败了，还有别的机会，对此，李必觉得再正常不过，而作为长安守护者的张小敬，则仅是报之以一声怒吼、击倒李必的一拳和一滴泪水。这个无力的举动，让整个故事的合理性不复存在，让救长安、救万民的英雄叙事被魔幻宫斗主义叙事颠覆。然而，这段没有合理性的传奇，大概才是无处不在的中产式躁郁寻找到发作突破口时的真实状态吧。

选自“经济观察报书评”微信公众号2019年10月5日

《哪吒之魔童降世》：抗争幻象中的自我救赎

由饺子导演执导的《哪吒之魔童降世》自2019年7月26日上映以来，以对传统封神演义故事的当代演绎引发了观众的共情，使得电影不断刷新票房纪录，最终斩获近54亿元，不仅成了中国内地动画电影票房冠军，也摘得了亚洲动画电影最高票房的桂冠，树立了国产动画电影市场新标杆。究竟是哪些因素，使得这部被称为史上最丑哪吒形象的影片，能够推陈出新创造奇迹呢？

哪吒形象的历史演变及其与当代社会的关系成为众多评论者的关注点。孙佳山和朴婕分别从不同路径切入哪吒形象的历史演化及与当代社会之内在关联的考察。孙佳山认为，影片对市场经济改革下时代情绪和家庭伦理关系的把握是创造性改编的基础；而朴婕则指出，哪吒的形象突变与认同寻找体现的是对中国进入全球化秩序轨道后寻找自我定位的折射。

作为影片核心的抗命精神及其暧昧性也引起评论界的热议。马姝指出，哪吒从1979版的《哪吒闹海》中“牺牲小我成就大我”的“无我”抗争到以解决个体与命运之冲突为目标的“有我”抗争的背后，乃是当代个体主义的高度解放。陈子丰则反过来批评影片中哪吒的抗命遮蔽了其身份认同背后的不合理法则，因而只不过是对当下新自由主义奋斗观的迎合。而小五则将哪吒的认同分裂视作统治阶级与民众相对立的合法性危机的表征。

《哪吒之魔童降世》：我们需要什么样的少年英雄

/陈子丰

每当一个新的国产动漫作品问世，它都会被人捧为国漫之光、国漫崛起的标志，这似乎已经成为影片宣传的标准套路。国际动漫市场竞争激烈，观众对国漫寄予厚望，迫不及待想要它一鸣惊人，这无可厚非。但是新一代国产动漫电影从《大圣归来》一路“崛起”的历程应该使我们明白：行业的发展是不停摸索、积累、进步的过程，而一日千里，“出道即巅峰”既不现实，也未必是件好事情。

在此基础上我们讨论饺子导演的动画长片《哪吒之魔童降世》，可以说它虽不完美，但进步与成功肉眼可见。110分钟影片的完成度几乎前所未有：本应成为灵珠子转世的哪吒被申公豹算计，生为魔丸，他的成长故事伴随着层层递进的大小四次高潮：逃出李府为祸陈塘关百姓的哪吒是个十足的转世小魔鬼；学法术后路见不平，结识敖丙而被冤枉的哪吒又原来是个渴望认同而受挫的倔小孩；生日宴前被告知“魔丸”出身而爆发失智的哪吒变成怨恨的叛逆少年；最终战敖丙、救百姓、跪父母、迎天雷的哪吒外形上恢复为一个小孩，但完成了内在的自我确认和成长。其中还纠缠了一个哪吒与敖丙“两生花”的故事：叛逆的魔丸和乖巧的灵珠，就像小鱼儿和花无缺、花与爱丽丝、七月与安生一般相互怨恨、羡慕和吸引。影片技术上的进步，体现于人物眉眼细节、动作风格、画境中流动的水波鱼影和大战之际冰火交融的震撼视听效果及连贯剪裁，让情节更加引人入胜，观众完全代入其中。

更不易的是，《哪吒之魔童降世》大胆接手的是经典中的经典的改编，甚至还想扩展出一个“封神宇宙”。并非巧合，《大圣归来》（9.56亿）和《哪吒之魔童降世》（目前14亿）是国漫迄今为止的两座票房高峰。票房或许不能代表影片的水平，但可以代表观众的期待——孙悟空和哪吒这两大中国本土IP承载了一代又一代的青春和理想，注定受万众瞩目，但也一定会迎受更严格的审视。珠玉在前，观众定然会将《大圣归来》和《大闹天宫》、《哪吒之魔童降世》和《哪吒闹海》比较一番。但必须澄清，它们不是原著和改编的关系。孙悟空、哪吒这样的经典形象，从唐宋以来不断演化，总是灵敏地反映着时代精神，从而获得常新的艺术生命力。我们分析、评价这样的角色，也必须将其放入时代背景中，正如导演自己在采访中所说，他手下的哪吒，应该更多聚焦当下的问题。

哪吒演化史：家庭权力与社会权力

哪吒从唐宋传入中国以来，形象不断变化，从忿怒的夜叉变为机敏的孩童，从孝子变为不肖子。但哪吒形象在变化中也有相对稳定的内核：他与社会权力和家庭权力始终保持密切而有张力的关系。

哪吒来自梵文，本译那罗鸠婆或哪吒俱伐罗，在印度密教中是毗沙门天王三太子，为天王托塔持杖，受父亲指挥降魔护法。在密教中他一般以凶恶的夜叉面目示人，称“忿怒哪吒”。唐代密教盛于中国并服务于玄宗复兴王室权力的需求，哪吒在此背景下传入中国。此时这位威武可畏的夜叉不仅护佛法，还护王权。据《北方毗沙门天王随军护法仪轨》记载，哪吒自称“我昼夜守护国王大臣及百官僚”，对叛逆者用金刚杖刺其心。可见最早，哪吒是法力与权力的守护者。

哪吒还骨肉于父母的情节最早见载于北宋，多处文献记载“哪吒太子析肉还母，析骨还父，然后化身于莲花之上，为父母说法”。这一行为主要是在印度佛教弃绝色身的框架内被理解，和“身体发肤受之父母”的孝道关系不大。哪吒大约在南宋开始本土化。民间素有神化英雄人物的传统，此时唐代名将李靖的形象几经演变成为毗沙门天王化身，哪吒也自然成了他儿子，与李靖一道显灵降妖。

元末明初，哪吒形象从忿怒夜叉逐渐向孩童演变。这或许是因为后者更符合民间追求吉利喜庆的审美，也或许是因为明以来中国人口迅速膨胀，上至宗室下至黎民都以多子为福。儿童占人口比重一时剧增，促成了成人世界对儿童的关注乃至于对童年状态的发现（李贽著名的“童心说”出于此时并非偶然）。明《三教搜神大全》插图中哪吒的形象已经是一名可爱清秀的儿童。这一记载民间儒释道神仙传说的书籍中也出现了哪吒大闹龙宫、杀死石记（矶）之子，父亲怯懦想要杀他谢罪，哪吒怒而“割肉刻骨还父”的情节，父子冲突初现。

在约成书于嘉靖年间的《西游记》中，哪吒经历了从佛教向道教的重要演变。值得一提的是，在其前身《大唐三藏取经诗话》中，杀龙抽筋的是猴行者（孙悟空前身），《西游记》将这一事迹转移给了哪吒，他闯祸后，父亲“恐生后患，欲杀之。哪吒奋怒，将刀在手，割肉还母，剔骨还父”。而哪吒复活后便要杀父报剔骨之仇，李天王从如来处求得宝塔收服哪吒才勉强解冤释仇。很明显，《西游记》中的哪吒是满怀怨恨被逼死，而不是主动为亲舍身，而无论是李天王畏惧的天庭还是求助的佛祖，都是比自身更强大的外在权力，是他背后真正的“宝塔”。作者多次调侃李靖见到儿子时因为忘带宝塔而惊恐不安的情形。

稍后的《封神演义》用三回介绍了完整的哪吒故事，使他成为灵珠子化身、姜子牙先行官，以辅佐武王伐纣为使命。在这一版本中，哪吒知道自己身世非凡，无知顽童闯下的大祸也有了恃贵而骄的意味，他沾沾自喜地对告状的老龙王自报家门，还说“打死他二命也是小事，你就上本。我师父说来，就连你这老蠢物都打死了也不妨事”。最后也是李靖逼死哪吒，又畏惧丢官捣毁哪吒香火庙，哪吒千里杀父，被各路天帝佛祖制服而“和好”。至此，哪吒形象已丰满成型，后续影视动漫改编大多基于《封神演义》版本。大家熟悉的1979年严定宪、王树忱、徐景达执导的美术片《哪吒闹海》在小说基础上进行重要改编：杀太子、打龙王不是因为一时任性，而是因为龙王仗势欺人，以绝雨相要挟，要求百姓进贡童男童女并抓走哪吒同伴小妹，哪吒遂以暴力伸张正义。他的自杀也被处理得更复杂：不仅有对父亲的怨恨委屈，还有对“杀人放火金腰带，修桥铺路无尸骸”的现实不解。最后哪吒复活并杀死龙王，大快人心。而《哪吒闹海》之后，中国动画逐渐放弃全年龄向，日趋低龄化。2003年央视制作的动画片《哪吒传奇》以封神故事为背景，在维持《哪吒闹海》中正义形象的基础上弱化了哪吒的悲剧色彩，将其塑造为快乐小英雄的形象。

弑父与寻父：叛逆与归顺的身体政治

延续《哪吒传奇》的方向，影片《哪吒之魔童降世》与既往最显著的区别就是与父母关系改变，使这部影片成为时下流行的“适合亲子观看”作品。包括笔者的母亲在内，很多为人父母的观众都表示自己代入了哪吒的父母，感叹“可怜天下父母心”，就算孩子再顽劣也不会放弃。的确，虽然哪吒是个小魔童，但父母的关爱却丝毫不少，而且是《罗斯玛丽的婴儿》式的爱——就算孩子生为恶魔、为祸世间，作为最高价值的亲情也不为之改变。并且，虽然《封神演义》中哪吒是李靖的第三个儿子，但电影安排他成为全家宠爱在一身的独生子女（否则父母给他起小名“吒儿”就很成问题），也让他面临独生子女的种种问题：缺少双职工父母的陪伴，缺少同龄朋友，缺少社群认同感等。

和它相对的是自明以来哪吒的弑父者形象。弑父情节在中国民间故事中并不常见，但明代以来对血亲长辈的忤逆集中出现，哪吒是最集中的例子。在哪吒故事中，李靖昏庸、懦弱，对上级权威俯首帖耳，对儿子独断专行，甚至为保全官职想要杀掉他。哪吒怨恨父亲而先一步自杀，是被逼无奈，也是借此实现报复性的精神弑父。“析肉还骨”是精神弑父的题眼。无论在多数传统或现实中，骨肉——身体都是父子冲突、家庭控制的重要场所。身体政治直接联系人的生物存在，是最微观、基本、普遍的政治，也是其他政治的基础。在家庭中经由生育、血缘和抚养，父母获得对子女身体发肤的所有权，在这一语境下，用抛弃身体来报复家庭、摆脱控制就有了合理逻辑。《封神演义》中哪吒自己也是这样理解这一行为的，用莲花化身复活后，他告诉李靖，“我骨肉已交还于你，我与你无相干碍”。

《哪吒闹海》用痛心的割舍中和了小说决绝的报复，让哪吒之死多了人道主义悲剧的色彩。在旋律慷慨而节奏紧张的背景音乐中，镜头先是反打李靖手握宝剑，故作凶狠实为不忍的近景和哪吒眼含泪水讶异不解的大特写，然后切换肆虐的恶龙、狂风暴雪、受灾的百姓和惊痛后暗下决心的哪吒，节奏越来越快，将故事引向至暗的高潮：闪电过后漆黑的背景中，哪吒转身横剑，一腔不平气化作电影史上一段荡气回肠的“名场面”。

这部在《哪吒之魔童降世》宣传中起到很大作用的电影与《大闹天宫》班底有很大重合，本应是中苏合拍，因外交关系被搁置，最后于1979年由中方完成。在这个特定时间点上，影片的父子冲突是20世纪冲决网罗的革命热情，以及五四以来视父代为既得利益代表、肮脏社会秩序维护者，而视子代为充满希望的变革者的“青春崇拜”的体现。五四语境下，弑父不是单纯针对家庭权力，而是视其为整套令人不满的现存秩序的缩影，通过挑战父权表达冲破旧藩篱、创造新天地的决心。无数我们熟悉的作品，如《家·春·秋》《一江春水向东流》《青春之歌》都包含这一路数。同时，1979年“解放思想”中的人道主义也体现在影片中：李靖体现臣服和压抑，而哪吒则化身超越阶级的真善美，在血的洗礼中成就大写的人，奔向自由。

这一场闹海是即将退去的潮水和正在涌来的潮水相遇汇成的大浪。随着人道主义的变质，家庭价值很快成为“天然人性”的重要部分，儿女天然地渴望父母爱（《妈妈再爱我一次》）、女性天然地渴望家庭（《人到中年》）……而弑父的快意也变成《北方的河》中无父的惶惑和延续至今的漫漫寻父、寻根之旅。越来越多的家族故事出现在大众文化中，与此同时，“人道主义”倡导的普遍人性逐渐变为独特历史写就、血缘汇就的民族性，后者进一步召唤父亲、强化父亲，让父亲成为力量的源泉、生命的依据乃至于真正的历史主人翁。在此背景下，出于道义原因的青春“叛逆”从大众视野中消失，剩下的只是作为心理阶段的“逆反青春期”，它是不成熟和内分泌失调的结果，必将随着“成长”消失。同理，哪吒的故事毫不意外地向父慈子孝的方向转移，哪吒的形象也逐渐“变小”，从英气的少年变为可爱的儿童，最后直接变成三岁幼儿，用精神分析理论来说不到“弑父”的年龄，而是还在镜像阶段，渴望从父母的眼中第一次认识自己，渴望有人陪着玩。因此，是父亲的爱启发哪吒成为主体人，哪吒注定要回到家庭，让曾经象征勇力与叛逆的乾坤圈变成父母师长与自己自愿的“爱的束缚”。

逆天改命：身份政治和弦

哪吒被父爱启发找到自我是影片的总高潮，之前联系比较稀薄的感情线——哪吒与家人的误解和爱，与叙事线——哪吒作为魔丸转世的不祥命运交织于此。这个片段颇有症候性：哪吒得知父亲为救自己甘心以命换命，意识到了父母之爱深似海，消除了误会（误会的消除是父子情主题中常有的桥段），认清是自己的奋斗而不是命运决定身份，喊出“我命由我不由天”，战胜屈服于命运的敖丙，慷慨赴死。

仔细想，家庭亲情和奋斗就能战胜命运，其实没什么逻辑关系。但乍看之下这里并不令人感到牵强，因为在当代，两者背后有共同的价值观。无论是核心小家还是个人，其实都是社会丛林中的小原子，这个原子被许诺：只要自己努力就能摆脱命运、跻身上流。在好莱坞商业影片中，家庭温暖+新自由主义式个人奋斗改变出身是流行组合，从最负盛名的《阿甘正传》，到最近再度翻火的《花木兰》，甚至是深孚左翼观众厚望的大法官RBG的传记电影……这个故事深入人心，电影导演接受“sir电影”采访回忆自身时讲的也是这个故事。哪吒的雄起更是这个故事。而奋斗的目标——改变命运，在影片中很明显地表现为先天的身份。

身份问题是《哪吒之魔童降世》与社会权力、社会问题最突出，或者说唯一的交集。封神宇宙的第一部电影呈现了人族、妖族，以及被招安的龙族的对立。汉语中只有妖精没有妖族，这种设计显然吸收了欧美魔幻流行文化中“魔法大陆”和超级英雄宇宙的设定方式。尤其是后者，近年来涉及最多的就是英雄们的身份危机。

“身份”英文是identity，其动词是identify，认同。认同是双向的——既是自我的指认也是群体的承认，身份政治必定是查尔斯·泰勒所谓“承认的政治”：个人需要群体的承认，群体需要主流社会的承认；人妖之间的哪吒追求人的承认，神妖之间的龙族追求神的承认，仙妖之间的申公豹追求仙的承认。不承认则有冲突。身份政治主导的地图是扁平的，有边缘和中心但没有权力层级；封神地图也是扁平的，身份的规定者玉皇大帝仿佛不存在，哪吒命运的拨弄者元始天尊也隐身了。身份成为一个解释世界的寓言：没有上与下，只有我和他；没有压迫，只有排斥。这无疑是对复杂现实社会的简单解释，而随着20世纪八九十年代以来全球化的扩张，古典自由主义理想的全面破产，身份正成为国际社会各种问题的唯一解释，乃至于唯一可见的问题。正如政治学者Ernest Gellner所说："历史本该留给阶级的遗产最终被身份继承。"导演说，哪吒形象不应拘泥79版的"情结"，而要有当代的精神、当代的问题，换言之，他认为反抗权威已经成为过去的"情结"，今天的首要问题是解决我是谁的问题。真的么？反抗真的过时了么？认同/排斥/接纳真的可堪成为时代的问题么？这非常值得商榷。例如天庭为什么歧视龙族，又为什么镇压妖族？百姓仇恨哪吒，是因为他生为妖精，还是因为他一出生就烧了全城？这些被"因为你是你所是"遮蔽的问题背后，一定有更深层的答案。身份政治简化了这些问题，却不能提供答案——因为用身份划定世界意味着这是争夺利益的零和博弈，意味着主体只能选择而不能创造。

而《哪吒之魔童降世》本着"我命由我不由天"的精神，试图给简化了的"身份"问题一个更简化的"奋斗"答案，则包含着更诡异的矛盾：哪吒讨厌"白痴"百姓，却执着于他们的认可；敖丙是"全龙族"的希望，奋斗的方向却是炼化龙角，以新的身份进入天界。新自由主义的世界没有群众，因此79版哪吒、小妹和小伙伴站在一起并肩作战，而魔童哪吒与他们之间只有隔膜；也是因此，解决身份问题的唯一方式是改变出身，融入主流，以一己之力完成所谓"逆天改命"。自20世纪90年代以来，"逆天改命"的主题反复出现于网络凡人流、逆袭流小说和影视剧改编中，到了哪吒这里其实早不新鲜——励志、热血，散发着成功学鸡汤味，遮蔽一切结构问题和社会痼疾，引诱渴望成功的人们：只要你努力，你就能（如果不能，是因为你不够努力）。更何况用如此炫目特效烘托的豪言壮语，是要错位地回答"他们为什么不喜欢我"的问题；至于什么是命，命从哪来，却含糊其词，似是而非。

总而言之，魔童哪吒的故事仍然完整，仍然有趣，仍然强调反抗，只不过不再反抗具体的权力和不平等，而是反抗抽空的形而上学的"命"，而通过奋斗进入主流，这种对现存秩序的认同乃至迎合，被建构为反抗。

想象未来，是否还有其他可能

或许这样苛评一部电影很过分。当然，如果国漫像爱情轻喜剧一样多产，不妨任其参差多态，不必对任何一部的立意提要求；如果银幕上还有仗剑自刎的、有路见不平的、有为民请命的、有舍身求法的，那么也不妨有一个对“我是谁”感到茫然的倔小孩。但事实是，国漫刚如星火尚未燎原，几代动漫人合力支持的哪吒电影几乎是2019年唯一动漫大电影（《白蛇缘起》排在年初贺岁档之前），而它的父子、身份、奋斗主题早已霸占了大银幕。如果“我是谁”成为唯一想象世界的方式，“要努力”成为所有问题的唯一答案，再去批评是否就晚了呢？

在现有条件下，国漫必定会在一段时间内保持“全年龄向，低龄为主”的风格，它们将向孩子展示世界的各种问题和无限可能。电影院的大银幕既是现实的折射镜，也是未来的设计板。怀着童心和创造力的动漫工作者想必都希望国漫越来越好，也希望世界越来越好。喝彩的观众、喝倒彩的酷评家，每个人都一样。为此，每个人都应该严肃思考，这个时代，我们需要的是什么样的哪吒、什么样的故事，什么样的少年英雄。

选自“澎湃新闻”微信公众号2019年8月2日

《哪吒》的精神分裂是我们时代的症候

/小五

这就是父权制

我们容易被新版《哪吒》的改天逆命所打动，但在影片中，“命”却从来不是一个抽象概念。哪吒与敖丙的命都有着复杂的外界成因。

由于太乙真人与申公豹之间的争权夺利，魔丸在计划外进入哪吒身体。如果细究，这种争权夺利的起因则是元始天尊可能存在的种族歧视导致的利益分配不均。换句话说，是神仙集团内部的权力斗争引发了整场闹剧。

敖丙被注入灵珠则是龙族与申公豹的合谋。龙族希望借此翻身，离开海底，进入天庭。而申公豹则是为了让太乙真人接受惩罚，自己借机上位。可以说，敖丙是被家族和师父的利益所绑架的傀儡。

在哪吒身上我们也看到类似的命运。太乙真人多多少少是为了防止哪吒出去闯祸使自己担负更多罪责，才对徒弟如此上心。

哪吒降生时，目睹了“魔丸”失控后的强大破坏力，以老人为首的陈塘关百姓向李靖请命，要求杀死哪吒。理由是陈塘关世代抵御妖族。影片在此无疑将斩妖除魔视为了一种具有强大惯性的传统。而民众被塑造成盲从无知、遵循成见的“乌合之众”，因而被认为是对哪吒加诸偏见的施害人。

这是十分令人遗憾的。所谓传统，不过是历史演进过程中社会习惯与规范的积累，是前人经验的综合，仍然有它的具体成因。如果把民众对妖魔的恐惧和敌意视为传统，这种传统究竟从何而来，在什么样的社会机制下产生，却被影片选择性地忽视了。

面对百姓的请命，李靖的回应实际上是缺乏说服力的。我们看到，作为陈塘关权力的至高无上者，哪吒的亲生父母除去掌管军队，也如同技术官僚一般通过与神仙集团的关系垄断专门化的除妖术来建立起统治的合法性。哪吒得以存活的结果足够说明李靖夫妇在陈塘关权力结构中的位置——民众可以请命，但李靖没有义务遵从，他的权力是缺乏限制的。如果说，过去李靖对民众的代表性体现为他的除妖，现在这种代表性则在明面上出现了裂痕。

而斩妖除魔不仅作为传统，其实更是作为一种统治意识形态而存在。它的渊源甚至可以追溯到元始天尊那儿。在他的叙述中，作为天然存在物的混元珠是一种错误，这是他要把其分为魔丸和灵珠两部分的原因，两者分别对应着善恶，而作为恶的魔丸被施以天劫咒，将在三年后被天雷销毁。这使得作为下游统治者的李靖夫妇不得不面对亲手将哪吒进一步污名化的现实。纵观全片，对陈塘关百姓造成长期危害的“妖”不是别人，而是哪吒。而这只“妖”所受到的庇护，正是来自将自己标榜为斩妖除魔急先锋的官府。哪吒的存在如同体制内部的“变质”，这也导致了整个陈塘关官府的统治合法性危机。这无意中充当了某种精准的寓言。

既然如此，为什么李靖夫妇坚持要让哪吒活下来，甚至不惜牺牲自己，用换身符救哪吒于天劫之中呢？影片的答案是亲情。可究竟什么是亲情？父慈母爱在这里又到底意味着什么？这又是影片试图遮蔽的。

哪吒三岁的庆生宴不可谓不奢侈。不仅排场惊人，李靖还请来了全城的百姓，说得好听是情面，说得不好听则是胁迫。李靖之所以希望哪吒获得所有人的认可，倒像是他希望把这个庆生宴办成某种仪式，指认哪吒为他的合法继承人。为此他不惜抓来当初被放走的夜叉囚禁，要他作证。在这里，父慈母爱极大地意味着对权力继承的要求。只有血亲的继承，才意味着权力的延续。而哪吒就是那个唯一的血统纯正的统治者。被注入魔丸，屡屡闯祸，被百姓反对，这些都不是问题。

反观敖丙，即便注入了灵珠，冒着风险救了李靖夫妇，只是因为身为龙族，李靖就仍视其为妖和敌。如果说李靖在拔去敖丙披风瞬间嗅到的是妖气，我们在这里则只嗅到了浓重的血统论和由此而来的父权等级制。

这些东西正是披着父慈母爱的外皮，实施着对哪吒及敖丙的压迫。从出生到庆生宴，哪吒从来没有自主掌握过自己的命运，而剥夺这种机会，将他操控在手中的，正是他的父母以及他们背后的神仙集团。而这正是1979版《哪吒》所致力于反抗的。以爱为名的压迫，我们今天见的还少吗？

权二代的精分之路？

在1979版的《哪吒闹海》当中，哪吒先后具有两副身体。第一副身体是陈塘关总督李靖一家的胎生之身，第二副身体则是道教师父太乙真人动用道术化成的莲藕之身。舍弃前一个身体，获得后一个身体，意味着哪吒对以父权等级制为根基的世俗社会的彻底反叛。这也是哪吒在双重身份之中进行取舍的结果。如果要维护社会正义，彻底地反抗强权，就必须抛弃自己官僚家庭的优渥出身，放弃自己权力继承人的位置。这种决裂在影片中凌厉地呈现为自戕，将父亲给的还给父亲，从而使哪吒的灵魂完成了独立和统一。

反观新版《哪吒》，导演试图在它身上完成一个不可能完成的任务：既不背叛父权官僚制家庭，又要获得独立人格。这是使影片带有精神分裂性格的根本原因。

影片前半程的哪吒段落多少像是一部带有惊悚色彩的恐怖片。县太爷家里的恶少画了烟熏妆偷跑出来吓人，还要和全城的老百姓一起玩捉迷藏，藏得不好简直要被吃掉，这架势的确不是民众能比的。听上去是鱼水一家亲，实际上却是喂哑巴吃黄连。父母作为掌管着整个陈塘关的官员，却对儿子百般溺爱、纵容和包庇。

但影片的巧妙之处在于它在哪吒身上同时建立起另一层更诱人的叙事：这是一个险些被人们的偏见和歧视毁掉的异类，他生下来就背负着魔丸的原罪，并注定要在三岁时遭天罚死去。慈爱的父母忍着悲痛千方百计来讨他开心，甚至不惜撒谎。

后一层叙事显然成功地遮蔽了前一层。当我们将自己代入到这位权二代主角身上时，我们会毫不犹豫地认同主角的受害者身份，而将民众指认为充满偏见、盲目愚昧的施害者。他们对哪吒的迫害甚至堪称“多数人的暴政”。

而哪吒的精分之处正在于，他既被要求除妖，又被认作为妖。他既被要求成为一名合格的统治阶级，本身却又充当着统治阶级合法性危机的症结。透过哪吒，我们实际上看到电影中统治者与民众被遮蔽的对立。

这种精分典型地表现在他抓捕夜叉并与敖丙争功的情节中。为了追捕一只偷鸡的夜叉而毁坏了大半个村落，为了抢功而将已经救下的女孩重新推入虎口，哪吒想证明他不是妖，而是除妖英雄，却造成了比妖更大的破坏。当他的目的落空，又对本该是保护对象的民众大打出手。回看1979版的《哪吒》，尽管彰显着过于浪漫化的个人英雄主义，依然能将个人自由的追求与社会解放的责任统一起来。

而在新版《哪吒》中，哪吒与民众，两者之间已然不存在任何利益共同点。这也使得结尾的反转缺乏有力的支撑。哪吒究竟出于什么目的对抗从天而降的巨冰呢？我们只能理解为他受到父亲的感召，替他完成他此时已经无法完成的统治者职责。只是，这就更加彰显了他与民众的距离，因为在哪吒心底里这些民众仍然是“白痴”，他们并没有获得一种新的形象。在这里，哪吒完成的是对统治者的体认，而不是对民众的。

我们仍然回到对妖和魔的理解上来。如果正如影片大部分时候通过哪吒以及敖丙想要揭示的那样，妖并不意味着绝对的恶，却常常被偏见所伤，那么我们应该谴责整个陈塘关乃至神仙集团(所有统治阶级)斩妖除魔的意识形态，这种一刀切才是偏见的根源。而要实现对意识形态的改写，哪吒要么与家庭决裂，要么说服整个统治阶级接受。也只有这样，哪吒才可能完成自己异类身份的建构，获得独立人格。但这两者都没有发生。

影片非常巧妙地利用了哪吒与敖丙之间的区别。哪吒是注入魔丸的人族，而敖丙则是注入灵珠的妖族。因而，李靖可以同时做到既仇视敖丙，又让哪吒相信“我命由我不由天”。这种抗命观又通过哪吒与敖丙之间的异类身份认同得到了传递。就此，影片的目的达成了——作为父权代表的李靖不必承认他犯下的错误，他仍然没有必要(也难以)改变偏见；哪吒也许拥有一种比李靖更为平等的观念，他把抗命观的范围扩展到妖族，却不与李靖发生直接冲突，因为自己的抗命观直接源于李靖。

矛盾存在，但矛盾不必被解决。这大概是影片巧妙的缓兵之计。只是，如果情节继续发展下去，父子矛盾就必然要暴露。为什么李靖不能做一个彻底进步的父亲？这要归咎于李靖的社会身份。我们前面提到，斩妖除魔的意识形态是自天庭和元始天尊贯彻而下的。要实现统治意识形态的彻底改写，意味着整个三界秩序的重新洗牌，并非易事。光靠哪吒一人的抗命，其实是无效的。哪吒的魔丸身体最终仍被销毁，正暗示着这一点。

新版哪吒的悲剧正在于，他的改天逆命看似悲壮，实际上却是苍白的。偏见并不仅仅来源于传统，更多的是出于维护统治秩序的需要。当他相信了父亲教授给自己的个人奋斗观，他也许的确陷入一个陷阱当中去——敖丙与他一样却又不一样。他的未来可以是太乙真人，而敖丙的未来也许顶多是申公豹。这样看来，这种抗命观实在是对更深层次矛盾的遮蔽，却成功实现了对哪吒的收编。接受规训，完成对整个权力体制的认同，正是从对父亲的跪拜开始的。

身份政治是进步还是陷阱?

两版《哪吒》都具有双重身份的设定。而新版《哪吒》用身份政治中以个体寻求尊严和认同为特征的少数身份替代了1979版进行社会斗争的革命者身份。很大程度上，这呼应着20世纪70年代以来全球传统左翼力量所面临的退潮、困境、转化乃至变质。

在西方，身份政治无疑将一些过去长期遭人忽视的群体带到舞台的中央，比如女性、性少数、黑人、移民等。但身份政治的负面后果也在进一步发酵。它可以被利用为任何少数包括右翼极端团体的工具，而具有正当性的少数群体也容易由于彼此的分裂和隔阂而成为主流逐个收编(又可以随时重新转换为敌人)的对象。此外，西方传统左翼政党(主要是社会民主党)长期推不出新的再分配方案以促进社会经济公平，也使大量的白人工人阶级感到被抛弃并被右翼民粹和保守宗教势力所吸引。

一些影评人认为，这种对西方政治正确的吸纳作为一个新动向，是对标国际的进步。但我们想一想绿皮书和特朗普这两个同时存在的例子就应该知道，两者所代表的意识形态事实上并不矛盾，而是配合默契。绿皮书说，黑人当然值得尊重，但只有成为钢琴家的黑人才配受到白人尊重——

这种逻辑与新版《哪吒》是很相像的。而特朗普说，不，白人至上，这样才能使美国重新伟大起来。这不过是不同语调的同义反复。现实中的身份政治总是与资本主义的个人成功学融合在一起，这多少有一点“小骂帮大忙”的意味。

将西方的身份政治无条件地移植到本土而不加反思，也未必带来实质意义的进步，反而可能被移花接木，以假乱真。

在新版《哪吒》中，时髦的身份政治(少数人对抗多数人以建构起自己的身份)与仍停留在封建社会的官民结构媾和，凸显了它可能带来的高度迷惑性。面对意识形态机器的碾压，以“大局”为名的胁迫，对个人权利的伸张和维护本来值得称道。但当我们发觉这背后隐藏的逻辑是政治精英被看不清真相的庸众所绑架，民众就应该为官僚的过错买单甚至谢罪时，就不能不斥之为谬论。这种扮成人权卫士为官僚体制背书的手段，着实进化。

此外，一个孤独的异类不被社会上的大多数人所接受，最终通过自己的努力改变命运，获得了人们的认可。这种个人成功学的叙事对于新兴中产阶层来说也是适用甚至迷人的，他们自己的道路多少证明了这是个真理，而且相信这还会持续下去。某种程度上这的确是一个国族神话。当这个异类被塑造为一位为统治者身份带来的原罪所困扰的权力继承人时，它甚至可以和民族主义的本土叙事无缝衔接。

不过，动用身份政治来为哪吒续命，也反映出更深层次的文化危机。当传统革命叙事在市场浪潮下逐渐失语甚至成为危险违禁品，讲述叛逆故事的文化产品也就必须学会挪用异域治理术来自行填补空缺。但总体而言，这种挪用仍然是拼贴式的。

就像影片中模仿港式喜剧片的抖包袱，它们的高频出现也并没有带来周星驰式的对任何“小人物”的关注，倒是一定程度上达成了对传统革命叙事的消解。哪吒打退夜叉后在海边唱了两句带有京剧样板戏风格的小调：替天行道是使命，斩妖除魔我最擅长。尽管言辞正义，却只算是对这一风格的戏仿。

技术作为法器：进击的新型治理术

精分的《哪吒》还呼应着这个精分的社会。

我们可以从资本主义的高度分工所带来的意义剥夺来看待身份认同需要的大量产生。而资本主义的市场和技术发展使得身份认同的成本变得越来越低廉了。在日益原子化的社会，资本主义给那些极度渴望他人的认可，并为自己的孤独而感到痛苦的个体提供了许多满足此类需要的模式，而且无须承担相应的社会责任。

在影片中，山河社稷图的出现无疑让人想到那些正在发展中的VR电子游戏。市场环境下成长的年轻一代，常具备此类资本主义现代性的精神症候，因而在不同角色的扮演中获取各类认同所带来的快感。这种快感甚至也可以成为商品，从而成为被制造的需要。针对身份认同，一类科幻作者认为，未来的世界会因之而割裂为以身份为单位的无数个社群碎片；另一类则认为，原子化个体将在无穷的选择当中穿梭，时时刻刻通过电子游戏达到脑高潮。也许这两种都在变成现实。

影片中一些法器的设计无比趋近于自动化机器，则不仅仅反映着工具理性对传统仙术的祛魅，某种程度上揭示出传统与现代性难以弥合的裂隙，而且传递着当下技术至上观念(一种右翼加速主义的典型版本)对五四以来革命价值的“祛魅”，尽管这种观念本身也多少是后者的遗产。山河社稷图中的指点江山笔，呼应着技术赋予人类改造大自然的越来越强大的力量。技术作为当代宗教，被塑造成无所不能的神明形象。

这种症候在影片中的极致呈现便是结尾处的阴阳调和。魔丸(恶)与灵珠(善)合体组成的混元珠可以吸食天地一切能量，甚至拥有了险些能够抗衡天劫的力量。尽管最终两人的肉体被吞噬，灵魂却得到了拯救。这似乎暗示着善与恶，对与错，其实是无可无不可的。相对于价值(质)的判断，力量(量)的积累是更为重要的事。1979版那种善恶分明的敌我对立不见了，分界线被取消。这种改变当然有避免人物脸谱化的考虑，但随之而来的却是影片趋向于犬儒化。

我们最终难以找到善或恶的一方，利益成为行动的出发点。世界展现出不同利益集团占据各自地盘的封建化。斩妖除魔从价值问题转化为技术问题。这样，民众最终选择集体跪拜也就不难理解。这是弱小力量对强大力量的臣服，而不包含着对正义和邪恶的判断。

面对这些去政治化的政治景象，也许我们要向1979版《哪吒》中的太乙真人追部分责。在动画的开头，李靖尊称他为神仙，他说自己不过是一个爱打抱不平的老头子。他隐于深山，不求名利，将平生所学交予哪吒，支持他去大闹龙宫，解救百姓。1979版太乙真人身上，大概寄托了当年知识分子的美好理想，却仍然是一种替代主义，充当着百姓的慈父。时过境迁，父亲走了，父亲又来了，父亲也许从来没变过，当年的一些理想主义者也变成了父亲。李靖越来越好做了，但哪吒越来越难做。

曾经父亲是难做的。鲁迅说，我们现在怎样做父亲?“自己背着因袭的重担，肩住了黑暗的闸门，放他们到宽阔光明的地方去。”相反，李靖总是守着这道闸门的。

选自“一颗土逗”微信公众号2019年8月8日

“丑哪吒”的形象、类型与价值观

——《哪吒之魔童降世》的光影逻辑

/孙佳山

如果把时光倒回到2019年7月26日，有谁会想到《哪吒之魔童降世》（以下简称《魔童降世》）这部国产动画电影，能在三周多一点的时间，就摘得内地电影史的总票房第四名，并剑指刚刚在5月末拿下内地电影史总票房第三名、余温尚存的《复仇者联盟4》?

作为文化符号的哪吒，在中国历史上确实有着太过久远的记忆，口头传说最早甚至可以追寻到汉代，文字记载也可以上溯到东晋时期。后来经过唐宋以来道教、佛教等宗教体系和民间信仰的不断润色、加工和改写，哪吒的形象在元明之际的《封神演义》《西游记》等神魔小说中不仅愈发清晰，也开始具有了全民性的影响。哪吒形象的首次银幕呈现，是在1961年由上海美术电影制片厂制作的动画电影《大闹天宫》（上集）中，这部影片与1941年的《铁扇公主》同属《西游记》相关章节的改编。《魔童降世》以及与《大闹天宫》同样具有行业节点意义的1979年的《哪吒闹海》，则取材于《封神演义》这一脉的神魔小说系统。

从《大闹天宫》到《魔童降世》，从《西游记》系统到《封神演义》系统，动画电影中的哪吒，在形象、叙事和价值观上经历了哪些变化，这些变化又折射了哪些审美趣味、集体情绪、社会心理的变迁？这些线索为我们真正走进《魔童降世》的文本内部，解读、探寻这部影片在中国当代电影乃至中国电影史中的真切角色和实际位置，提供了有力的抓手。

一、“丑哪吒”的形象进化逻辑

相较于耳熟能详的、具有典型民族风格的哪吒形象，《魔童降世》中的“丑哪吒”的确有着颇具颠覆性的美学效果。

20世纪60年代初《大闹天宫》中哪吒的基本形象，来自传统年画等民间艺术资源。为了配合“金猴奋起千钧棒，玉宇澄清万里埃”的最高主题，影片通过调用“白脸”这一京剧中代表刚愎自用、奸诈的角色元素，最终定型了更贴近民间的，三头六臂、稚气未脱的胖娃娃式的哪吒形象。而真正影响到《魔童降世》中哪吒形象的，则是1979年的《哪吒闹海》。《哪吒闹海》中的哪吒形象，主要来自《封神演义》这一脉的神魔小说系统，也就是相对更符合道教的正统形象。莲花化身、手持乾坤圈、脚踏风火轮、身穿红肚兜，已经烙印在几代人脑海里的经典哪吒形象，就是在那个时候被一举奠定的。“丑哪吒”红肚兜上的莲花刺绣，以及最终拯救陈塘关的巨型莲花云，从这些在《魔童降世》中有着清晰展现的印记中，都可以看出这种美学上的因循和演绎。《哪吒闹海》中的那些已经构成几代人情感记忆的“点睛”瞬间，也依然是《魔童降世》中的基本设定。

《魔童降世》中的哪吒之所以“丑”，就在于与《大闹天宫》中的胖娃娃式哪吒和《哪吒闹海》中莲花化身的哪吒有着强烈的反差，而这背后则是改革开放40年里被重构的当代中国家庭结构和伦理关系。

哪吒在大雨中挥剑自刎，这一《哪吒闹海》中的经典瞬间，也在《魔童降世》热映之后被反复提及。一方面，是因为这一幕真切地复刻了元明之际繁盛的《赵氏孤儿》《窦娥冤》等戏曲、杂剧（与《封神演义》《西游记》等神魔小说同时期）中已被广为传唱、称颂的舍生取义、沉冤昭雪式的中国悲剧精神；另一方面，其父李靖因为天庭的清规戒律而无法保护作为下一代的哪吒，观众从家庭伦理出发，对父辈产生了深深的“失望”，这种强烈的代入感，也暗合了“文革”后、改革开放初期的时代情绪。正是由于上述因素的合力，一举奠定了哪吒形象在当代中国人情感结构中的地位。

《魔童降世》不仅改变了陈塘关总兵李靖之前的人物认定，还通过《哪吒闹海》中并无明显作用的殷夫人角色，彻底重构出一个符合当代家庭伦理的核心家庭结构。尽管李靖对哪吒依然严加管教，但已俨然转换为慈父形象；其母殷夫人则被赋予了整日忙于工作、无法陪伴孩子成长的当代中产阶级母亲形象。在此基础上，“丑哪吒”的顽劣儿童形象，就不仅有了结构性的依托，也成为“合家欢”电影的最大撒手锏。

可见，“丑哪吒”有着清晰的形象进化逻辑。一是保留、综合了作为宗教的道教、佛教，以及作为民间艺术的年画、京剧中的传统美学元素；二是吸收了从《大闹天宫》到《哪吒闹海》的民族风格美学实践的精华；三是根据当代中国的家庭结构、伦理关系，弥合、祛除了从“文革”后、改革开放初期一直延续到新世纪前十年的《夜宴》《满城尽带黄金甲》等影片中的父子关系隐喻（这种父子关系实际上来自于20世纪后发现代性的文化悲情）。

完成历史扬弃的新一代哪吒，在梳理新的自身形象的同时，也开启了更为广阔的表意空间。

二、“魔童降世”的双雄结构

与电影《哪吒闹海》以及《封神演义》一脉的神魔小说系统不同，《魔童降世》在哪吒故事的叙事结构上也做出了新一轮的改编和创新。

在《封神演义》一脉的神魔小说系统中，哪吒本是灵珠子化身，《哪吒闹海》中，哪吒在大雨中自刎，也先是魂魄化为金丹，后由太乙真人用莲花、荷叶作为肉身，才得以还魂，重生。

《魔童降世》则在故事的叙事结构上进行了创造性的改编和创新。影片将灵珠子的设定进一步展开，改称为混元珠。元始天尊将天地灵气孕育出的能量巨大的混元珠提炼成灵珠和魔丸：灵珠投胎为人，助周伐纣时可堪大用；而魔丸则会诞出魔王，为祸人间。为此，元始天尊启动了天劫咒语，天雷将在三年后摧毁魔丸。

正是在设定上的这一关键性调整，极大地拓展了影片的叙事空间，原本集中在哪吒一人身上的焦点，被转换为“哪吒—敖丙”的双雄结构。在从《封神演义》到《哪吒闹海》的原有哪吒故事中，敖丙本是被哪吒屠龙抽筋的东海龙宫三太子，敖丙、东海龙王等《魔童降世》中的龙族，在《哪吒闹海》中原本都是形象单一的反面角色。

经过对哪吒故事基本设定的重新调校之后，敖丙及其身后的龙族，不仅在价值序列中被进一步抬升，也具有了丰富的、可演绎的角色空间。因此，在叙事结构、空间被进一步打开之后，“哪吒—敖丙”亦正亦邪、正邪转化的双雄结构，就有了坚实的基础。

众所周知，双雄结构在以好莱坞为代表的商业类型电影中已经得到了充分的检验，尤其是在1971年的《双侠》、1989年的《喋血双雄》以及21世纪以来的《无间道》系列、《寒战》系列等香港电影中，被中国电影观众反复验证，是老少皆宜的商业类型。所以，到了《魔童降世》，当淘气、顽劣的哪吒和“别人家的孩子”——东海龙宫三太子敖丙相遇后，好孩子、坏孩子都需要完成“逆袭”。这些根据当代中国核心家庭结构特征做出的调整，以双雄结构呈现之后，《魔童降世》的“合家欢”电影杀伤力，就被进一步放大。

亦正亦邪、正邪转化的哪吒和敖丙，即双雄的相识、决裂、和解的背后，也是非常典型的好莱坞三幕式商业类型电影结构，加上影片中非常清晰的周星驰式的香港电影无厘头喜剧元素，《魔童降世》在有形无形中最大程度地拓展了受众的圈层。

三、“合家欢”的价值观基础

不难发现，从人物形象到叙事结构，《魔童降世》的辗转腾挪，都是以当代中国的家庭结构、伦理关系为准绳。如果最终需要一句话概括其价值观，恐怕就是那句响亮的“我命由我不由天”。

只不过，这句由哪吒喊出的口号，其实可以追溯到春秋战国时代。它既在传统道家学说中有着非常系统的沿革，也清晰地因袭了《封神演义》一脉的近世神魔小说系统中的世俗道家理念。

电影领域，在1993年袁和平导演的《太极张三丰》中，虽是由反派人物喊出了“我命由我不由天”，但在当时加速改革开放的时代语境下，和同期的《新龙门客栈》等优秀港式武侠片一样，该口号在20世纪90年代的城市通俗文艺领域产生了极为广泛的影响。时至今日，它依然还在以跨媒介、融媒介的方式持续呈现。今天被视为网络文学起源鼻祖之一、连载于2000年的《悟空传》，其著名的“逆天改命”，就深受这一价值观影响。2017年上映的电影《悟空传》也和《魔童降世》一样，对核心价值“逆天改命”进行了影像上的大书特书。

从这一脉络出发，我们可以更为清楚地捋顺《魔童降世》的价值观渊源。不仅影片中的双雄结构、无厘头幽默等来自那一历史周期的香港电影，就是在价值观上也并不例外。“我命由我不由天”也是20世纪90年代中叶前后，从计划经济向市场经济加速改革的过程中的典型时代情绪。经历了世纪之交、历史变迁的一代人，大多已为人父母，“我命由我不由天”的价值观设定，就成为年轻的父母和少年儿童两代人可以共享的价值观，这也是《魔童降世》形成“合家欢”效应的一大关键因素。

《魔童降世》之所以能够形成“合家欢”效应，还有另外一个关键因素未被主流影视文化所关注，即以《火影忍者》为代表的日本动漫的潜在影响。在肉眼可见的双雄结构之下，哪吒—鸣人、敖丙—佐助、太乙—自来也、申公豹—大蛇丸、龙族—宇智波一族、陈塘关—木叶村……从人设、性格、背景设定以及最终对决，《魔童降世》与日本动漫《火影忍者》有着清晰的人物对应关系。

1999年开始连载的《火影忍者》，不仅有着顽强的生命力，一直连载到2014年，还有着目前并未被充分估量的影响和辐射范围。长达15年的更新周期，让《火影忍者》覆盖了从80后到05后的年龄群体，并成为他们共享的文艺话题和认同资源。《魔童降世》“合家欢”效应的最大公约数之一，竟来自具有典型日本价值观的日本动漫，这也足以引起我们的深思。

《魔童降世》的导演杨宇生于1980年，无论是中国香港电影、网络文学还是日本动漫，都是其青春成长历程中城市通俗文艺的最主要形态。在这背后，则是1992年邓小平南方讲话之后所开启的，由市场化改革推动的、城市化进程所携带的，包含内地、香港、台湾以及国外多重文艺资源的当代城市通俗文艺经验。这种影响一直延续到今天的光影世界。

四、哪吒之后，如何构建我国的IP电影宇宙

在本文写作之时，《魔童降世》不仅成为中国内地动画电影的票房冠军，也摘得了亚洲动画电影最高票房的桂冠。其观影人次已经超越了2019年春节档的《流浪地球》，还超越了《复仇者联盟4》的北美观影总人次，

暂居2019年全球单一市场单片观影人次的首位。在正式宣布档期延期一个月、可以一直上映到9月26日的背景下，《魔童降世》的票房必将赶超内地电影史总票房第三名的《复仇者联盟4》。

平心而论，相较于《西游记之大圣归来》（以下简称《大圣归来》）《大鱼海棠》《大护法》《风雨咒》，《魔童降世》的文化工业制作水准和完成度相对更高，更成熟，也更接地气。但是，在票房神话背后，我们还要清醒地看到其背后的真切问题。《魔童降世》的出品方不仅将推出“神话三部曲”的另外两部作品——《姜子牙》《凤凰》，还将与《大圣归来》的制作团队合作，参与联合制作《西游记之大圣闹天宫》《深海》等相关作品。构建有中国特色，贴近我国国情的“封神宇宙”“西游宇宙”等系列IP电影，在当下已经成为全行业的自觉意识。

毋庸多言，一个不争的事实是：漫威宇宙、DC宇宙等好莱坞系列IP电影，正在不知不觉地收割着我国的电影票房，在春节档和暑期档之间的不利档期，还依然摘得了我国电影史总票房第三名的《复仇者联盟4》，就已经为我们敲响了警钟。尽管《魔童降世》势必还将打破各项票房纪录，但是制约中国动画电影进一步发展的结构性困境仍旧存在。在《魔童降世》节节高升的票房声浪中，有多达七十余家公司参与了制作，这也被视为全行业的齐心协力。这背后的真相，恰恰说明了我国动画电影产业集中度分散、低下到了何等地步。这也是《大圣归来》《大鱼海棠》的团队在投资上已经不再有太大困扰的情况下，都没有续集或新作再出现的真正原因。除此之外，由《魔童降世》《姜子牙》《凤凰》构成的“神话三部曲”，也不是第一个要构建系列IP的国产动画电影系列，例如2011年起相继面世的《魁拔》系列，就在勉强完成三部之后终止。更为尴尬的是，我国动画电影现阶段的文化工业水平，在视觉特效等核心技术领域，尚不能独立自主，《大圣归来》《大鱼海棠》《大护法》《风雨咒》《魔童降世》等近年票房、口碑被认可的代表作背后，都有外国视效团队的影子或隐或现。如若只能依靠自身，这一代动画电影人构建IP电影宇宙的情怀又该如何安放？

在今天，哪吒形象不断承前启后地演化、进化。《魔童降世》吸纳和消化了中国香港电影、网络文学、日本动漫等不同媒介形态下具有不同价值观的城市通俗文艺经验，也汲取了从《魁拔》系列到《大圣归来》《大鱼海棠》《大护法》等动画影片的经验和教训。以《魔童降世》为代表的我国动画电影，正在初步适应票房稳定在600亿元左右，规模覆盖了从一二线城市到三四线城市和广大县级市广阔区域的我国电影产业、电影市场的特点和节奏。在影片、院线等增量快速拉升的增长模式已经走到尽头、未来将面临存量市场的竞争残酷的现实语境下，好莱坞也并不会故步自封，我国动画电影行业产业集中度分散、低下，视觉特效等核心技术不能独立自主等结构性痼疾，很有可能在来自国内外的多重挑战中被进一步放大。

综上所述，新的哪吒形象、类型和价值观及其背后构建IP电影宇宙的雄心，究竟会在什么时候、以怎样的程度实现并进一步推陈出新，还是因为上述结构性痼疾的掣肘，最终壮志未酬？这或许就是这个夏天，在《魔童降世》的票房高潮中，留给我们这个时代的最为残酷的拷问。

选自《当代电影》2019年第9期，
文章原载于“当代电影杂志”微信公众号2019年8月27日

《哪吒之魔童降世》：哪吒形象的颠倒与中国故事的转向

/朴婕

自2015年《西游记之大圣归来》令中国动画电影显露出复苏的迹象，几年间，经过《大鱼海棠》（2016）、《大护法》（2017）、《白蛇：缘起》（2019）等作的持续探索，至2019年《哪吒之魔童降世》（下文简称《魔童降世》）问世，观众已经相信中国动画电影的“回春”不只是个别现象，而已呈万象更新的势头了。且《魔童降世》最后以彩蛋的形式提示该片属于一个电影系列，这一系列将如“漫威宇宙”一样打造出中国的“封神宇宙”，就更加让人期待中国动画电影硕果累累的那一天。

而论者皆称中国动画电影是“回”春，便是提醒人们中国动画电影曾有过春天，这指的是上海美术电影制片厂曾以《哪吒闹海》（1979）、《雪孩子》（1980）、《九色鹿》（1981）等一批脍炙人口的作品创下的辉煌。有趣的是，作为其中代表的《哪吒闹海》也是以哪吒为主角。透过《哪吒闹海》与《魔童降世》这两部同样以哪吒为主角、同样昭示了中国动画电影春天的作品，可以辨析出中国在不同历史阶段塑造象征性形象时的不同取向，进而审视中国动画电影“回”春轨迹中的突变，并反思这种突变的原因，及中国的自我指认在其中发生的变化。

一、哪吒形象的颠倒

《哪吒闹海》的故事家喻户晓：陈塘关外的龙族为非作歹荼毒百姓，陈塘关总兵三子哪吒偶遇海夜叉抢夺幼童，便出手相助，引来龙王三太子敖丙追讨，哪吒打败敖丙并抽了龙筋。龙王因此大怒，欲上告天庭，反遭哪吒戏弄，于是率军威逼陈塘关。李靖左右为难之际，哪吒以一己的牺牲救下了陈塘关。哪吒的师父太乙真人感念哪吒的牺牲，将其托身于莲花而使之复活。

作为一部在1979年出现的影片，观众很容易从哪吒身上辨识出革命英雄的形象：勇于对抗霸权的不公，为保护百姓舍生忘死。同时，他的反抗又可以被赋予其他意义，比如，他的叛逆可以唤醒人们对“五四”新文化运动反抗父权的记忆，进而与20世纪80年代追求个人自由的话语相呼应。因此，各种时代声音均可以从哪吒身上找到他们希望的身影，哪吒也成为各类反抗者的精神领袖。此后的动画电影《哪吒传奇》(2003)、电视剧《封神榜》(1990)、《封神演义》(2019)等基本不脱离这一叙事母本。

而在2019年的《魔童降世》中，人物形象设定发生了几重颠倒。影片讲述天地间有混元珠不分善恶地吸收灵气，导致它为祸不浅，元始天尊将其炼化为灵珠与魔丸两颗珠子，属意太乙真人辅助灵珠投胎为陈塘关李靖家的儿子，而魔丸将于三年后为天劫所灭。嫉妒太乙真人的申公豹从中作梗，使魔丸投胎为哪吒，并盗走灵珠带到龙族使之投胎为敖丙。魔丸投胎之日，陈塘关民众目睹了这一幕，始终以哪吒为妖魔，这种排挤导致哪吒更加顽劣，直到李靖夫妇以他是“灵珠转世”的善意谎言相劝，他才决定修习道法并斩妖除魔。在追打海夜叉的过程中，哪吒偶遇敖丙，两人结为好友。在哪吒三岁生辰也就是天劫将要降临的日子，申公豹潜入哪吒房间戳穿了其魔丸投胎的身世。感到受骗的哪吒失控，几乎杀伤父亲与师父。敖丙本受申公豹安排，要在此刻打败哪吒以求扬名立万，但他顾念朋友之情，还是选择出手控制住了哪吒。恢复神志的哪吒看到民众恐惧自己的神情，愤而离开。李靖等人发现敖丙的龙族身份，将他视为妖异，逼得敖丙决定毁灭陈塘关。此刻哪吒得知父亲愿意替自己接受被诛灭的命运，心中的仇恨化解，赶回来阻止敖丙。两人相斗中，哪吒打醒敖丙，让他认清命运是由自己决定的，不要为他人言论所左右。在天劫到来之际，两人联手抵御，最终在太乙真人的协助下作为魂魄留存下来。

这里，哪吒固然仍是斗士的形象，但他从灵珠转世变成魔丸投胎这一根本性的身份颠倒，使他斗争的意义发生了转变。此前哪吒的斗争性体现为他的叛逆，无论是对李靖的命令不予听从，还是反抗不可一世的敖丙，他都是反抗现有霸权的形象，他斗争的对象在其身外。而当《魔童降世》中的哪吒成了魔丸投胎时，他的一切叛逆举动就成了魔性的失控。于是哪吒的斗争性就内转了，他成为一个始终在与自己的魔性相抗争的形象。直到他确信命运是由自己的意志来决定，并且学会用乾坤圈约束自己时，影片让他的形象化作一个成熟体，以表明他的精神成熟。由此反思影片以“魔童降世”为名，正提示了影片在讲述一个个体成长的故事。

在成长故事的轴线上，父与子的关系也发生了变化。李靖不再是放任儿子牺牲的冷酷父亲，他决定以自己换取哪吒的生命，并且他全力引导哪吒相信“你是什么人只有你自己说了算”，正是他成了哪吒成长的路标。相应地，哪吒对抗父权的意义也发生了转化，当哪吒通过风火轮投射出的历史影像看到父亲李靖求到了两张舍身符来替自己承受天劫，并在父亲给自己的平安锦囊里确实找到了这张符时，影片呈现出哪吒与李靖的双人中景画面，以表明子对父的和解与认同。当哪吒对敖丙说出“你是谁只有你自己说了算，这是爹说的”时，昭示了他恰恰是在认同父亲之时达到了成熟。

哪吒的成长是魔童约束“魔”性进入秩序的轨道，在这个意义上，哪吒已经从叛逆的形象变成了驯顺的形象。这对于习惯了哪吒抗争性的观众来说不免大跌眼镜。不过，严格来说，这是对晚近《哪吒闹海》式叙述的颠倒。传统叙述中的哪吒未必是斗争性的，他打死敖丙的部分并未建立在龙族压迫百姓的话语上，也完全可以是表现哪吒的顽劣，尤其抽龙筋来玩耍的情节已有损于正义。且《封神演义》《西游记》的叙述中本就有哪吒被驯服的情节：由于哪吒与李靖积怨太深，屡屡有弑父的威胁，佛祖（一说为燃灯道人）便给了李靖玲珑宝塔来镇住哪吒，终于让塔中的哪吒认下了李靖这个父亲，自此之后也归顺于父亲并成为天兵天将。这里已有让哪吒喊出“父亲”而完成认父的归化。因此，需要从两个方面反思《魔童降世》中哪吒的归化。

一方面是《魔童降世》相对于《哪吒闹海》的颠倒。因为传统的哪吒叙事并未强调哪吒对抗龙族的合理性，是《哪吒闹海》式的叙事为之附着上革命的色彩，所以《魔童降世》的颠倒是革命话语的退场。与此相关，《魔童降世》还颠倒了龙族的身份。《哪吒闹海》里龙王不仅仗着自己的能力要求百姓献祭，在受到抵抗时还打算报告天宫，对陈塘关予以制裁，表明了权力所有者在滥用权力，所以，“哪吒闹海”的“闹”字表达了以狂欢的方式反抗霸权，它和20世纪60年代《大闹天宫》（1961）的“闹”一脉相承。到了《魔童降世》里，龙族则成了被天庭鸟尽弓藏的边缘群体。片中以具象的空间上的底层位置，突出了他们在身份上的极端边缘化。此时，肩负起振兴龙族之希望的敖丙才是真正的反抗者和潜在的革命者。于是，《哪吒闹海》中哪吒对抗龙族的革命意义在此刻就失效了。而具有潜在革命性的龙族选择让敖丙通过参加封神大战而跻身天庭，这也就选择了非暴力的手段来谋求身份转换：潜在的革命者放弃了革命手段。且当百姓发现敖丙的龙族身份时，刚刚因获救而感恩戴德的情感转瞬变成指责龙族盗取灵珠引发祸端，“龙族果然没有好东西”“当年就应当把他们全都消灭”，这些言语便表明，在成见之下，龙族想要通过参加封神之战来走入天庭、获取新地位的努力必将失败。影片最后的彩蛋暗示龙族很可能因为丧失了敖丙这个希望而在妖魔的诱惑下袭击陈塘关，引发《哪吒闹海》中龙王围困陈塘关事件，但这种抗争也不再是革命了：龙族成了受蛊惑（而又必将失败）的复仇者，这种斗争的革命性就很可疑，而且他们的斗争也选错了对象；陈塘关的抵抗可以被赋予各种意义，但也势必不再是革命。

另一方面，民众的形象也在这一语境中发生了颠倒。20世纪50年代到70年代英雄叙述的最大合法性就是“为人民”，哪吒对抗龙族是因为龙族为非作歹荼毒百姓，他打败龙族的时刻，周边的儿童都对他表达了敬佩和支持；但《魔童降世》中的民众毋宁说成了最大的敌人，正是因为“人们心中的成见是一座大山”，才导致了哪吒无数次的失控，导致了灵珠转世且始终心地善良的敖丙也转身攻击民众。在此，民众正是勒庞所谓的“乌合之众”（参见古斯塔夫·勒庞：《乌合之众：大众心理研究》，冯克利译，中央编译出版社，2000年），群体中的人为了形成相对稳定的秩序而压抑自身的理性，出现集体的非理性状态，建立起未必合理但大家容易执行的秩序，也就出现了定规与“成见”。哪吒对抗自己的魔性与命运，从实践上就是抵抗成为人们所认为的他。由此，哪吒的斗争性就从斗争制度变成了通过斗争而获取自我认同。

而翻转了《哪吒闹海》是否就意味着《魔童降世》回到了传统叙述呢？这就需要辨析《魔童降世》中对父母的驯顺是不是《封神演义》《西游记》中的认父。当全陈塘关的百姓，特别是带有长老属性的老者对李靖说“陈塘关世代斩妖除魔，还请李总兵做出表率”时，暗含着以宗族的力量约束李靖的权力话语，此时李靖以看管好哪吒为许诺留住哪吒，便是在以退为进地对抗宗族权力了。所以，哪吒所认同的“父”并非宗族制度中的父权，而是核心家庭之父。作为对照，敖丙则是因为宗族家庭的压力而转善为恶。他原本有一颗良善之心，但由于他必须进入封神榜来解救龙族，临行前龙族人将全部的希望都寄托在他身上，因此当陈塘关众人误解他时，保护龙族的使命感让他丧失了理智。此时哪吒以不要在乎别人的言论、自己决定自己的命运来唤醒敖丙，便是核心家庭对宗族家庭的胜利。因此，《魔童降世》中成熟的哪吒是一个既去革命化也反传统的形象，他更接近于现代社会中具有独立意识的主体。

二、哪吒形象变化与新时代语境下的中国

哪吒形象的转变症候性地折射出中国所面对的时代问题的变化。“冷战”结束后，两大阵营的对立格局瓦解，中国进行世界革命的目标逐渐淡化，革命话语日渐丧失影响力，中国面对的最直接的问题从如何对抗资本主义在政治经济以致文化上的侵袭，转变为如何在全球关系中找到自己的位置，重建自己与其他国家的关系，再发出自己的声音。在这样的局势下，中国内部也发生了产业结构与生活结构的全面调整，消费社会的急速发展让原本在大生产下作为集体存在的人民迅速分解成一个个消费主体，化作原子化社会中的一个单元。对于置身这样的话语场域中的当下观众来说，比起与他人结成共同体，其更大的需求是面对庞大的群体而确认自我的特性；比起颠覆现有秩序，他们更想了解如何能够在保持自我的情况下进入秩序。主流叙述因此聚焦在了如何在当前社会之中找到自我、确认自身在社会中的位置上。所以，在中国动画电影开始“回春”的《大圣归来》中，孙悟空就处在被压了五百年后丧失自我的混乱状态下，直到因为使命感而找到

自我认同才得以“归来”；从目前预告的《姜子牙》来看，姜子牙下山也是“寻找自我”之旅。《哪吒闹海》中“神仙本是凡人做，只是凡人志不坚”那个不言而喻的“志”成了问题，变成了需要经过不断磕碰、不断寻找、不断失败然后才能形成的认知了。

并且，在当前时代，每个个体都不再是革命时代孑然一身的无产者，都有着可供支配的财富，因此，《魔童降世》中对肉身的处理也是隐喻性的。片中的魔丸本应是一切恶的集合，自身滋长不出善意，但殷夫人抱住他时他就安定下来，意味着他的肉身提供了善意的种子，这种血肉的联系成为在精神上约束哪吒的法宝。乾坤圈可谓这种肉身之爱所形成的约束性的具象，正因为哪吒感受到了血肉情深，才能够主动操控乾坤圈束缚自己。由此不难理解《魔童降世》去掉了“割肉还母，剔骨还父”的情节：此前的哪吒叙述中，肉身是束缚哪吒进行斗争的最后障碍，当哪吒割肉剔骨，切断与父母，与普通百姓的血肉联系时，他才蜕变为最纯粹的斗士；而在《魔童降世》中，肉身构成斗争精神萌芽的起点，慢慢融入哪吒的精神，所以他不能再主动舍弃肉身。曾经的无产者成了今日的中产者，人们反而要依赖所拥有的资源来确认自身的个性所在。当前的中国也不再是一贫如洗，而是作为几大经济体之一进入全球体系；更重要的是，中国也不再认为自己一无所有，而是要带着所有的政治经济文化资源参与世界互动：这就决定了当下中国不能再以“闹天宫”“闹海”的方式鱼死网破地颠覆秩序，而需要寻找一种进入秩序的方法。

在这一方面，无论哪吒形象的塑造者是否自觉，哪吒形象的变化都投射出中国故事的变化。哪吒在《哪吒闹海》时代反抗包围陈塘关的龙王，一如反抗“冷战”格局中包围中国的资本列强；反抗向龙王妥协的李靖，一如中国抵抗自身内部的官僚权力：他继承了此前齐天大圣般颠覆一切霸权的形象，显露出20世纪50年代到70年代富于革命性的精神气质。而到了《魔童降世》的时代，中国也像走进了世界这个“陈塘关”的哪吒，始终被全球格局中的他者视为异类，所以中国也在力图保持自我，并寻求他人认可。

三、“回春”作为叙事：产业形象变化的寓意

在哪吒形象映照出了中国故事时，就需要注意到，哪吒形象的生产制

作本身，也是当下中国展现自身生产力和自身形象的一部分。当观众纷纷从《大圣归来》《魔童降世》里看到中国动画电影的“归来”与成长时，观众已经有意识或无意识地感到大圣、哪吒的形象与中国动画电影的产业形象是相互交织的。所以，从讲述中国故事这一宏观视角看，动画工业的产业形象与它塑造出来的哪吒形象存在互文性，产业形象的变化，也与中国形象的变化挂钩。

由此审视《魔童降世》开篇的制片方介绍，它告知观众这是由霍尔果斯彩条屋影业有限公司、霍尔果斯可可豆动画影视有限公司、十月文化传媒有限公司出品，由光线影业投资发行的成果，这意味着作品从制作到销售都由专门单位承包，这完全不同于《哪吒闹海》时代产销一条龙的制片厂体制。原本从苏联学习过来的制片厂体制，以计划经济下不计投资回报率的精致作业，展现社会主义经济体制相对于市场经济体制的优势，这样的产业本身就营造出中国反抗资本主义体制的形象；而当前的制片方介绍，以及制作了从《大圣归来》到《魔童降世》一系列影片的光线传媒曾表达过的成为“中国皮克斯”的愿望，则宣告了中国将按照当前世界的经济秩序重塑自身文化产业结构。当影片以长达两三分钟的制片方宣传动画开场时，一个关于中国产业的故事就编织进了“魔童降世”故事的底层：在哪吒认出自己未来道路的同时，中国也表明了自身的未来发展之路。

置身全球之中的产业“哪吒”，也向世界和国人证明自己可以在这条道路上走向成熟。从《大圣归来》到《魔童降世》，短短四年间，衔接卡顿、技术毛糙之类的硬伤已不复现，都在宣告哪吒已经“修炼好了”。它也通过融入一些中国特色来展现自身的独特，体现中国文化产业之于世界的必要性。比如影片虽然采用灵珠/魔丸的善恶二元对立，但它以太极式的有无相生、善恶相倚的呈现方式，化解了绝对的二元冲突，表明魔丸在有效的引导下可以向善，灵珠在一定压力下也会作恶，因此只要找对方法，所有人都有向善的可能。乃至于作为主要反面角色出现的申公豹，他的恶也源自他出身豹族，被视为异类，所以郁郁不得志。由于他在封神世界中势必还有所活动，影片没有说出他的结局，但不排除在未来的故事讲述中，他的恶念也会得到化解。这颇有中国文艺大团圆结尾的影子。影片还制造了中国特色的视觉效果。如片中太乙真人将哪吒收入山河社稷图，并以笔画出船带着他在里面畅游。还有决战中敌对两方被收入图中，捆成一个球在图中弹跳，可以看到镜头融合了两种视角——一方面山河社稷图提供了一个平面铺开的世界，这是传统中国画移步换景的视点，比如《哪吒闹海》中基本都采用了这样的平面视角，全片几乎毫无透视；另一方面，镜头则是以现代的凝视视角，穿梭于前景后景来建立连贯调度，特别是影片选择了3D呈现，更加突出了这种前后景的穿梭。这样的融合让观众既能感受到自己的第一人称视角，又在这种第一人称视角中感到平面铺开的画轴。这样的视点在世界动画中也是颇有特色的。此刻，作为中国产业形象的哪吒，便化作全球电影产业中的一个原子，他仿佛米高梅的片头狮子一样，具有一目了然的标志性，但不再具有颠覆性。

所以，当前所讲出的“中国动画电影回春”也是关于中国的一种叙事，它描绘了中国在茫茫现代秩序中找到的立身之法，而且中国也确实在这一“回春”的道路上蒸蒸日上，取得了可喜的成就。只是这一“回春”实则是在新语境中再造的春天，它替换了曾有的春天。而从长远来看，中国就算展现了自己文化的独特性和自觉意识，能否在现有的体制之下获得文化主导权，却还是未知数。中国故事的重新讲述毕竟是建立在电影产业基础上的重构，特别是动画作为工业生产的产品，依托于成型的生产流程进行叙事，动画制作选择怎样的生产规范，往往会影响它讲出的故事，所以它深受产业结构调整的影响。如果中国只是按照现有的游戏规则来塑造自我，不能掌握并改进规则的话，那么中国也就只能被动地放任自己的形象在全球经济变动中变化不定。所以中国要想真正以自己的意愿讲出自己的故事，就必须对文化产业的秩序有掌控力。天劫之后仍然留存下来的哪吒就仿佛苏东剧变后仍然屹立的中国，他应当暗示中国某种历史精神的留存。在这一方面，《哪吒闹海》时代的资源是不应放弃的。比如，从市场角度说，《大闹天宫》《哪吒闹海》的时代，中国电影曾经有过直达农村的放映体制，其生产也充分考虑包括城乡在内的观众群体，这调动起了最大的市场；从民众的接受角度说，既然中国传统一直以来有着集体意识，尝试从集体文化中找到中国的文化表达，吸收集体经济的资源进入当下产业，也有利于保证更稳固的发展道路。只有在中国找到自身产业得以独立自主运转的法则后，中国才能找到自己的语言，对现有话语发出诘问：哪吒虽已喊出

“我命由我不由天”，但天命是谁决定的呢？除了反抗自己被决定的命运之外，颠覆掉随意决定人们命运的不合理法则难道不是更进一步的使命吗？在新的时代语境下仍然带着曾有过的反思现代性的眼光，才能说明当下中国能够整合多种历史资源并形成独立意识，最终走向成熟。

选自《戏剧与影视评论》2019年第5期

“哪吒”：从无我的抗争到有我的抗争

/马姝

1

1979年，动画长片《哪吒闹海》（以下简称“1979版《哪吒》”）问世。这是一部由当时最优秀的一批电影艺术家完成的动画巨制，它实现了“奇绝壮美”的要求，成为我国美术片史上的经典之作。

但是，它的创作者一定想不到，这部动画片会以其超越时空的魅力，成为好几代观众的心头好。哪怕40年后，一部新的现象级哪吒电影横空出世斩收了票房，人们还是会在兴奋过后意犹未尽地打开电脑，再刷一遍四十年前的这部经典。

这里面一定有怀旧的因素，但又一定不能仅用怀旧来解释。

2

1979版《哪吒》的故事取自《封神演义》，情节非常之简单：陈塘关遭遇旱灾，东海龙王不仅不降雨，反而强取童男童女作为祭牲。陈塘关总兵李靖之子哪吒生性烂漫、疾恶如仇，为伸张正义，他杀死了龙子敖丙，得罪了龙王。于是龙王以淹埋陈塘关和状告天庭逼迫李靖杀子偿债。哪吒不想父亲为难，拔剑自刎。之后，师父太乙真人以法术助其复活。重生的哪吒愈发骁勇，他最终战胜龙王，护佑了一方平安。

用一句话来说，这是一个全能小英雄与以龙王为首的“黑恶势力”斗争到底，为民除害的故事。

剧情简单，片中人物也很脸谱化，好人坏人一看即知：哪吒是非分明，龙王狡诈凶残，父亲李靖驯顺懦弱，母亲则悄无声息到干脆连台词都没有一句。

但这又是一部并不简单的电影。其中凝聚的艺术家们的精工巧作暂且不论，只看它带来的社会效应：1979年，正是粉碎“四人帮”不久，又是中华人民共和国成立30周年；虽然影片并未有意去迎合时代氛围，但它释放出的挣脱束缚奔向自由的意象却与时代精神不谋而合，成为一个影像化的时代象征。

这一意象的形成，得益于色彩瑰丽气韵生动的画面、以传统器乐营造出的激越且灵动的气氛，还得益于创作者们精心设计出的矫健活泼、明慧聪颖的哪吒形象；更主要的还在于，影片提供了一个让人难以忘怀的悲剧时刻。这就是今天的小伙伴们在怀旧帖里提到每看每哭的哪吒自刎一幕。

当时，龙王大施淫威，以水淹陈塘关来逼迫李靖杀子。迂腐决绝但又有怜子之心的李靖把剑举起，却下不了手，陈塘关一时危在旦夕。哪吒见状，把心一横，咬住一尾头发，挥剑自刎。

这种敢于担当、无惧生死的英雄行为，具有一种令人肃然起敬的崇高感，这一幕因此也释放出巨大的悲剧力量，让观者无不为之动容。但，还不止于此。哪吒在自刎之前还说了句话，正是这句台词，加上他的义举，才成就了片中这一足以载入史册的悲剧时刻。

这句台词是：“爹爹，把你的骨肉还给你，不连累你!”

“不连累你”，体现了小英雄的担当意识，但重点是在“骨肉”一词上。没有哪个中国人不理解“骨肉”一词中浸润的伦理和道德意味。而爹爹李靖，在影片中是一个唯君命是从、严格遵守伦理纲常的人。当儿子哪吒引来了灾祸时，他果然就有了杀子的动念——在这个以骨肉为基础建立起来的伦理秩序里，父亲也天经地义地享有这个行刑权。

“把你的骨肉还给你”，意味着一种对恩情的偿还，在偿还之后，哪吒便获得了以死亡的形式表现出的自由。因此，哪吒的自杀行为同时也是对既有的伦理秩序进行反抗的行为。

所以说，1979版《哪吒》讲的也是一个觉醒的个人与命运相抗争的故事。这种剔骨还肉式的抗争方式无疑是极其隐忍和悲情的。很自然地，我们能从中读出反父权、反封建、自主意识觉醒的意味。假如我们将反父权、反封建、自主意识觉醒这些主题放在更广袤的历史时空里去看的话，还会发现，这些和家庭变革休戚相关的主题在更早的“五四”时期就已经提出来了。冲决网罗、恢复自信作为“五四”运动的一种吁求，引领着那时的青年人走向革命；而他们革命的路线，就是从反父权的家庭风暴走向反封建压迫的时代风暴。

因此，这种发生在家庭之中的、以父子冲突为表现形式的抗争方式已经成为近现代以来中国人最为熟悉的抗争模式，小哪吒自刎时那剑眉挺立、双目含泪，人人都记得的经典造型，也成了一个贯通历史记忆的影像符号，勾连起了不同时代的中国人对个体觉醒之路的共同感受——这应当也是1979版《哪吒》在几代人记忆中永久留影的原因之一。

3

40年后，在国产动画衰落所激起的创作斗志、文化复兴的话语烘托以及制作技术的与时俱进等因素的推动之下，一批被称为“国漫”的、更符合网络时代审美趣味的动画电影出现在大银幕上。其中，借力神话故事这个大IP创作出来的作品赢得了非常不错的票房与口碑，比如前几年上映的《西游记之大圣归来》（2015）便是如此。《哪吒之魔童降世》（以下简称“2019版《哪吒》”）就是趁着这股势头诞生的。

这是一个依然在《封神演义》的框架之下展开，并与1979版《哪吒》保持着内在联系的故事；但是，由于它在剧情设置和人物性格上已与1979版有云泥之别，因此，它事实上是一个更具当下性的被重构的故事。

魔丸和灵珠被调了包，分别投胎在李靖之子哪吒和龙王之子敖丙身上。原来要成仙的，堕入了魔界；原来是魔的，有了成仙的可能。于是命运互换的两人迎来了各自的人生问题。哪吒从小被视为妖怪，遭受世人歧视，他需要不断地去证明自己，去消除人们的偏见；敖丙除了有着和哪吒一样的不被世人所接受的痛苦之外，还要挣脱作为复仇工具的命运，找到真正的自我。再看里面的反派人物申公豹和海底龙王，他们也一样，也是得不到权力秩序承认的、在备受压制的命运中努力挣扎的人。

因此，片中人物都有着被命运掌控、不能做自己的痛苦。不服从命运的安排、与命运进行抗争，便成为该片的一大主题。

之所以说这是一个具有当下性的故事，是因为其中提到的抗争问题本身打着极强的时代烙印，它是伴随着1979年之后继续进行的社会和家庭结构的变迁，在个体主义不断得到强调的背景下才出现的。

40年间，经济体制改革从提出到逐步深化，市场化、全球化、网络化成为令人应接不暇的时代浪潮，中国的家庭结构也发生了很大的变化。以往由辈分、年龄和性别所支撑的传统家庭里的金字塔形等级结构已悄然瓦解，父权已经式微，夫妻地位渐趋平等，真正成为家庭重心、令整个家庭围绕其运转的，是家中的孩子。在这样的家庭结构中成长起来的年轻人因此天然地不受传统伦理的束缚，具有极强的自我意识。他们不仅不再追求求同存异，而且还将“求异”视为实现自我认同的方式，甚至，不异或不够异，都可能令浸淫于以个性为标志的青年文化中的他们感到焦虑。当具有这些特质的年轻人去面对作为整体而存在的社会的时候，他们所诉求的，就是如何让社会、让周围的人去接受和承认自己。做自己、与命运进行抗争的问题，是在这样特定的时代背景下才出现的。

我们看片中的哪吒。他是一个备受父母疼爱的孩子，而且他的父母都很开明，很懂儿童教育，他的母亲甚至会像面临选择困境的现代职业女性那样，反思自己工作过多而疏于对孩子的陪伴。因此，这一版哪吒不再像1979版哪吒那样，是一个与社群关系融洽、遵守师道和孝道的小英雄，而是像我们所熟悉的那种总是惹是生非的“熊孩子”，他顶着蔫坏的黑眼圈，一口缺牙，双手总是插在松垮的落裆裤里，活脱脱一个小混世魔王。

为了得到乡邻的承认，他不断地通过实际行动去证明自己，在天劫到来的时候，他和敖丙一道去勇敢地面对自己的命运。其他人也与他一样，在进行着对命运的抗争。敖丙的抗争更多是发生在他的内心世界里，他需要不断在履行家族、师父的使命和确立自我之间做出选择。海底龙王和申公豹的抗争则是通过豢养复仇工具的方式来进行的。当然，这种抗争最终表现出的是对等级秩序的服从。这也是这部电影里非常具有批判性的地方，它借龙王和申公豹的嘴道出了天庭虚伪的一面，天庭原来也并非理想中的平等世界，它不过是一个外表更为光鲜的等级森严的社会。龙王和申公豹这些为“出身决定论”所困的人的最终理想，也不过是希望被这个等级秩序所承认和收编。因此，这条隐晦的线索也揭示了一个让人细思极恐的现实：被统治者在这个秩序下所能想到的改命方式就是成为统治者中的一员。

这些因差异而生的区别对待的问题，是当下性的问题，也是全球性的问题，因为，哪吒、敖丙、申公豹、龙王本质上都属于因不同特征而形成的各种“异类”，如果加上一点儿想象，那么，他们作为不同的异类所遭受的差别对待的问题还可用学术语言翻译成种族歧视、性别政治、阶级冲突等具有全球性的问题。

因而，2019版《哪吒》的优点是非常明显的：它准确地抓住了年轻人“做自己”的渴望，把握住了带有普遍性的抗争诉求；它以和年轻人站在一起的姿态，替他们喊出了他们想说的话，而且还鼓励他们，要他们去与命运相抗争。年轻人从来都是自信又自卑、躁动又压抑的，当有一部电影充满理解地还原他们的处境，道出他们的心声时，他们必然回报以热烈的掌声。

而且，这种抗争又确实是必要的。会抗争是年轻人之所以是年轻人的原因，是他们存在的一种形态。正是因为有抗争，才会有改变，才会让世界变得更加平等、自由和美好；而这样的诉求和观念，又是普适的，是足以与世界上的很多优秀动画电影进行对话的。

因此，我们除了可以在人性探索的深度、与社会现实的关联度这些方面看出新版胜过老版的地方，还可以通过它传递的价值观以及埋伏在后面的彩蛋，看到它更大的野心。它不仅是要在观念与制作水准上与“漫威世界”相匹敌，而且还想建构一个宏大的世界观，开启“封神电影宇宙”，实现“国漫崛起”这个闪亮的、宏伟的目标。

4

但正是因为与现实有着深切的关联，2019版《哪吒》的问题也同样显得非常扎眼。

我们看到，在抗争这个用以连接起普遍情感的主题之下，影片提供了一个看似很鼓舞人的抗争方式，这就是“我命由我不由天”，即只要“不认命”，只要通过个人的努力，就可能改变命运。

影片举出的例子就是魔丸。他确实通过一种无惧牺牲、勇往直前的方式，抵御住了龙族的侵袭，拯救了苍生，得到了社会的承认；可是，这种抗争命运的方式落到现实中却并不具有任何的可复制性。也就是说，年轻人可能都会面临类似于魔丸的、渴望自己的独特性被承认、渴望自己的命运得到扭转的人生问题，但是并不是谁都有魔丸的幸运，能出生在一个殷实的管理阶层家庭，有一双宠他爱他愿意为之抵命的父母，再外加天赋的异禀和强大的“武器装备”。他们更多的就是资质平庸、出身一般的普通人，在他们遇到问题的时候，并无家世“魔法”可以凭借，也无奇迹忽然降临，所能做的可能就是忍耐和无望的等待。所以，“我命由我不由天”这样的话，虽然听起来让人血脉偾张很励志，但其实质却是空洞的，带有哄骗的意味。

2019版《哪吒》试图以现实激起共鸣，却最终以幻觉搪塞了事，这是它在立意上最大的问题。抗争终究不是一种姿态，它需要土壤，需要条件，而最重要的，是先要破除一切幻觉。

由于这种抗争方式过于特殊，因此，尽管将其以巅峰对决的形式表现出来之后能强烈地刺激感官，但这种方式终究难以与更多人的真实经验形成交集，从而唤起普遍的共鸣；另外，为了市场效果而充塞其中的过于饱和的笑料也妨碍着情绪的连贯，这就使最后出现的终极抗争徒具炸裂的视觉效果而没有与人物始终同命共情而生发出的情感力量。这也是一种我们熟悉的“一战式”商业大片的收尾方式，它追求的是闯关成功的激动和爽，而不是展现人性中可互通的那种休戚与共的命运感。

反观时长仅新版一半的1979版《哪吒》，其中最为惊心动魄的抗争时刻其实是哪吒自杀一刻而非复活之后与龙王势力的大决战，而自杀一幕又如前文所述，能勾连起不同时代中国人对个体觉醒之路的共同感受；另外，再加上影片情节紧凑、情感连贯，因此，当哪吒举剑自刎时，也是观众已积累的情感和关切汇聚到一起达到最高峰的时候，一种让人难以承受的痛苦感逐渐到来，一个足以载入史册的悲剧时刻也就此诞生。也正是这个经典的悲剧时刻，让人们忽略了脸谱化的人物和单薄的剧情，而永远记住了哪吒这个形象和这部电影。

悲剧时刻过后，影片的调子转而变得清新明快，哪吒在太乙真人的法术之下重获新生。所以说，1979版《哪吒》意象单纯，却元气充沛，它让人感受到了一股新时代来临的生气与活力，品味到了人性得到自由舒展的轻盈与快意。

5

1979版和2019版《哪吒》是在制作方式、社会氛围和市场环境都十分不同的两个时代诞生的电影作品，讲的也是两个不同的故事；但两个作品又是有联系的，比如在人物设置、个别人物形象和大的故事框架上，二者是存在着连续性的。而更重要的联系，则是发生在思想意识层面，因为它们共有“抗争”这个不变的主题。

40年前1979版《哪吒》里的抗争，表面上是发生在哪吒与作为压迫者出现的龙王之间，在深层文化意识上，还发生在哪吒与象征父权的李靖之间。哪吒自刎一幕所蕴藏的抗争意味因此也值得反复品味和解读。但是，这个故事里的抗争者哪吒还并不具有一个完全个体主义意义上的、私人化的“自我”意识，他的自我还是有所依凭的，比如师道，比如和谐的群己关系，因此他的抗争就依然还是在传统伦理框架下的“无我”的抗争。他反抗龙王、反抗父权，自我牺牲，拯救百姓，是一种在那个时代的银幕上常见的“牺牲小我成就大我”的英雄叙事，而不是在今天才会出现的以“我”为中心、以解决个体与命运之间的冲突为目标的英雄故事。这样一种“无我”的抗争故事也向来是受人欢迎的，它表达出了特定时代对一种传统英雄形象的赞赏和呼唤。

40年后2019版《哪吒》里的抗争，主要是个体与命运的抗争。这里面的抗争者哪吒已经是一个不受传统伦理束缚、非常关注自我感受的个体，他对于平等和自由，对于被尊重的欲求变得前所未有地强烈。这样的个体产生于个人欲望被高度合法化的时代，也带有天然的不可置疑性。这样的“我”的出现，便意味着个体与个体之间的差异的出现，而这种差异与人的共性一样，同样是值得尊重的，但差异又不可避免会与依旧要求整齐、合作的社会秩序间存在冲突。因此，这一新时代下出现的“有我”的抗争也会带来对人的多样性和差异性的更多理解与包容。这也同样是时代的进步，是一个与1979版哪吒保持着连续性的问题，即，当我们逐渐从传统伦理秩序的束缚中解放出来之后，一个高度个体化的“我”如何在依然等级化的世界里去探索更多自由空间的问题。这并不是一个很好回答的问题，因为它牵涉到对当下新的家国关系（家庭始终是国家看重的领域）、个体与社会的关系的观察与理解，而背后还有对传统伦理与现代观念、中国经验与世界潮流这些更复杂的关系的认识。而回答好这个问题，创造出与国人的经验更为贴近的故事，可能才会有真正意义上的“国漫崛起”和文化复兴。

选自《戏剧与影视评论》2019年第5期

《我和我的祖国》：重新定义“主旋律”

自2006年提出“国庆档”概念以来，2019年“国庆档”的献礼氛围最为浓厚。不同于往年“国庆档”影片的类型多样化，以《我和我的祖国》为首的三部影片不仅扛起了2019年整个“国庆档”市场，而且好评如潮，创造了史上最强“国庆档”。《我和我的祖国》一改以往对伟人伟绩和宏大历史的歌颂，将故事的视角落在历史中的小人物身上，可以说重新定义了“主旋律”电影。

艾飞从普通观众的角度记录了对电影七个故事单元的观感与评价，并赞扬这部影片虽然各个单元质量上参差不齐，整体而言却超出了预想。伊文西聚焦于电影本身，指出其为传统“主旋律”电影的内生型进化，从人物塑造、主题表达、叙事结构等方面展开了评定。谢明宏将三部电影置于“新闻体裁献礼片”、“百姓故事献礼片”和“历史春秋献礼片”的分类中，提出不断创新，将个人特色融入商业元素，同时保持鲜明主题的献礼方法论。

张慧瑜、刘复生和许金晶的三篇文章则从个体与国家之关系的角度探讨了影片的文化政治意涵。张慧瑜从影片以小见大和拼盘式的叙述结构挖掘出普通人视角背后隐含的个人与祖国情感勾连的新模式；刘复生从主题曲演唱者谈起，指出歌唱者与祖国的关联从无条件的命运性、血缘性的前定，转换为了有条件的情人般的依恋；而许金晶则从细节入手分析了影片的拍摄技巧和主体意蕴，褒扬影片对于个人真实情感的表现。

《我和我的祖国》，好与不好

/艾飞

这些天，几乎在中国的任何地方，耳边都会冒出《我和我的祖国》这首歌。

相比而言，《义勇军进行曲》是发出“起来”的吼声，《歌唱祖国》是走向“繁荣富强”，而《我和我的祖国》显得更加自信与平和，是更加强调“我”。

尽管，很多的“我”依然无助，但还是要相信，我们在进步。

“十一”期间的电影，有三巨头，分别是《我和我的祖国》《攀登者》和《中国机长》。实事求是地说，内容单一，都属于命题作文。我原本的想法是，上面指令拍一拍，我们也就随便看一看。

尤其是《我和我的祖国》，我基本是不抱希望的。

有意思的是，看完《我和我的祖国》，居然有了歌里的那种自信与平和。在我看来，它是这个假期最令人惊喜的电影。

虽然它也有诸多束手束脚的地方，但整体不会觉得别扭；虽然也很主旋律，但这次的发力，不再是大人物喊口号讲道理。

而重在更具体的个人，散发出百姓味和烟火气。

因为是建国70周年，电影《我和我的祖国》是由7位导演，结合7个历史事件，拍出的7个故事。

这种电影，如果按照以前的拍法，打个比方，拍出来的就是学校的语文课本；但在《我和我的祖国》里，这7个导演拍的更接近学生的个人日记。

正因为是这样，这些导演的水平就一览无遗，有的才华横溢，有的是很努力，有的是耍小聪明，有的就是流水账，摆在一起，对比明显。

就我个人而言，《我和我的祖国》7个小短片，我自己的排名大概是这样：

宁浩《北京你好》>管虎《前夜》>徐峥《夺冠》>张一白《相遇》>陈凯歌《白昼流星》>文牧野《护航》>薛晓路《回归》。

下面先一个个谈谈我的看法。

宁浩《北京你好》

在我看来，从电影的完整性来看，宁浩无疑拍的是最好的。他就像班里那个有才华，又饱含温情的同学，把“命题作文”写得妙趣横生，在不经意间戳中观众的泪点。

在这个短片中的大事件是2008年奥运会，但他没吹这个盛会怎么怎么了得。

而是在结尾大声感谢一个出租车司机。

好的电影，出人物。可以说，整部《我和我的祖国》，最鲜活、生动的，就是葛优饰演的这个北京司机。

葛优的分寸感非常的好，一言一行都刚刚好。

你能感觉到，他就像生活在自己身边一样，本事不大，爱臭显摆，关心孩子，又不晓得怎么表达……打心里是正义的，只是被岁月和生活打磨得油嘴滑舌……

宁浩把奥运的影响力，缩小到一张门票。

对葛优这样的小市民而言，拥有一张一般人都进不去的奥运会门票，这得是多大荣耀。葛优把那种欠抽的显摆刻画得很生动，可是，相比而言，这票对片中那个从汶川过来的孩子，是梦境的通行证。

他想进鸟巢，亲眼看看过世父亲曾经当过工人的地方。

葛优忍痛把票给了小孩，人性的光辉就出来了，奥运的梦幻精神也有了。宁浩煽情煽得不动声色，就很高级。

当然，这个短片有一些逻辑的问题。比如，小孩子悄悄地把票换成了钱，厚度不一样，按理，葛优早该发现，不过，宁浩+葛优，妙就妙在，他的氛围营造得太好，观众也就想不了那么多。

管虎《前夜》

管虎导演的《前夜》是《我和我的祖国》的开门炮，可以说，很响，一下子就让观众意识到了整部电影的分量。

这个短片聚焦的大事件是1949年10月1日的开国大典。

在以往大家的印象中，拍这种往往都会落入泛泛而谈的俗套，没想到的是，《前夜》一出场就是一种死磕到底的认真劲。

《前夜》的焦点是黄渤饰演的知识分子，他是开国大典那天，电动升旗的负责人。他要确保升旗仪式，万无一失。

应该说，《前夜》是7部短片里，戏剧性最抓人的一部。

在很紧张的时间里，克服一个个的危机，而这种危机的背后是开国大典。管虎把这种节奏都带起来了，拍得张力十足。

我很喜欢短片中，对细节的刻画，它会让人有代入感。

比如，看的时候我就想起大学那会，我有一次负责一个晚会的音响，与片中那种“害怕自己做得不够完美而误了事的紧张感”其实是共通的。

可是，《前夜》有着比《北京你好》更夸张的“逻辑胡扯”。

比如，片中黄渤的各种受限；比如，这么重要的事居然准备得这么局促；比如，欧豪屋顶喊一嗓子，百姓就涌来送上各种现在我也记不住名的金属……但好在，黄渤的那个攀爬扣人心弦，结尾开国大典重现得很有历史感，就会给观众很深的震撼和厚重感。

徐峥《夺冠》

不得不说，徐峥导演的这部《夺冠》是全片中最富有朝气的，那种活泼可爱的劲儿，会让观众忘记自己是在看一部主旋律影片。

整个短片有一种亮丽的怀旧感，镜头扫过寻常百姓的日常，那种上海人民“笃悠悠”的烟火气扑面而来……

《夺冠》结合的是中国女排首获世界大赛三连冠的大事件。

主角冬冬是个小孩，一方面，为了让街坊邻居都能观看这场比赛，他要守着老出问题的天线；一方面，这个时候，他喜欢的女孩要走了，他想去跟她告别。

原本，这种故事很容易拍瞎，小孩哪里知道什么“大局为重”，也不应该灌输这种“舍己为人”。

可，这是献礼片。

于是，徐峥把小孩的纯真放大，被妈妈拽走的小女孩，又跑了回来，给冬冬送上了告别礼。加上有一些出乎意料的小幽默，短片看起来，更多感受到的是孩子的精气神。

而《夺冠》的败笔就在于，结尾居然画蛇添足地让冬冬长大，变成了吴京。此时的他是乒乓球教练，正在接受采访，更加生硬的是，节目组找来冬冬失散多年的小女孩，长大后变成了马伊琍。真的，整个过程没有丝毫惊喜之感，徒留一惊一乍的尴尬。

张一白《相遇》

在我看来，《相遇》是张一白这些年最好的作品了。并不是《相遇》有多好，而是他此前的《从你的全世界路过》《匆匆那年》之类的太过于无病呻吟。

在“十一”档，两部片子都有张译，《攀登者》里台词密集，声嘶力竭，而《相遇》里，基本无言。两部影片，截然不同的味道，但都经得起咂摸，这是张译的表现力。

《相遇》的大背景是1964年中国第一颗原子弹爆炸。张译饰演这个项目中一个普通的工作人员。他冒着生命危险，化解了一次重大危机，却也被核辐射重伤。

在影片中，有一个很出彩的长镜头：出来后的张译，在公交车上，遇到了3年不见的恋人，他也不能告诉恋人自己到底经历了什么。任素汐饰演的恋人一直在忆往昔，而张译面对她像吃了黄连。

而此时的车窗外，群众欢呼。

窗外窗内，一动一静，任素汐和张译，一动一静，整个看起来，张译就是沉默如海。

所以，当听说原子弹成功爆炸后，他整个海底的世界都汹涌澎湃……

但我觉得结尾不好，一开始我还以为是下一部片的开头：很久后，任素汐看到电视里在表彰张译，才知道他为国牺牲了爱情。她那种肃然起敬的表情，我觉得是不准确的。当然，我也知道这是主题的旋律，其实，去掉会更好。

陈凯歌《白昼流星》

看到网上很多评价，少有喜欢陈凯歌这部短片的。我的看法是，陈凯歌这次就像是班上历史最好的同学去写“命题作文”，他关心土地和人民，拍得也气势恢宏，可问题是，从接近历史的眼光去写“老师布置的命题作文”，后果只有一个，就是：

脱题。

《白昼流星》就是典型的头重脚轻，前后拼凑。

前面是田壮壮饰演的老李帮扶刘昊然和陈飞宇饰演的穷兄弟。看起来，像走向会很深的样子，后面，突然一个急转弯，老李带穷哥俩去追神舟十一号飞船。

因为飞船成功着陆点就是他们家乡，而飞船就是他们眼里的“白昼流星”。

原本八竿子打不着，前面也没有铺垫的事，一下子点燃了哥俩的希望，一个个浪子回头充满斗志，要报效家乡……这种强行意淫真的还不如听几天马云的励志视频见效快……

凯歌老矣，显出一副要“恰饭”的求生欲。

文牧野《护航》

文牧野是7个导演中最年轻的，他因为《我不是药神》一炮而红。

可是《护航》这个片子，除了女演员很飒爽外，整体的感觉是空洞。

老气横秋，小心翼翼。

《护航》讲的是2015年抗战70周年，宋佳饰演的飞行员巾帼不让须眉，为了群体，牺牲小我的精神。

可能是为了求稳，文牧野在整个短片中的套路就是，闪回，煽情；闪回，煽情……而且这种煽情积蓄得又不够，上气不接下气。整个短片都是宋佳的个人表现在托着。

薛晓路《回归》

按道理，这个短片是最容易出彩的，讲的是1997年，香港回归。可以说是占尽了天时地利人和。

但薛晓路就像班上那个记流水账的同学，拍得跟照抄语文课本似的。

片中的每一个角色都单薄，彼此间看不出什么交融，一个个形同道具。

更可惜的是，短片中设置的几条线，无论是中英谈判，还是任达华修的那块表，抑或是杜江、朱一龙升旗等等，每一条线都可以热血沸腾，但薛晓路每一条都搞到整段垮掉。

观众情绪刚一上去，又被她拍了下来，从头至尾，没有一丝丝洗刷百年耻辱的精气神。

更搞笑的是，片中还有诸如领导对升旗手说“做好这件事，给你发一个女朋友”之类的雷语。

实事求是地说，就目前的大环境，《我和我的祖国》整体是进步明显的，而且你会发现，这部片里的明星，表现都算扎实，少有刺眼的。

其实，从看完《我和我的祖国》，到一个个短片细想下来，我自己认为这部影片有明显的割裂感。一方面7个短片是相互割裂的，良莠不齐。另一方面，导演的表达也是割裂的，在“大国小民”这种大命题下，逻辑自洽是很难做到的一件事。

玩得好的导演就像管虎和宁浩那样，用戏剧的张力或是生动的共情，让观众察觉不到敷衍。

玩得不好的就像薛晓路这样，大事件的归大事件，小民就像片中的任达华那样，只能用独自在天台看直播的那种“自豪感”强行往上凑。

所以，作为一部电影，《我和我的祖国》是好与不好并存的，而那些见不得异见的人，本身就是一种割裂的化身。

真的爱国，也可以是一种很朴素的感情，就平常心对待就好了；而好的电影，肯定也不能太强调牺牲，它应该是由一个个鲜活的人组成，而人之所以鲜活，就在于他的多样性，他的自由度，他的内在情感……嗯，最后，真挚地祝福我和我的祖国，都会做的比唱的好……

选自“局外人看电影”微信公众号2019年10月2日

《我和我的祖国》:“命题作文”的技术评定

——有惊喜,无意外,比的就是行活儿

/伊文西

献礼片既定的主题思想,和类型片的叙事需求,似乎天然存在着某种冲突。

而《我和我的祖国》通过拼盘的方式,似乎找到了平衡点。7支短片,在有限的时间、空间里,通过精练的视听语言,讲一个故事,写完一道命题作文。

7位导演,年龄从50后到80后,每个人都是所属年代的代表。他们各选一个时段,结合一段历史大事,再构建人物与故事,比的是技巧,更是想法。

这原本是艺术电影节最爱玩的游戏,如今引入主旋律题材创作之中,居然也意外地贴合。七人同场竞技,风格迥异,有人投入,也有人敷衍,自然有高低区别。按着自己的观感,我分出了上等、中等和下等,不一定准确,非常主观。

上等:《北京你好》《夺冠》

最好的两部,当属宁浩与徐峥,这两人恰恰也是目前电影市场上最成功的商业片导演。《北京你好》与《夺冠》,都是以体育大赛为背景,一部展示了北京的胡同,另一部对准了上海的弄堂,在主题表达上都相对克制,

人物塑造更扎实，也更注重市井与人情的刻画。

《北京你好》里的葛优真真儿是久违了。他不仅让人想起当年的一系列冯小刚牌贺岁片，更让人勾连起了《顽主》《编辑部的故事》的记忆，记起了那个电影和文学都还算自由奔放的年代。

张北京这样的一个北京的哥，爱显摆，爱吹牛，不靠谱，内心善良。他意外得到了一张本不应属于他的奥运开幕式门票，由此闹出了一场不大不小的风波。

剧情本身并不复杂，且具有相当强的可预见性，但因为人物鲜活，演绎到位，细节足够，掩盖了剧本本身的单薄。短片也充分展示了宁浩对于小人物和市井人情细节捕捉的到位。他总能很精准地察觉到那种埋藏在日常生活中，普通人习以为常、但摘取出来却分外具有戏剧性和幽默感的亮点。将这些点投射到葛优身上，一下就绽放出了浑然天成又非常醇厚的喜剧魅力。

《北京你好》是7部短片中情感最克制的一部，最后一组葛大爷的特写，没有豪言壮语，没有口号连篇，但情绪恰到好处，小人物共情的分寸，精准无比。

《夺冠》有另一种作者性的趣味，通过上海弄堂里一次热闹非凡又状况百出的体育转播，与一位少年的爱情烦恼叠印成某种充满戏剧性的冲突，展示出了导演徐峥娴熟的调度水平与节奏把握能力，以及他埋藏于心的某种少年气。

和宁浩一样，徐峥也保持了举重若轻的创作态度。一面是街坊四邻的热情与期待，一面是对暗恋女孩的依依不舍，短片将少年这种左右为难、左支右绌的纠结和狼狈展现得淋漓尽致，并以此创造了很多有趣段落，颇有螺蛳壳里做道场的意思，且充满了童真和童趣。

《夺冠》的问题在于孩子最终的抉择，感情让位于爱国情怀的过渡并不自然，一面扬起的五星红旗以非常仪式感的方式遮掩了转变的生硬，算是强行升华了主题。

当然电影最后也给出了弥补，一段完全画蛇添足的访谈戏，好像也在宽慰观众，爱情并不会亏待爱国的好孩子。其实，在男孩抱着父亲顾左右而言他地哭泣时戛然而止，就挺好。

中等:《前夜》《护航》《相遇》

中等的几部，都算有特色，但也多少有些遗憾。

管虎的《前夜》是较为出挑的一部。它以一个典型的“最后一分钟营救”故事为母本，以一个知识分子为中心，刻画了开国大典前夜的情景与气氛。

整部短片的气氛非常好，除了核心人物，多数角色结合时代气氛都以相对模糊的姿态出现，共同构建了一种如梦似幻的历史氛围，并强化了观众的临场感，好像自身已经融入情境之中。

黄渤演得当然好，一口苏北话也讲得很有意思。短片的一大特色就是口音的南腔北调，也是建国前夕五湖四海的革命者汇聚北京的真实写照。

混乱、仓促、麻烦不断，但人人精神振作、斗志昂扬、意气风发，突然成为历史的亲历者和见证者，人人都自觉肩上承着千斤重担，这就是新中国的前夜。

电影在有限篇幅内贡献了足够曲折婉转的剧情设计，几次关键问题的出现和对应解决，情绪层层铺垫与加码，终于在黄渤登顶旗杆的一刻达到高潮。

《前夜》的问题是出现了两次情绪高点，其中群众捐物的一幕虽然很感人，但略显突兀，且破坏了情绪的节奏。这样篇幅的电影，支撑不了两次情绪高点，反而显得喧宾夺主。不过也有收尾累赘的问题，到纪录片片段就可以了，最后黄渤走出并跃起的一段，等同废戏。

不过总而言之，整部短片比较工整，管虎算是在水准之内完成了一次“行活”。

遗憾的是，最年轻的文牧野并没有展现出年轻创作者应有的冲劲，《护航》成为一部非常保守的作品。

短片从题材到架构，甚至讲故事的方式，都很容易让人联想起漫威的《惊奇队长》，只不过没有外星人。宋佳演得不错，整体节奏也很好，歼-10拉风，制服帅爆，是空军征兵的好广告，但本身并没有太多故事性。

若说优点，大概是女性主义与爱国主义的结合，出现在一部主旋律电影里，还是颇有新意的。但是结尾大段的军演镜头素材，使用得很生硬。

张一白依然展现着自己作为爱情片导演的特色。《相遇》是一出以爱情为蓝本的主旋律，整个短片在气氛和情绪调度上做得很好，但整个主题表达得比较拧巴，虽然可以理解为服务主题，但处理得并不高明。

观众可以理解这种为大家舍小家的奉献精神，但并不意味着要完全将祖国大业与个人感情对立起来。这种大国之前容不下“人”的价值观宣传，无比陈旧，倒有几分打着红旗反红旗的意思了。

电影的长镜头也莫名其妙，没有任何调度上的技术难点，也未在气氛营造上有太多加分。还好两个演员的表演撑得住，否则就显得过于单调冗长了。

同样的问题，结尾画蛇添足，两人人海错身已经足够回味，最后补一个明确结局，毫无必要。

下等：《回归》《白昼流星》

我认为比较差的两部，是《回归》与《白昼流星》。

薛晓路的出发点是好的，作为唯一的女性，她也是唯一试图在短片里做出叙事结构的导演。

《回归》置入三条线，互相交织拱卫一个主题。可惜导演的创作野心与执行力并不匹配，三条叙事线彼此糅合得很差，主题“时间”也显得凝聚力不够，颇有些各说各话的意思。

因为篇幅局限，每条线索的人物都无法细致展开，任达华的角色让人想起“岁月神偷”，有人情味但情感的铺垫单薄。“大逃港”的历史一闪而过，有人觉得是“黑”，其实略晓当时历史，弄清谁人主政广东，便知这是独具匠心且有针对性地、更高级地点“赞”；杜江的旗手线无比老套，毫无新意；最差的是两国谈判线，完全回归了传统主旋律的口号式说教与生硬表演，这也是7部短片中唯一正面描写顶层政治场面的。

结果是贪多嚼不烂，没有一条线说好了，人物各自游离。数次强行以口号替代情感，在创作细节上显得非常粗糙，刻意营造的“紧张”情绪没有达到效果。

此时此刻，香港这个题材，被如此不轻不重地处理，实在是可惜。

我最不喜欢的，要数名气最大的陈凯歌的《白昼流星》。

导演一如既往高屋建瓴，双主题是基本配置。爱国主义之外，还要很时髦地加入热门的“扶贫”主题。但故事说得生硬，戏剧冲突设置得突兀，人物更加单薄，就记得两个小伙子好帅，有一个还是导演亲儿子。

宇航员的背景更像被强行植入，以一个非常牵强的“归乡者”概念，强行把时代与小人物缝合在一起，完全是概念先行。

大历史背景并不足够促成小人物的思想转变，只能水多了加面，面多了加水，增添了无比俗套的绝症梗。田壮壮不可谓演得不好，但他的角色依然显得如此空洞无神。

短片里的人物就是一个个符号的叠加，最后为了升华主题而强行构建了一个并不周全的寓言。至于合理不合理，导演不需要观众怎么觉得，他觉得成立就行。

这部短片就像那些春晚里最乏人问津的小品，没有任何可共情之处，通篇的陈词滥调和虚伪情感，最后陷入自我感动的高潮。演员们在台上声嘶力竭泪流满面，台下的观众却一脸茫然波澜不惊，只能机械性地鼓掌，以示参与。

作为主旋律献礼题材，《我和我的祖国》应该说超预期地完成了它的使命。多数时候，它能做到以小见大，在细微处寻找和激发宏大的情感，与观众的爱国情绪和民族情节产生共振，不刻板、不说教，姿态柔和，春风化雨。

导演间的同台竞技有另一种趣味，各人的表现，基本也反映出了他们在当前电影市场上的地位与影响力。有想法的导演，拍什么都像模像样，红有红的道理。

遗憾自然不少，无论剧本、技术细节还是价值观，都有值得斟酌的地方。

同时，澎湃的情绪掩盖了思想性的缺乏，电影没有任何让观众进行思考的意图，也没有任何艺术上创新的野心。

历史是既定的明确的不容置疑的，胜利是伟大的光荣的永世长存的，唯一不同的是创作者们切入的视角和他们讲述这种胜利的方式。在这有限的空间里，惊喜或许会有，但想要“意外”，就完全是奢求了。

一个筋斗十万八千里，但五指山的红线，依然牢牢立在那里。

选自“枪稿”微信公众号2019年10月5日

题目有改动

《我和我的祖国》：重新定义“我”和祖国的关系
——“我”与祖国的深情私语

/张慧瑜

作为建国70周年最重头的献礼片《我和我的祖国》，因其豪华制作团队和入心入耳的前期宣传，一经上映就受到观众热捧。相比选择重大革命历史事件的献礼片模式，这部电影从新中国70年的历史长河中摘取7个有代表性的大事件，从普通人的视角来表达“我”与大时代同行，重新定义了“我”和祖国的情感勾连，这种个体与国家的关系可深可浅、可大可小、可强可弱，呈现了一种充满个体化、包容性和差异性的爱国情怀。这种以小见大和拼盘式叙事结构既保证了不同时代的全景覆盖（70年每个时代都要顾及），又采用各种符号化的代表人物（包括老人、孩子、男性、女性、解放军、少数民族等）。而这种以个人故事为前景，把时代、历史放在后景的设置也产生了两种文化效果：一是有带入感，让今天的观众从个人情感出发进入特定的历史情景；二是这种被虚置化、扁平化的历史变成连续的、没有本质差异的当代史，就像每段故事开始前都以写日记的方式表现，国家记忆与私人记忆合二为一，历史变成了年轮般中性化的编年史。可以说，这部知名导演、知名演员倾情演绎的新献礼故事，重组了历史记忆，变成了一部更符合当下主流意识的历史讲述。

个人与历史的和解

《我和我的祖国》是一首创造于1985年的歌曲，携带着20世纪80年代的文化底色。其中，“我”是在20世纪80年代新启蒙文化的氛围中登场的，不再是集体化的、阶级式的“我们”，而是情感充沛的“我”，“我”是赤子、是浪花，“我的祖国”是母亲、是大海。如果说创作于1950年的《歌唱祖国》把祖国变成政治化的山水，那么《我和我的祖国》则把大山大河重新自然化，“我”和“祖国”的关系也从“越过高山/越过平原/跨过奔腾的黄河长江”的豪迈变成了“每当大海在微笑/我就是笑的漩涡/我分担着海的忧愁/分享海的欢乐”的亲昵。因此，电影版《我和我的祖国》就以不同历史时代的“我”为主线，讲述“我”与祖国的情深和喃喃私语。我想从三个角度来理解这种个人与时代、个人与历史的关系。

首先，小人物见证、参与大历史。20世纪80年代大众文化兴起之后，形成了两种历史观：一种是英雄史观，这不仅指那些彪炳史册、建功立业的秦皇汉武，也指近现代历史中为国家、为民族救亡图存的仁人义士和革命者，包括红色英雄和创建共和国的伟人们；第二种是平民史观，也就是小人物被卷入大时代当中，成为旁观者和亲历人，在这种人道主义叙述中，个人是历史潮流的被动接受者和无辜的幸存者。英雄史观和平民史观看似是截然对立的，其实是同一种历史逻辑的产物，个人要么成长为英雄、创造历史，要么变成小人物，旁观历史。

《我和我的祖国》采用的是平民史观，7个故事塑造了7位小人物。一类是那些高光时刻背后默默奉献的参与者，如《前夜》中为1949年“开国大典”研练电动升旗的工程师、《相遇》中为1964年“原子弹爆炸”隐姓埋名的科技工作者、《回归》中为1997年“香港回归大典”服务的香港警察和钟表匠、《护航》中为2015年“纪念抗战胜利70周年阅兵式”护航的替补女飞行员。

第二类是重大历史事件的见证者，如《夺冠》中观看1984年8月8日中国女排奥运会夺冠的弄堂百姓、《北京你好》中参与2008年北京奥运会服务的出租车司机、《白昼流星》里亲历2016年神舟十一号飞船返回舱的两个失足少年。他们是这7个特殊时刻的参与者和见证人，是“分担海的忧愁/分享海的欢乐”的“浪花一朵”，电影成功诠释了《我和我的祖国》这首歌曲所表达的个人际遇与祖国命运相生相伴的深情厚谊。

其次，抚平伤痕、达成个人与时代的和解。20世纪80年代以来有两种伤痕故事：第一种，是把20世纪50到70年代的故事叙述为个人遭遇历史的创伤，“伤痕”叙述也成为20世纪80年代凝聚人心走向改革开放的情感动力，如知青故事；第二种是近些年出现的“新伤痕”故事，把20世纪80年代变成一种充满感伤、创痛的时代，如《归来》（2014年）中“平反”归来的右派却无法真正“回家”、《芳华》（2017年）中七八十年代以来文工团经历解散、“芳华”消逝的岁月等。《我和我的祖国》磨平了这些历史的伤痕，把个人的、家庭的创伤重新塑造为一种伟大的奉献精神。如《相遇》中，张译扮演的科技工作者高远秘密参加原子弹研制工作，只能与恋人“玩失踪”，即便在公交车内偶遇也不能相认。公交车内是失散三年的女朋友向高远深情告白，车窗外是第一颗原子弹成功爆炸的群众庆祝大会。车窗外的呼喊声进入车内，打断了这对恋人相认的冲动，随之两人加入游行的人流。《相遇》不再是《人到中年》（1982年）中科技工作者自我牺牲的悲剧，而是这种牺牲自己、成就国家的故事被赋予超越性的、光荣的价值。如《白昼流星》中，第五代导演田壮壮扮演退休旗长老李，曾经造反、下乡、“被耽误了十年”的知青变成了严厉的父亲，知青叙事也被改写为基层扶贫干部救助贫困少年兄弟的感人故事。还如《北京你好》中葛优扮演的出租车司机，也是20世纪80年代的顽主形象，保留着一点正经都没有、浑不吝、油嘴滑舌的底色，却成为北京版活雷锋。从这个角度说，这部电影让20世纪八九十年代的典型人物“旧貌”换了新颜。

再者，建立一种包容性的国家认同。这部电影所表达的爱国主义是一种充满差异、多元和柔性的国家认同。电影中的小人物、普通人，虽然有一定的代表性，但也基本上是一种去政治化的代表，在年龄、性别、职业等差异背后是一个抽象的“我”和去政治化的个人，而国家也变成一种相对抽象和普遍性的国家。尽管电影所选择的7个事件无一例外都是大事，是开国大典、原子弹爆炸、香港回归、宇航员等国家议题，涉及政治、国家主权、军事等“硬实力”，但是个人与这些大事的关系却是一种个人化的、柔软的、有市井气息的联系，是一种去政治化的政治感。不再是大历史、大时代“干扰”儿女情长或花前月下，而是每一段看似琐碎的人生故事，都严丝合缝地与大政治发生千丝万缕的联系，这种联系是一种隐藏在日常生活中的政治认同。在《回归》中，从内地逃难到香港的钟表匠华哥，在狭小的阳台上“见证”国家恢复香港主权的时刻，在这种个人化的空间中达成对国家身份的寻唤。在《夺冠》中，小男孩冬冬一边帮助邻里收看中国女排在洛杉矶奥运会决赛的实况直播，一边目送小女孩小美去美国定居。30年后小美以华裔科学家的身份选择回国，这种个人选择背后是国家实力的逆转。《北京你好》中也借北京的士司机这一社会底层形象（从1982年《骆驼祥子》到2001年《夏日暖洋洋》），把首都北京与汶川地震受灾群众、与奥运工程建设者勾连起来，这样一个新时代的“顽主”成为跨地域、跨阶层的黏合剂。

技术、基层社会与空间治理

任何历史讲述都是有选择性的，也携带着特定立场。作为献礼片，《我和我的祖国》更是精心选择特定的历史事件和人物形象。暂且不讨论那些电影之外的、没有被讲述的历史逻辑和时代背景，值得分析的不仅是这部电影选了哪个事件和人物，而是这些放置在日常生活中的人物所展示的丰富的历史和社会信息。我印象最深的有三个主题：一是科学和技术，二是基层社会，三是基层干部。这三个主题也与中国现代经验和社会建设有着密切关系。

一是科学与技术。电影中的7个故事都与科学、技术有关，大致分成三类：一类是关于原子弹、神舟飞船、战斗机等大国重器，这既是讲述20世纪50到70年代社会主义现代化建设的典型成就，也是近些年支撑“厉害了，我的国”的硬实力，这些看得见、摸得着的军事、工业硬核是中国实现现代化和国家主权独立的物质保障，也是国家力量和“集中力量办大事”的制度优势的体现。二是与基础设施建设相关，如《白昼流星》中八个月就修好的沙漠高速公路和《北京你好》中千万农民工建设的国家体育馆鸟巢工程，这些基础设施显示了国家的工业建设能力。三是技术工作者。这又包括高级科研人员和基层技术工作者，前者是《相遇》中参与原子弹研制的科学家高远、《前夜》中研究天安门广场电动旗杆的设计师林治远，后者是《夺冠》中修理电视天线的小男孩冬冬、作为八级电工的爸爸和《回归》中的香港钟表技师华哥。他们都是兢兢业业、做好本职工作的科技工作者，代表着在平凡岗位中坚守的职业伦理和工匠精神。电影中反映了科技、技术制度的两面性，一方面是国家体制、国家力量支撑大国重器和基础设施建设，另一方面基层科技工作者维系现代化生活的各个环节。

二是基层社会的氛围。个人、普通人、老百姓并非孤零零的个体，总是处在或大或小的社会中。在20世纪中国的现代化转型中，出现了一种基层化的社会空间，尤其是在新中国成立之后，依托单位制形成了高度组织化、熟人社会式的基层空间，人民群众就生活在一个又一个城市和农村的基层社会里。在《夺冠》中就非常精彩地展现了20世纪80年代初期城市基层社会的活力和丰富。首先，石库门弄堂是一种老上海的社区空间，也是单位制的基层社会，街坊都是彼此熟悉的老邻居，弄堂变成了公共活动空间，可以下棋、聊天，也可以“集体”看电视，在这个空间中，小男孩冬冬的爸爸是电工，是为基层群众服务的技术人员。其次，基层不是封闭的、自治的，而是与外部、与国家有着千丝万缕的联系，这体现在两种体育制度上，电影中既有中国女排参加奥运会的竞技体育，也有冬冬和其他小朋友在少年宫参与的群众体育活动，竞技体育与全民体育是互补的。更重要的是基层公共空间的组织依赖电力、广播和电视等现代化的基础设施，这些也是国家提供的，实现对基层社区的覆盖性和共享性。第三，《夺冠》的高潮段落是弄堂中的老百姓“集体”收看中国女排在洛杉矶奥运会上的比赛，电视这一20世纪80年代初期的“新媒体”成为最重要的公共平台，也就是说，电视没有成为家庭内部的“私藏”，而是与基层公共空间紧密结合的广播媒介，在电视与收音机的交替切换中，基层群众借助国家转播平台与美国奥运会实现了同步效果。这种基层空间也体现在《北京你好》的出租车司机张北京的故事中。这是一家国营的出租车公司，张北京凭借“组织”优势和运气，获得了一张奥运会观礼的免费门票。带着北京志愿者帽子的张北京，在奥运期间帮助汶川地震儿童实现了参观鸟巢的梦想。当然，基层社会的活力和有机性，还体现在基层干部身上。

三是基层干部是实现基层治理的重要力量。如果说小男孩冬冬、张北京是一种业余的、临时的社会义工，那么基层空间中更重要的角色是专职的基层干部，这就是《白昼流星》中退休旗长老李的形象。老李是北京知青，现在是基层扶贫干部。他是焦裕禄式的好干部，也是失足少年的教育者，是帮助困难群众排忧解难的知心人。电影非常清晰地呈现了老李的扶贫思路，不只是给贫困少年兄弟吃饱饭、穿上衣等物质帮助，更重要的是让他们精神上“站起来”，变成顶天立地的男子汉，这是通过观看航天英雄乘坐返回舱返回地面来实现的。正是因为有这些如父亲般服务于基层的好干部，使得基层社会不会变成无政府主义或者非正规权力（如黑社会）的底层社区。从电影中可以看出国家与基层的两种关系：一方面，国家通过修路、通水、通电、通网、通信等方式给基层提供基础的现代化设施；另一方面，又依靠成千上万的基层干部完成社会和人心治理。前者依靠的是国家的工业硬实力，后者则是具体而耐心的政治、思想工作和鞠躬尽瘁的为人民服务精神。

近些年，从《战狼2》（2017年）、《红海行动》（2018年）、《流浪地球》（2019年）等主流商业电影开始，出现了一种既弘扬爱国主义等主旋律价值，又获得市场高票房认可的现象，再加上献礼片《我和我的祖国》，可以说，实现了一种在商业化、娱乐化的基础上建立新的政治性和国家认同的可能性，也是更有效的、更容易接受的把正能量与日常生活相结合的宣传方式。在这个意义上，新中国70年的文艺发展经历了三重转型：第一重是文艺的政治化、革命化，文艺被组织到革命动员和宣传中，这体现在从三四十年代的左翼文艺变成20世纪五六十年代高度政治化的革命文艺；第二重是文艺的去政治化、去宣传化，文艺变成一种去政治化的文化工业和娱乐产业，追求躲避崇高、娱乐化和批判“体制”等意识形态，这是从20世纪七八十年代的工农兵文艺转型为20世纪90年代、新世纪之初的文化产业制度；第三重是弘扬主流价值观的去政治化的文艺，这是一种个人主义、日常生活与爱国主义、正能量等抽象价值相包容的文化，是一种去政治化基础上的再政治化。如果说《战狼2》《流浪地球》讲述的是当下和未来的中国故事，那么《我和我的祖国》则通过重塑历史和当代史，完成这种正在形成之中的文艺新形态。

选自“北青艺评”微信公众号2019年10月5日

“献礼方法论”

/谢明宏

一气化三清，三片爆一档。以往商业价值略逊于社会价值的献礼片，在这个国庆档显示了惊人的票房号召力。

截至10月7日，《我和我的祖国》《攀登者》《中国机长》三部国庆献礼片，总票房达到50亿。加上仍在档期内的《决胜时刻》票房破亿，2019成为史上最强国庆档。相比2018年国庆档总19亿的票房，2019年同比增长158%。

其中，《我和我的祖国》单片就在国庆档期间获得22.17亿票房，以一片之力秒了2018年国庆档总票房。《中国机长》也一路追赶，终于在10月5日以146万的微弱优势“坐庄”，首夺单日票房冠军。

此前备受期待的《攀登者》则成了最早的“掉队者”。上映首日获得2.08亿票房后，整个国庆档都在吃“老本”，10月7日晚刚刚破8亿。攀登高峰的勇气和一路跳水的疲软，形成了鲜明的对比。在题材和卡司都不弱的情况下，《攀登者》是怎么输的?

通观近年献礼片的表现，《攀登者》或许输在了“献礼套路”上。

尴尬而不失礼貌地微笑，很容易做出。但优雅而不带媚气地献礼，却自有一套方法论。别的暂且不说，光是吴京抱着章子怡叫“哎呀，我的胖妞”，就足以让人感到类型融合的“不适”。首先，爱情和登顶就很“不搭”。其次，章子怡都算胖，我们还怎么活？

而“大拼盘”《我和我的祖国》也一波三折。管虎从国外回来，6个故事都被挑完了，只剩了大家都“避忌”的《前夜》。张一白听说整改意见，神舟返舱故事既要“爱情”又要“献礼”后，像尹正一样咆哮“这道题太难了，老师我不会”。

凯歌唯有发扬风格，把自己的《相遇》换成了《白昼流星》。临时换题找不到演员，刚好自己导演的《尘埃里开花》演员进组，就薅来了主演刘昊然和陈飞宇。都说导演“捧仔心切”，哪知是“饥不择食”。

十月献礼，三月开机，六月后期，七个导演有的还是半兼职。最后《我和我的祖国》票房还这么能打，可见一来群众捧场，二来Deadline永远是第一生产力。

作为中国电影重要流派，献礼题材向来是最“稳定”的类型片之一。它的历史可以远追1959年的“国庆十周年献礼”，但类型突变却是近十年才出现的（2009《建国大业》后）。在穷尽了各种表现手法后，献礼故事还能怎样讲，成为今天电影人的全新课题。

新闻题材，如何超越期待？

我们可将《中国机长》《攀登者》《湄公河行动》《红海行动》《紧急救援》等影片，归为“新闻题材献礼片”。

它们由真实社会新闻改编，有较高的先期知名度。2012年“湄公河惨案”主犯糯康的公审、2015年的“也门撤侨”、2018年川航3U8633的备降均是重大新闻事件。就连《攀登者》里的“1960和1975两次登顶珠峰”也是历史上的“新闻”，电影里的各类报纸充分说明了它的“新闻属性”。

接受美学认为，观影前主体心理上已有一个“前结构”。因此，根据新闻事件改编的电影，一方面要真实再现事件本身，另一方面又要吸引受众听故事。唯其如此，才能满足观众的两种“审美期待”。

首先是类型期待，《中国机长》必为“灾难片”、《攀登者》必为“冒险片”，这是板上钉钉的事。而电影能带给大家的新鲜感，主要来自故事期待。

在故事期待上，《攀登者》主要以几条情感线出发，客观上冲淡了冒险片的类型感。吴京和章子怡一直没有捅破告白的“窗户纸”，而当黑牡丹打开井柏然的信封，对方已经牺牲。更有胡歌对父亲的一种“证明”，登山变成了一种代际纽带。

攀登者当然可以有“爱”，但它不应该成为“妨碍”。当章子怡说“原来你登的山，在我们俩之间”的时候，当井柏然要教黑牡丹摄影的时候，《攀登者》的文艺与扭捏会让人暂时忘记登顶的“血性”。

其次，必要的“留白”会带来“未定性”的神秘感。新闻事件，大家已经知道最终结局，如何在结束前仍然保存悬念，至关重要。《中国机长》和《攀登者》都缺乏真正的留白，一切都在观众意料中，难免有走过场的感觉。

《攀登者》开篇说“从这里开始的，是一个讲不完的故事”，就已经“剧透”了最后的缺憾。而《中国机长》里飞机失联的一段剧情，也因为对航行细节的展露无遗而失去压迫感。如果让观众和片中的地面，都对8633“失联”，留一段空白的航行“不去拍”，或许会有更好的效果。

最后的关键，是用“否定”去制造“偏离效应”。简单来说，越是对刻板印象的颠覆，越可以获得更深厚的内蕴。《湄公河行动》里，警察是倔驴，卧底有情伤，小孩是恐怖杀手，通通让人意想不到；《红海行动》里，硬汉的“吃糖回家”展现了内心柔软，起到了更猛烈的催泪反应。

新闻事件献礼片，既要出其不意，又要在意料之中。试想，如果《中国机长》里的杜江变成痴情机长，拒绝女乘客的勾搭，会不会比他自己去调情要好很多？

毕竟，群众普遍觉得空乘出渣男，深情人设方显英雄不色。

百姓故事，关键节点把脉

我们将《我和我的祖国》《明月几时有》《老港正传》等影片，归为“百姓故事献礼片”。《我和我的祖国》含有两种亚类型：一种是有具体人物原型的，比如《前夜》和《护航》；另一种是无具体人物原型的，比如《夺冠》《北京你好》等。

大时代激荡小人物，小人物融入大历史。这类影片以小人物为主角，勾连重大历史事件，定格某个具有代表意义的瞬间。虽非事件真实，但有历史真实，并反映了时代风貌和习俗变迁。

要把角色给“立住”，核心在于“爱国逻辑”的构建。简言之，是出于何种经历，让主人公对家国产生了深厚的情感联系。《我和我的祖国》中的《夺冠》与《北京你好》聚焦“女排热”与“奥运热”，在这种全民风尚下，主人公投入其中无须赘余解释，观众亦可很快代入。

而《回归》和《相遇》采取的修表和恋爱切入，就需要仔细架构。《回归》里的任达华多年前由大陆去香港，受到惠英红父亲的救济，成就一段美好姻缘。作为“桥梁式”的人物，他最后的情感升华是有稳妥铺垫的。

《相遇》的主要戏份是一对恋人的“久别重逢”，因为工作的保密性，张译始终没有明确告诉任素汐，自己消失的几年在干些什么。几年后的电视上，女方看到“两弹”的无名英雄照片，这才完全释怀了当年的“误解”。

不得不说，《相遇》和《白昼流星》的“共鸣点”都非常陡峭，将特殊人物和边缘角色揉进献礼主题，冒了很大风险。凯歌导演试图通过个人成长隐喻时代进步，通过航天器降落边疆落后地区，表达现代和历史的碰撞。但在半个小时不到的时长里，只够观众努力看清两个脏脏的娃而已。

人物的“行为逻辑”也不可忽视，说话做事必须吻合历史语境。这一点，《前夜》里20世纪40年代末的北京和《夺冠》里20世纪80年代的上海就得到了很好的展现。

处理好了“爱国逻辑”与“行为逻辑”，接下来就是整个故事的“拐点”。导演要将历史节点与人物故事在某一点连接，稍有不慎就会全盘皆输。《前夜》里黄渤出现在建国大典的历史画面就属“无缝连接”，《白昼》少年遇到神舟被感化就有点不得其解。

不明身份的人竟能在军事现场自由穿梭，作为当地干部，返回舱落地是高度机密却提前知道。种种细节的粗糙，让我们不得不说：在这个“拐点”上，《白昼流星》“翻车”了。

比较投机的做法，可以学宁浩的《北京你好》，葛优以无名英雄的形式出现在小孩口中，不连而连，似断非断。

历史春秋，献礼继往开来

我们将“建国三部曲”（《建国大业》《建党伟业》《建军大业》）和2019年的《决胜时刻》等影片，归为“历史春秋献礼片”。这类影片以重大历史事件为主题，随便一晃而过的角色，都是教科书脚注的“常客”。

传统献礼片的待遇通常是“两高两低”，“两高”是首映式规格高，出席嘉宾职位高。“两低”是观众关注度低、票房低。而“建国三部曲”开启了我国献礼片“大片模式”运作的开端。

西蒙·查特曼将电影文本分为论证、叙述和描写三种。以此参考，《建国大业》和《建党伟业》属于“论证型文本”，而《建军大业》属于“叙事型文本”。

以《建国大业》为例，影片采用以军事为辅线、政治斗争为主线的叙事策略，突出两党政治领域的冲突，强调中国共产党的胜利是领导战略、政治路线上的胜利。

而《建军大业》呈现出不同于前两部的风格。前两部是言语型的，会议、演讲、对白层出不穷。《建国大业》一共有110场戏，其中有50多场都是开会，几乎占了全片的一半。而《建军大业》是动作型的，杀戮、射击、炮轰，不一而足。

“论证型”主要用讲话和对白来推进情节，而“叙述型”依靠角色行动来推进。前者诉诸听觉意义，后者诉诸视觉意义。被厚重的主题拖累，“论证型”用镜头拍开会的形式接受门槛要高些。毕竟生活里黄晓明式的老板已经那么多，谁还能兴致高昂地坐影院看几十场会？

比较而言，“叙述型”通过造型和动作来讲故事，更具电影性。《建军大业》中，刽子手挥舞屠刀和蒋介石站在窗口的画面多次出现，影片运用重复蒙太奇的方式，意指蒋介石才是反革命大屠杀的“操盘手”。

受诸多因素的影响，《建军大业》的票房收入略低于前两部。但不可否认的是，历史春秋在影片中展示了出来，其表达的意识形态也被隐藏了起来。它展示的故事时空更不突兀，意识形态表达更含蓄和隐秘，更容易被观众接受。

其实，“论证型”和“叙述型”没有绝对的优劣。在娱乐性增强的浪潮中，刘伟强执导的《建军大业》的“叙述型”应该是更佳的文本选择。《决胜时刻》对“论证型”的坚持，也得到了市场的正面回馈。

作为一种“半命题作文”，献礼片无疑是对导演水平的一场大考。既要充分展现个人特色融入商业元素，又要保持鲜明主题彰显时代风貌。

十年前，饶曙光先生曾疾呼：“献礼片创作到了一个临界点，夸张一点说，甚至到了生死存亡的境地。”而十年后的今天，国庆档绝对可以作为一剂“强心针”，鼓励电影人解锁更多的“献礼方法论”。

选自“娱乐硬糖”微信公众2019年10月8日

《我和我的祖国》为什么让王菲来唱？

/刘复生

2019年国庆档，主旋律影片口碑票房双丰收，尤其是《我和我的祖国》更是显示了主旋律影片的新变化，从小人物视角讲述大时代，非常成功。虽说主旋律大卖和同档期缺乏强劲对手有关，但不可否认，片子好，面目清新，一改以往主旋律的说教腔或不接地气，让人喜欢看，还是主要原因。对于这部片子，大家夸得也差不多了，我想提点不同意见。比如说，主题歌为什么要找王菲来唱？

王菲翻唱得不能说不好听，只是好听得不对劲。王菲撒娇式的转音把人唱得双眼迷离，骨软筋酥，越听越别扭，总有一种以郑声唱大雅的感觉。按某位朋友的说法，这支歌区别于《我的祖国》，在于把歌唱者与祖国的关联，从无条件的命运性、血缘性的前定，转换为了有条件的对偶像的情人般的依恋，所以，王菲才准确地把这层韵味唱出来了，真正得其所哉。

电影为什么叫《我和我的祖国》，而不是《我的祖国》，听听王菲的柔声细语，我们就明白了。选王菲来唱，而不是找韩红更不要说韩磊来唱，还真是大有深意。7个故事按时序排列，从开国大典讲到2017年朱日和大阅兵，显示出了一条走向富强之路。于是，革命与社会主义新中国，再到改革开放，连成了一条平滑的逻辑线条。7个短片，7个不断上升的节点：开国大典、原子弹试爆成功、女排夺冠、香港回归、举办奥运盛事、载人航天成功、两次大阅兵等，标识了走向复兴与崛起的历史脉络。这成为我们热爱祖国的理由，甚至重新归来的理由——其中不断复沓的出走后的回归主题意味深长，如《夺冠》中小美随母（刘涛）赴美，长大后回国认祖归宗——很多人认为成年后的重逢是画蛇添足，其实不是，吴京与马伊琍暧昧的见面才是表意的完成。顺便说一句，吴京已经被定型化了，成了富强后的中国的象征，由他客串的角色都是功能性特别强。于是他也成了某些自由派最看不惯的演员；任达华在国家困难时逃港，国家强盛时见证回归，重回祖国怀抱。“我和我的祖国”，不再是命运式的关系，而是可以选择的情缘。

这和《我的祖国》所表达的意义迥然不同，郭兰英歌声里的祖国，是生长的地方，是不可选择的命运，同时是政治性的终极决断。那是对中国文化、生活方式与新中国社会理想的深刻政治认同，也是颠沛流离中的热爱，艰难困苦中的不离不弃，不贪恋富贵的从容取舍，甚至是看不到胜利前景的奋斗与牺牲。这样的“我”是闻一多和钱学森，江姐和董存瑞，张思德和王进喜，也是每一个怀着仁爱之心、推己及人的热爱中国食物和风物的寻常百姓。《我的祖国》从独唱向合唱副歌的转折，表达着“我和我的祖国”的真正血肉关联，独唱既融合在和声里，又清晰地浮现出来，那是共同体之中的“我”，与“我”背后的共同体，它流露出豪迈的主人翁气概。

而《我和我的祖国》强调的“我”与国的关系，更多的是对利益共同体的依附。国也不再是神圣的应许之地。《白昼流星》以宗教寓言形式许诺的也不过只是致富的前景。爱国是爱自己的升华形式。这当然不能说不对，应该承认，20世纪70年代末，当人民共和陷入危机，集体主义沦落为狭隘意识形态工具之时，启蒙主义以“我”为中心，大胆追问“我与祖国”的关系，是完全正当的。《苦恋》式的诘问的确具有振聋发聩的解放性和批判性意义。但是，从此，伴随着国家的政治合法性转向经济增长，祖国逐渐成为非政治化的中性国家概念，它和人民共和的政治理念慢慢疏离，和文化中国的内涵渐行渐远，1985年，《我和我的祖国》唱响，成为国庆的主打歌，“太政治化”的《我的祖国》被取代，退入单纯的经典怀旧曲目。与此同时，以经济建设为中心，歌颂领导核心的“春天的故事”“走进新时代”也开始成为主旋律歌曲的经典模式。

两首歌，一首分娩于立国之战的硝烟初散之际（1956年），一首诞生于第一波市场化改革大潮之后（1985年）；对于前者来说，我和我的祖国不可分割，是自然正当、天经地义的前提，而对于后者，不可分割的深情告白，却暗示这种关系已经成为有待省察的命题。

在《我和我的祖国》中，仔细倾听，我们还可以听出《我和我的祖国》的歌声压倒了《我的祖国》的歌声，王菲压倒了郭兰英。但20世纪80年代以来的经验表明，《我和我的祖国》之所以唱得人们心潮澎湃，恰恰是因为我们听出了《我的祖国》的回响，或者说，我们听到了背景声中隐约的巨大哼鸣，它构成了强大的副歌与和声，尽管它可能在逐渐隐去。

正因如此，我最喜欢《相遇》。顺便说一句，这个单元广受好评，一个重要的原因，据说是张译和任素汐演技好。但我恰恰认为表演上有瑕疵，至少是没表现出应有的水平。张译就不说了，口罩救了他，任素汐明显没有达到自己的及格线，要知道，她基本上已被公认为当下演技最好的女演员了。公交车一场戏长镜头调度是很好，可惜人物对白出了问题，任素汐没能把那种平淡中的压抑委屈，平静随意中的巨大隐忍，甜蜜回忆中的郁结痛苦，绝望中的最后挣扎……这种种复杂的情感张力传达出来。结果是把故作的平淡演成了真平淡，关于三次见面的讲述情绪明显不到位，戏剧性强度没到点儿。任素汐理解人物不够。或许，是历史本身对于当代年轻人来说已经变得不可理解。

当然，平心而论，这七个短片，最突出的还是《白昼流星》，相比于其他六个质量均衡的小片，它显得格外突出。凯歌导演果然不负众望，非常富于创造性地把个扶贫题材给拍砸了。看完这个段落，我长出了一口气，如释重负：这才是陈导演现在的真实水平嘛，发挥总算没有失常。陈导演牛刀小试，凸显了自己的总导演身份，王者风范，出手不凡，鸡立鹤群。

其实，《白昼流星》并不是扶贫题材，它原初的立意非常好，并不像表面上看起来那么简单。故事场景设置在少边穷地区，不单是把主题指向了共同富裕的社会理想，而且隐含了多元一体政治文明的复杂表意，连带着社会主义理念与各民族宗教理想之间的会通，以及更高层面上的中国政治认同和文明认同。可惜陈凯歌驾驭不了，或许意识到了其间的关节，却苦于无力完成，只好直通通地从前提蹦到了结论，于是，两个少年豁然受了天启，脱胎换骨，拨开人群，突破安保（天知道怎么做到的），冲上前去，抬起了景海鹏。

陈导的长篇电影是不能看了，也不敢看了。不过对于他的短片，大家还是有期待的，毕竟他是短片圣手，曾经拍出过《百花深处》这样的佳作。何况，他还拍出了轰动的《一个馒头引发的血案》，短片堪称现象级，家喻户晓，无极好看。需要特别说明的是，此片虽为陈导所拍，却不是本人剪辑，陈导大胆启用了一个名不见经传的新人，一时传为美谈，还闹到了法院。

关于《白昼流星》的尬点，网上已吐槽得很充分，不必重复，不过，我们应该庆幸，它不是最后一个短片。最后一个出场的是文牧野的《护航》，巾帼不让须眉，女版《壮志凌云》，曲终奏雅，性别政治正确，有力地回击了《回归》对“半边天”的挑衅：在回归前夜，一口山东腔的升旗指挥员居然对旗手们说，活干好了给你们一人发一媳妇儿。这把女汉子宋佳惹毛了，隔空给薛晓路泼了一脸白开水。

7个故事，小品串烧，尽管有些故事不失精巧，却难掩世界观上的空洞，普遍存在着生活逻辑和历史质感上的欠缺，更不要说人物性格上模糊和戏剧性的虚焦，《回归》《护航》最典型。为什么张一白、陈凯歌要策划7个故事的“麻辣烫”？或许他们很清楚，没有那么充沛的戏剧力量和人物发展来支撑一个90分钟以上的长篇。去政治化也阉割了讲故事的能力。但是，对于戏剧性的丧失，或许他们并不觉得可惜，他们更关心的是最后的集体的仪式感。

7个短片，基本上都突出了最后的集体观看仪式：《前夜》《回归》的升旗，《相遇》的街头群众庆祝，《夺冠》的集体看直播，《北京你好》还是看奥运开幕式直播，《白昼流星》围绕航天员归来……在我看来，这标识了当代主旋律艺术的重要转变，即重心从故事和人物过渡到集体观看的大场面。这一点在另一部国庆档献礼片《中国机长》那里得到了印证。

共同的观看仪式隐含着强有力的召唤机制，它并不鼓励政治性思考，对历史本身的戏剧性能量也并不看重，对情节逻辑上的bugs也不敏感。它迫不及待地走向最后的大场面，在剧场的共同的凝视中激发出共同体情感，而且在这一过程中不希望观众过多追问共同体的性质。

《中国机长》戏剧性很薄弱，它全部的力量都集中在营建共同的观看仪式上，机场塔台、空军基地、航管中心，齐刷刷地将目光投向了3U8633。很多观众不理解为什么要加入关晓彤这一条毫无用处的线索，这一大帮航空爱好者除了站在旁边看还能干什么呢？说对了，他们的作用就是加入集体去观看。

这是好莱坞主旋律大片的老套路了，想想《阿波罗十三号》等数不尽的片子，美国人甚至在银幕上强迫各国的地球人一起望天祈祷。如果实在没有集体观众怎么办？那就硬造出来，于是，韩国弘扬民族主义情感的《鸣梁海战》就硬生生安排了一大帮闲杂人等在岸边为本国海军呐喊，非常无厘头，能把人笑死。

其实这种表意逻辑并不可笑，它非常有效。前一段时间的《银河补习班》的结尾不也非常好莱坞地集体观看了一回吗？

我们观众需要这种诱导式的集体观看氛围，正如齐泽克分析情境喜剧的预录笑声时所指出的，我们其实并不知道什么好笑，“大他者”会提示我们，《鸣梁海战》中的海岸上的看客就是“大他者”的化身，它提示着韩国观众应该如何反应。

而“大他者”怎么想，天知道。

选自“文艺批评”微信公众号2019年10月9日

《我和我的祖国》:个体视角下的国家主义与集体主义叙事

/许金晶

《我和我的祖国》，无疑是刚刚过去的国庆档里，国内院线最为火爆的电影。在国庆档推出的《我和我的祖国》《攀登者》《中国机长》这三部主旋律电影当中，《我和我的祖国》的票房和口碑，均为最佳。仔细玩味这部电影的拍摄技巧和主题意蕴，相信能为其叫好又叫座，找到些许答案。

或许是从徐克导演的《智取威虎山》开始，主旋律电影从跟商业类型电影之间的泾渭分明慢慢走向了趋于合流的状态。而这种合流，在《我和我的祖国》里，体现得尤为明显。从影片一开场，映入观众眼帘的英文片名“My People, My Country”，就昭示着本片不会是传统意义上的那种主旋律电影。这段片名，明显化用了林语堂先生的名著《吾国与吾民》，而既然把“People”放在“Country”之前，自然决定了本片的主角并非传统主旋律电影里的国家领袖，而是一个个普通、平凡的国人。

国与民之间的关系，从“中华人民共和国”的国名意蕴里就可见一斑。既然是“人民共和国”，那么对这样的国家产生认同的个体，就应该是来自不同职业、阶层、教育背景和地域的广大民众。这一点，在《我和我的祖国》里体现得淋漓尽致。仅以影片的第一部短片《前夜》为例，为开国大典的升国旗仪式做出贡献的，既有北大毕业的军乐手和任教于清华的化学教授（象征知识分子阶层），又有忠诚的解放军军人（象征国家政权的核心力量）和曾经的北京天桥手艺人（象征平民阶层），而其间的第一主角，则是尚未入党、刚刚通过政治审查的工程师林治远。甚至在为升国旗仪式捐献物资的民众当中，我们还看到了留着辫子的前清遗老。如此广泛的代表性，将共和国的人民立场全盘托出。

然而应该看到，对于开国大典前后的北京民众来说，中国共产党创立的人民共和国，毕竟还是一个全新的政权，从互相了解到互相熟悉，再到全身心地认同和支持，需要一个过程。《前夜》当中，解放军向林治远致以军礼，而林治远回之以拱手礼，这个细节，就充分表明了象征共和国统治力量的“军”与象征共和国人民基础的“民”之间暂时的不熟悉。巧妙的是，等到故障解决完毕之时，林治远向解放军致以军礼，而解放军则向林治远回之以拱手礼。这种军礼与拱手礼之间的反转，将军民建立互信的过程，浓缩在两个意味深长的对比镜头当中，可谓用心之极。

当然，作为一部传播爱国主义意识形态的主旋律电影，影片以小人物的个体视角展开叙事，并不意味着编创人员就放弃了国家主义的表达诉求。构成影片的七部短片，无一不在探讨个体与国家、个体与集体之间的关系与取舍，而在这种艰难的抉择中，国家利益和国家立场，最终都成了毫无疑问的胜者。在第二部短片《相遇》中，秘密参与原子弹试验工作的高远，遇到三年未见的爱人，只能强忍住心潮澎湃，狠心地说“我不认识你”，只因为要严守维护国家利益的保密规定。

第三部短片《夺冠》当中，冬冬为了让街坊邻居们看上女排决赛的电视直播，也只能无比懊恼地放弃跟青梅竹马的小美道别的机会。尽管内心因痛别小美而伤感，但其公开表达的话语，却是：“女排三连冠，我太激动了。”

第七部短片《护航》里，女飞行员吕潇然为了确保阅兵仪式的圆满进行，也在战胜了伤心和不解情绪之后，接受备份飞行员的角色，兢兢业业，做好幕后英雄。影片的这种国家利益至上的叙事逻辑，跟传统主旋律电影相比，有着一以贯之的顺承。

然而影片之所以能打动广大观众，就在于它真实展现出国家利益面前个人情感、诉求与利益的合理性与生动性，展现出在国家、集体与个体之间做抉择的纠结与艰难，而不是在国家主义的旗帜之下，完全遮蔽个体的喜怒哀乐。这种正视和尊重人性的做法，自然能赢得观众的亲近感。于是在《相遇》当中，最为打动观众的，不只是原子弹爆炸成功之后的民众欢呼，也同样包括高远爱人在公交上，对两人相识相恋过程的娓娓道来，以及多年之后，爱人在电视上，看到高远的画面时的潸然泪下。

正如马克思所言："人是一切社会关系的总和。"任何个体的情感与利益诉求，最终还是要在相应的社会关系中得以解决和表达。因此在影片当中，一方面是个体喜怒哀乐的真实生活状态，另一方面是在经过理性和情感的认真思考与抉择之后，对于国家利益的维护与认同，这种个体与国家、个体与集体的辩证统一，在几部短片一次又一次的集体欢呼场景当中，得到了清晰的展现。

在其他几部短片中，同样能看出编创人员旨在弥合阶层与地域隔阂、彰显共和国合法性的良苦用心。第五部短片《北京你好》的故事围绕一位极具小市民特质的北京的哥和汶川地震遇难农民工的孩子展开。在充满戏剧性和幽默效应的几番博弈之后，北京的哥将自己好不容易得来的北京奥运会门票，让给了这位来自汶川的农民工之后。这样的故事设定，一方面弥合了本地居民与外来农民工之间的隔阂，另一方面也通过平民阶层的哥和农民工之后对北京奥运会的参与，进一步彰显了这一国家盛典的全民代表性。

尽管是一部带有命题作文性质的短片组合，但七位来自不同年龄段的优秀导演，还是在各自的短片当中，将自己的作者气质展现无余。《相遇》中张一白导演对于男女情感关系的精准表达；《夺冠》中徐峥导演对于上海市井气息的圆满还原，《北京你好》中宁浩导演对于市民幽默趣味的烂熟于心，《白昼流星》当中陈凯歌导演在成名作《黄土地》里奠定的对人与土地关系的展现等等……相信熟悉这些导演作品的观众，都能在相应的短片中，找到自己熟悉的桥段、细节与味道。

选自"探索与争鸣"微信公众号2019年10月12日

声　明

本套“北岳·中国文学年选系列丛书”收录了2019年度众多优秀文学作品及文化时评类文章。在编选过程中，我们及各选本主编已尽力与大多数作者取得了联系，但仍有部分作者因故未能取得联系。见此声明，烦请来电，以便奉送薄酬及样书。

联系人：王朝军

电　话：0351—5628691